Jw_cadで神速に図面をかくための100のテクニック

Obra Club著

本書をご購入・ご利用になる前に必ずお読みください

- 本書の内容は、執筆時点（2018年9月）の情報に基づいて制作されています。これ以降に製品、サービス、その他の情報の内容が変更されている可能性があります。また、ソフトウェアに関する記述も執筆時点の最新バージョンを基にしています。これ以降にソフトウェアがバージョンアップされ、本書の内容と異なる場合があります。

- 本書は、「Jw_cad」の解説書です。本書の利用に当たっては、「Jw_cad」がインストールされている必要があります。

- 「Jw_cad」は無償のフリーソフトです。そのため「Jw_cad」について、作者、著作権者、ならびに株式会社エクスナレッジはサポートを行っておりません。また、ダウンロードやインストールについてのお問合せも受け付けておりません。

- 本書は、パソコンやWindows、インターネットの基本操作ができる方を対象としています。

- 本書は、Windows 10がインストールされたパソコンで「Jw_cad Version 8.03a」（以降「Jw_cadバージョン8.03a」と表記）を使用して解説を行っています。そのため、ご使用のOSやアプリケーションのバージョンによって、画面や操作方法が本書と異なる場合がございます。

- 本書および付録CD-ROMは、Windows 10/8/7に対応しています。

- 本書に記載された内容をはじめ、付録CD-ROMに収録された教材データ、プログラムなどを利用したことによるいかなる損害に対しても、データ提供者（開発元・販売元・作者など）、著作権者、ならびに株式会社エクスナレッジでは、一切の責任を負いかねます。個人の責任においてご使用ください。

- 本書に直接関係のない「このようなことがしたい」「このようなときはどうすればよいか」など特定の操作方法や問題解決方法、パソコンやWindowsの基本的な使い方、ご使用の環境固有の設定や機器に関するお問合せは受け付けておりません。本書の説明内容に関するご質問に限り、p.255のFAX質問シートにて受け付けております。

以上の注意事項をご承諾いただいたうえで本書をご利用ください。ご承諾いただけずお問合せをいただいても、株式会社エクスナレッジおよび著作権者はご対応いたしかねます。あらかじめご了承ください。

Jw_cadについて

Jw_cadは無料で使用できるフリーソフトです。そのため当社、著作権者、データの提供者（開発元・販売元）は一切の責任を負いかねます。個人の責任で使用してください。Jw_cadバージョン8.03aはWindows 10/8/7/Vista上で動作します。本書の内容についてはWindows 10/8/7での動作を確認しており、その操作画面を掲載しています。また、Microsoft社がWindows Vistaのサポートを終了しているため、本書はWindows Vistaでの使用は保証しておりません。ご了承ください。

● **Jw_cadバージョン8.03aの動作環境**

Jw_cadバージョン8.03aは以下のパソコン環境でのみ正常に動作します。

OS（基本ソフト）：上記に記載 ／ 内部メモリ容量：64MB以上 ／ ハードディスクの使用時空き容量：5MB以上 ／ ディスプレイ（モニタ）解像度：800×600以上 ／ マウス：2ボタンタイプ（ホイールボタン付き3ボタンタイプを推奨）

・Jw_cadの付録CD-ROMへの収録と操作画面の本書への掲載につきましては、Jw_cadの著作権者である清水治郎氏と田中善文氏の許諾をいただいております。

・本書中に登場する会社名や商品、サービス名は、一般に各社の登録商標または商標です。本書では、®およびTMマークは表記を省略しております。

カバーデザイン	坂内 正景
編集協力	鈴木 健二（中央編集舎）
Special Thanks	清水 治郎 ＋ 田中 善文
印刷	シナノ書籍印刷株式会社

はじめに

本書では、Jw_cadの基本操作をマスターしていることを前提に、より効率よく、確実に作図・編集するためのさまざまなテクニック（TECHNIC）を、教材データで実際に体験しながら学習できます。

CHAPTER 1　コマンド選択の神速テクニックでは、ツールバーに任意のコマンドを配置する方法や、キーボードからコマンドを選択する方法、複数回のクリック操作を1操作で行える「クロックメニュー」の使い方を学習します。ドラッグ操作を駆使するJw_cad特有のクロックメニューを使うには、慣れも必要です。そのため、CHAPTER 2以降でも、極力、クロックメニューを使った手順を紹介しています。

CHAPTER 2　作図・編集の神速テクニック ①共通操作編では、ズーム操作の便利機能、線・円・円弧の中心や線・円周上を点指示する方法、数値入力の裏技、複数要素を効率よく選択する方法など、各コマンドで共通して利用できる便利なテクニックを学習します。

CHAPTER 3　作図・編集の神速テクニック ②コマンド操作編では、コマンドごとの便利なテクニックを学習します。

CHAPTER 4　文字・寸法の神速テクニックでは、文字の大きさ変更、整列、単語の一括置き換え、寸法単位の一括変更など、文字要素と寸法要素を扱ううえで、便利なテクニックを学習します。

CHAPTER 5　レイヤの神速テクニックでは、レイヤ分けをより確実にするための環境設定ファイルや属性取得、正しくレイヤ分けされていない図面を一括でレイヤ分けするレイヤ整理ファイルなど、「レイヤ」を使いこなすためのテクニックを学習します。

CHAPTER 6　異縮尺図面の神速テクニックでは、レイヤグループの基本やその使い方、縮尺の異なるレイヤグループ間での図面要素のコピー、複数の表示範囲を登録できるマークジャンプなど、1枚の用紙に異なる縮尺の図を作図するために便利なテクニックを学習します。

CHAPTER 7　ブロック・曲線属性の神速テクニックでは、複数の要素を1要素として扱う2つの概念、「ブロック」と「曲線属性」を学習します。これらの特性を理解し、使いこなすことで、より確実で効率のよい作図・編集ができます。

本書が、Jw_cadユーザーの皆さまの実務にお役立ていただければ幸いです。

Obra Club

目次

本書をご購入・ご利用になる前に必ずお読みください ... 2
はじめに ... 3
本書の表記と凡例 ... 8
付録CD-ROMについて ... 10
教材データについて ... 11
Jw_cadのインストールと各種設定 ... 12
Jw_cadの基礎知識 ... 16

CHAPTER 1　コマンド選択の神速テクニック ... 19

TECHNIC 1	使用頻度の高いコマンドをツールバーに並べる	20
TECHNIC 2	キーボード入力でコマンドを選択する	24
TECHNIC 3	クロックメニューでコマンドを選択する	26
TECHNIC 4	クロックメニューで「文字」コマンドを選択する	28
TECHNIC 5	クロックメニューで操作を「戻る」「進む」	30
TECHNIC 6	操作対象の選択と同時にコマンドを実行する	32
TECHNIC 7	クロックメニューで複数の要素を選択して消去する	36
TECHNIC 8	クロックメニューで複数の要素を選択して複写・移動する	38
TECHNIC 9	クロックメニューでコントロールバーの指定を行う	40
TECHNIC 10	使用中のコマンドを変更せずに別のコマンドを使う	44
TECHNIC 11	ドラッグ　標準AMクロックメニュー一覧	48
TECHNIC 12	ドラッグ　標準AMクロックメニュー一覧	50
TECHNIC 13	ドラッグ　標準PMクロックメニュー一覧	52
TECHNIC 14	ドラッグ　標準PMクロックメニュー一覧	54

CHAPTER 2　作図・編集の神速テクニック ①共通操作編 ... 57

TECHNIC 15	線の中点・中心点を指示する	58
TECHNIC 16	2点間の中心を指示する	60
TECHNIC 17	円周の上下左右1/4の位置を指示する	62
TECHNIC 18	線上の任意の位置を指示する	64
TECHNIC 19	2つの線の延長線上の交点(仮想交点)を指示する	66
TECHNIC 20	相対座標を指定して点を指示する	68
TECHNIC 21	重複した線のうち目的の線を読み取る	70

TECHNIC 22	表示範囲を記憶する	72
TECHNIC 23	キーボードやマウスホイールによるズーム操作を設定する	74
TECHNIC 24	数値入力をより効率よく行う	76
TECHNIC 25	図面上の長さや角度を取得する	78
TECHNIC 26	選択範囲枠に交差する線も選択する	80
TECHNIC 27	選択要素の追加・除外を範囲選択で行う	82
TECHNIC 28	特定の条件を満たす要素のみを選択する（属性選択）	84

CHAPTER 3　作図・編集の神速テクニック ②コマンド操作編　87

TECHNIC 29	連続した線の複線を作図する	88
TECHNIC 30	基準線の両側に複線を一括で作図する	90
TECHNIC 31	線の一部分を消去する	92
TECHNIC 32	指定した間隔で線を切断する	94
TECHNIC 33	線の突出部分を揃えて一括で伸縮する	96
TECHNIC 34	線を包絡処理で一括して整形する	98
TECHNIC 35	素早く開口部を作成する	100
TECHNIC 36	斜線に対して垂直な線を作図する	102
TECHNIC 37	斜線の延長上に線を作図する	104
TECHNIC 38	斜線と平行になるように図を移動する	106
TECHNIC 39	斜めになっている図を水平にする	108
TECHNIC 40	斜線Aと平行な図を斜線Bと平行になるように回転移動する	110
TECHNIC 41	円周上に等間隔で図形を配置する	112
TECHNIC 42	図を反転複写・移動する	116
TECHNIC 43	図の大きさを指定範囲に収まる大きさに変更する	118
TECHNIC 44	複写された図からの距離を指定して連続複写する	120
TECHNIC 45	他の図面ファイルから図を複写する	122
TECHNIC 46	登録図形の向き、線色・線種を変更して配置する	124
TECHNIC 47	目盛を表示して利用する	126
TECHNIC 48	距離を指定して線上や円周上に点を作図する	128

CHAPTER 4　文字・寸法の神速テクニック　131

TECHNIC 49	記入済みの文字のサイズを確認する	132
TECHNIC 50	線・ソリッドと文字が重なる部分を白抜きにする	134
TECHNIC 51	引出線付きの文字を記入する	136
TECHNIC 52	○や□の囲み数字を記入する	138

TECHNIC 53	文字・寸法値の大きさを一括で変更する	140
TECHNIC 54	特定の文字種の文字要素を選択する	142
TECHNIC 55	特定の単語を含む文字要素を選択する	144
TECHNIC 56	単語を一括で置き換える	146
TECHNIC 57	傾いた文字を一括で水平に変更する	148
TECHNIC 58	数値を小数点位置で揃える	150
TECHNIC 59	縦書き文字の頭を揃える	152
TECHNIC 60	1行の文字数と行間を指定して文章を整列する	154
TECHNIC 61	複数行の文字を連続して記入する	156
TECHNIC 62	記入済みの文字列と同じ文字種、行間で行を追加する	158
TECHNIC 63	「表計算」コマンドで一括計算して結果を記入する	160
TECHNIC 64	範囲選択した数字の合計を記入する	162
TECHNIC 65	計算式を入力して、その計算結果を記入する	164
TECHNIC 66	寸法図形の特性を理解する	166
TECHNIC 67	寸法値の単位や表示形式を一括で変更する	168
TECHNIC 68	寸法値を移動・変更する	170
TECHNIC 69	記入済みの寸法を寸法図形にする	172
TECHNIC 70	寸法図形を解除する	174
TECHNIC 71	寸法を一括で記入する・寸法補助線（引出線）なしの寸法を記入する	176

CHAPTER 5　レイヤの神速テクニック　179

TECHNIC 72	レイヤバーとレイヤ一覧の基本を理解する	180
TECHNIC 73	レイヤの状態を変更する	182
TECHNIC 74	作図済みの要素と同じレイヤを書込レイヤにする	184
TECHNIC 75	指定の要素が作図されているレイヤを非表示にする	186
TECHNIC 76	レイヤの要素を編集できなくする指定のプロテクトレイヤを理解する	188
TECHNIC 77	「レイヤ一覧」ウィンドウでレイヤ名を設定・変更する	190
TECHNIC 78	環境設定ファイルでレイヤごとの書込線色・線種などの設定を行う	192
TECHNIC 79	環境設定ファイルを編集する	194
TECHNIC 80	作図済みの図面要素のレイヤを変更する	198
TECHNIC 81	特定の線色・線種の要素のみをレイヤ変更する	200
TECHNIC 82	ハッチング要素のみをレイヤ変更する	202
TECHNIC 83	レイヤ整理ファイルでレイヤを一括して変更する	204
TECHNIC 84	レイヤ整理ファイルを編集する	206

CHAPTER 6 異縮尺図面の神速テクニック — 211

- TECHNIC 85　レイヤグループの基本を理解する — 212
- TECHNIC 86　「レイヤ設定」ダイアログでレイヤグループ名と縮尺を設定する — 214
- TECHNIC 87　異縮尺のレイヤグループに図面の一部を切り取りコピーする — 216
- TECHNIC 88　異縮尺図面では書込レイヤグループに留意する — 218
- TECHNIC 89　異縮尺ごとの表示範囲と書込レイヤグループを切り替える — 220

CHAPTER 7 ブロック・曲線属性の神速テクニック — 223

- TECHNIC 90　ブロックと曲線属性の違いを理解する — 224
- TECHNIC 91　曲線属性を解除する・曲線属性を持たせる — 228
- TECHNIC 92　ブロックの特性を理解する — 230
- TECHNIC 93　ブロックの有無や数を確認する — 232
- TECHNIC 94　名前を指定してブロックを選択する — 234
- TECHNIC 95　ブロックの数を集計する — 236
- TECHNIC 96　ブロックを解除する — 238
- TECHNIC 97　ブロックの集計結果をExcelの表に取り込む — 240
- TECHNIC 98　ブロックを編集する — 244
- TECHNIC 99　ブロックを一括して置き換える — 246
- TECHNIC 100　ブロックを作成する — 250

索引 — 252
FAX質問シート — 255

本書の表記と凡例

本書の読み方

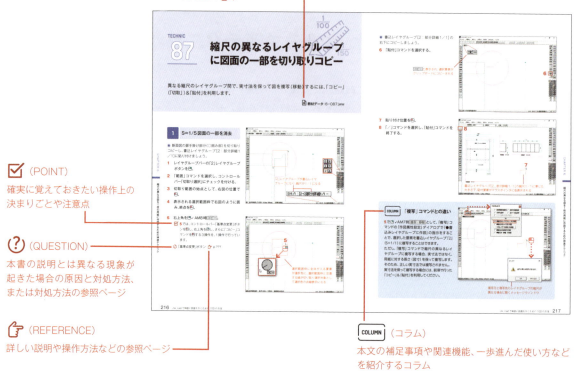

教材データ：6-087.jww
この記載がある項目（**TECHNIC**）には教材データが用意されている
教材データは付録CD-ROMに収録
教材データのコピーと利用方法 ☞p.11

☑（POINT）
確実に覚えておきたい操作上の決まりごとや注意点

❓（QUESTION）
本書の説明とは異なる現象が起きた場合の原因と対処方法、または対処方法の参照ページ

☞（REFERENCE）
詳しい説明や操作方法などの参照ページ

COLUMN（コラム）
本文の補足事項や関連機能、一歩進んだ使い方などを紹介するコラム

コマンド選択の表記

本書では、使用するコマンドの選択方法を以下のように表記します。ツールバーとメニューバーのどちらから選択してもけっこうです。

※ ツールバーのコマンドは、p.20の**TECHNIC 1**の設定を前提に記載しています。

■ 表記例　「基設」コマンド（メニューバー［設定］－「基本設定」）を選択する

ツールバーの「基設」（基本設定）コマンドボタンをクリックして選択する。
あるいは、メニューバー［設定］をクリックし、表示されるプルダウンメニューの「基本設定」をクリックして選択する。
クロックメニューからのコマンド選択については、次ページを参照してください。

「基設」コマンドボタンをクリック

メニューバー［設定］をクリックしプルダウンメニューの「基本設定」をクリック

マウスによる指示の表記

マウスによる指示は、「クリック」「ダブルクリック」「ドラッグ」があり、それぞれ以下のように表記します。

■ クリック

- クリック
- 右クリック
- 両クリック

■ ダブルクリック

- ダブルクリック
- 右ダブルクリック

1回目と2回目のクリックの間にマウスを動かさないように気を付けてください。

■ ドラッグ

ボタンを押したままマウスを矢印の方向に移動し、ボタンをはなす。

- ↘ 両ドラッグ
- → 左ドラッグ
- ↑ 右ドラッグ

操作画面上では、右図のように、押すボタンを示すマウスのマークとドラッグ方向を示す矢印で表記します。

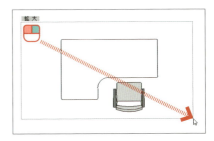

■ クロックメニュー

ドラッグ操作で表示されるクロックメニューからのコマンド選択指示は、下記のように、押すボタンとドラッグ方向、クロックメニューを示す時間と名前を表記します。

クロックメニュー ☞ p.26

- → AM3時 [中心点・A点]
- ↖ AM10時 [消去]

操作画面上では、右図のように、押すボタンを示すマウスのマークとドラッグ方向を示す矢印、その先にクロックメニューを付けて表記します。

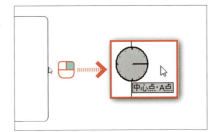

キーボードからの入力と指示の表記

寸法や角度などの数値を指定する場合や、文字を記入する場合は、所定の入力ボックスをクリックし、キーボードから数値や文字を入力します。
すでに入力ボックスでポインタが点滅している場合や、表示されている数値・文字が色反転している場合は、入力ボックスをクリックせず、キーボードから直接、入力できます。
Jw_cadでは原則として、数値入力後にEnterキーを押す必要はありません。

数値や文字の入力指示は、以下のように、入力する数値や文字に「 」を付けて表記します。

「500」を入力

特定のキーを押す指示は、以下のように[　　]を付けて、押すキーを表記します。

[Enter]キーを押す

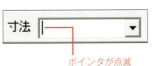

ポインタが点滅

数値が色反転

付録CD-ROMについて

本書の付録CD-ROMには、Jw_cadと本書で利用する教材データなどが収録されています。次の事項をよくお読みになり、ご承知いただけた場合のみ、CD-ROMをご使用ください。

⚠ **付録CD-ROMを使用する前に必ずお読みください**

- 付録CD-ROMは、Windows 10/8/7で読み込み可能です。それ以外のOSでも使用できる場合がありますが、動作は保証しておりません。
- 使用しているコンピュータ、ハードウェア、ソフトウェア、ネットワークなどの環境によっては、動作条件を満たしていても、動作しないまたはインストールできない場合があります。あらかじめご了承ください。
- 収録されたデータを使用したことによるいかなる損害についても、当社ならびに著作権者、データの提供者（開発元・販売元）は、一切の責任を負いかねます。個人の自己責任の範囲において使用してください。
- 本書の説明内容に関するご質問にかぎり、p.255に掲載した本書専用のFAX質問シートにて受け付けております（詳細はp.255をご覧ください）。なお、OSやパソコンの基本操作、記事に直接関係のない操作方法、ご使用の環境固有の設定や特定の機器向けの設定といった質問は受け付けておりません。

付録CD-ROMの内容

「jww_tech」フォルダー
教材データを収録

jww803a（jww803a.exe）
Jw_cadバージョン8.03a
インストール方法 ☞ p.12

⚠ **通常は使用しません**
「ver711」フォルダー
旧バージョンのJw_cadを収録したフォルダー

教材データについて

1 教材データのコピー

● 教材データは、「jww_tech」フォルダーごとパソコンのCドライブにコピーして、ご利用ください。

1 付録CD-ROMを開く。
2 CD-ROMに収録されている「jww_tech」フォルダーを🖱し、プルダウンリストの「コピー」を🖱。
3 フォルダーツリーで「Cドライブ」を🖱し、プルダウンリストの「貼り付け」を🖱。

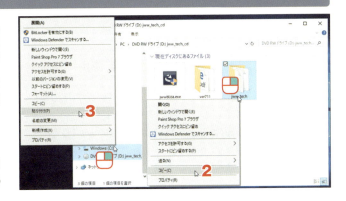

2 教材データの使い方

● 教材データが用意されている項目には、📄に続けて「教材データ：ファイル名」を記載しています。
ファイル名の末尾が「.jww」のファイルはJw_cadの図面ファイルです。下記 **1**～**3** の手順で開いてご利用ください。
それ以外の末尾(「.jws」「.jwf」など)のファイルは、その使い方を本文で説明しています。それに従ってご利用ください。

1 「開く」コマンドを選択する。
2 「ファイル選択」ダイアログのフォルダーツリーで、Cドライブ(コピーした先)の「jww_tech」フォルダーを🖱。
3 右に表示されるファイル一覧で、該当するファイルを🖱🖱して開く。

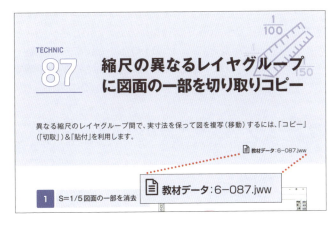

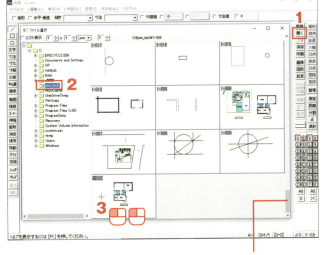

スクロールバーで一覧表示をスクロール

Jw_cadのインストールと各種設定

付録CD-ROMにはJw_cad Version 8.03aと教材データが収録されています。

⚠ Jw_cadを使用する前に必ずお読みください

Jw_cadは無料で使用できるフリーソフトです。そのため当社、著作権者、データの提供者（開発元・販売元）は一切の責任を負いかねます。個人の責任で使用してください。Jw_cadバージョン8.03aはWindows 10/8/7/Vista上で動作します。本書の内容についてはWindows 10での動作を確認しており、その操作画面を掲載しています。ただし、Microsoft社がWindows Vistaのサポートを終了しているため、本書はWindows Vistaでの使用は保証しておりません。ご了承ください。

Jw_cadバージョン8.03aの動作環境

Jw_cadバージョン8.03aは以下のパソコン環境でのみ正常に動作します。
OS（基本ソフト）：上記に記載 ／ 内部メモリ容量：64MB以上 ／ ハードディスクの使用時空き容量：5MB以上／ディスプレイ（モニタ）解像度：800×600以上 ／ マウス：2ボタンタイプ（ホイールボタン付き3ボタンタイプを推奨）

すでにJw_cad Version 8.03a以降のJw_cadがインストールされている場合は、付録CD-ROMからのJw_cadのインストールは不要です。p.15の「4 Jw_cadの各種設定」へ進んでください。
インストール済みのバージョンが不明な場合は、以下の手順でご確認ください。初めてインストールする場合は、次ページの「2 Jw_cadのインストール」へ進んでください。

1 インストール済みのJw_cadのバージョン確認

1 Jw_cadを起動し、メニューバー［ヘルプ］－「バージョン情報」を選択する。
2 「バージョン情報」ダイアログで、バージョン（Version）番号を確認し、「OK」ボタンを。

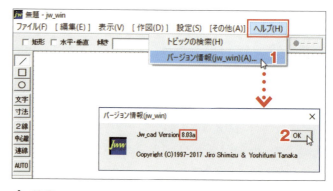

> バージョン番号が8.03aよりも小さい数値は、付録CD-ROM収録のJw_cadよりも古いバージョンです。その場合は…

⬇

次ページに進み、「2 Jw_cadのインストール」を行ってください。Jw_cadがバージョンアップされます。

> バージョン番号が8.03aと同じか、または大きい数値の場合は…

⬇

Jw_cadのインストールは不要です。
p.11「1 教材データのコピー」を行い、p.15「4 Jw_cadの各種設定」に進んでください。

⚠ 注意

バージョンアップしたJw_cad Version 8.03aでは、以前のJw_cadで保存したJw_cad図面（*.jww）を開けますが、Version 8.03aで保存したJw_cad図面（*.jww）は、6.21a以前のバージョンのJw_cadでは開けません。6.21a以前のバージョンのJw_cadに図面ファイルを渡す場合には、旧バージョン形式で保存する必要があります。

2 Jw_cadのインストール

1 パソコンのDVD/CDドライブに付録CD－ROMを挿入し、CD-ROMを開く。

2 CD-ROMに収録されている「jww803a（.exe）」のアイコンにマウスポインタを合わせ🖱️🖱️。

3 「ユーザーアカウント制御」ウィンドウの「はい」ボタンを🖱️。

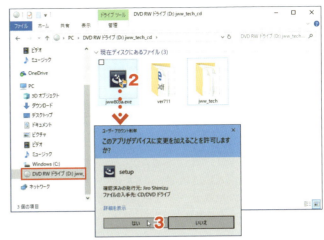

➡「Jw_cad-InstallShield Wizard」ウィンドウが開く。

4 「Jw_cad-InstallShield Wizard」ウィンドウの「次へ>」ボタンを🖱️。

➡「Jw_cad-InstallShield Wizard」に使用許諾契約が表示される。

5 使用許諾契約書を必ず読み、同意したら「使用許諾契約の条項に同意します」を🖱️して選択する。

6 「次へ>」ボタンを🖱️。

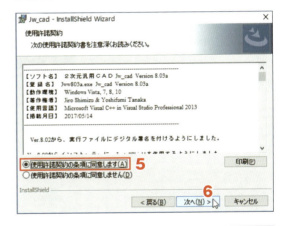

➡「Jw_cad-InstallShield Wizard」にインストール先が表示される。

7 「次へ」ボタンを🖱️。

8 「インストール」ボタン🖱。

　➡ インストールが完了し、右図のように「Install Shieldウィザードを完了しました」と表示される。

9 「完了」ボタンを🖱。

以上でインストールは完了です。
CD-ROMを取り出し、必要に応じて「3 Jw_cadのショートカットを作成」を行ってください。ショートカットがすでにある場合は、次ページ「4 Jw_cadの各種設定」へ進んでください。なお、以下はWindows 10の画面です。Windows 8では画面は異なりますが、手順は同様です。

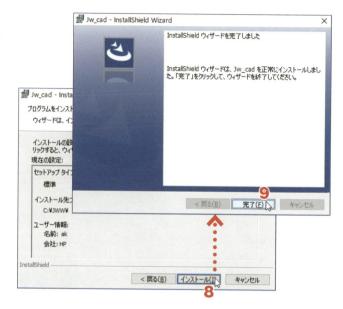

3 Jw_cadのショートカットを作成

1 「スタート」ボタンを🖱。

2 スタートメニュー「J」欄の「Jw_cad」フォルダーを🖱。

3 「Jw_cad」フォルダー下に表示される「jw_cad」を🖱。

4 表示されるメニューの「その他」を🖱。

5 さらに表示されるメニューの「ファイルの場所を開く」を🖱。

　➡ 「Jw_cad」ウィンドウが開く。

6 「Jw_cad」ウィンドウの「jw_cad」を🖱。

7 表示されるメニューの「送る」を🖱。

8 さらに表示されるメニューの「デスクトップ（ショートカットを作成）」を🖱。

　➡ デスクトップにJw_cadのショートカットアイコンが作成される。

9 ウィンドウ右上の×(閉じる)🖱。

　➡ ウィンドウが閉じる。

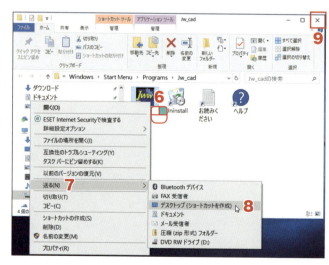

4 Jw_cadの各種設定

1. Jw_cadを起動する
2. メニューバー[表示]を🖱。
3. 表示されるプルダウンメニューでチェックが付いている「Direct2D」を🖱。
   - ☑「Direct2D」は大容量データを扱うときに有効な設定ですが、パソコンによっては表示状態に不具合が出ることがあるため、ここではチェックを外します。

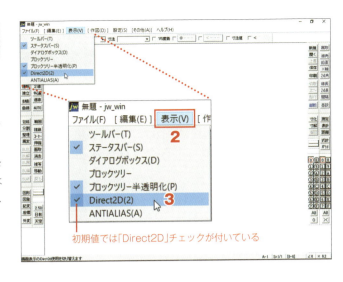

初期値では「Direct2D」チェックが付いている

4. メニューバーの[設定]-「基本設定」を選択する。

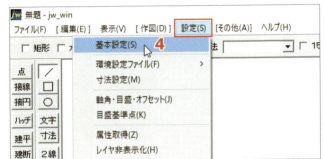

5. 「一般(1)」タブの「クロックメニューを使用しない」のチェックを外す。
6. 「消去部分を再表示する」にチェックを付ける。
7. 「ファイル読込項目」の3項目にチェックを付ける。
8. 「用紙枠を表示する」にチェックを付ける。
9. 「入力数値の文字を大きくする」、「ステータスバーの文字を大きくする」にチェックを付ける。
10. 「画像・ソリッドを最初に描画」にチェックを付ける。
11. 「新規ファイルのときレイヤ名…」にチェックを付ける。
12. 「OK」ボタンを🖱。

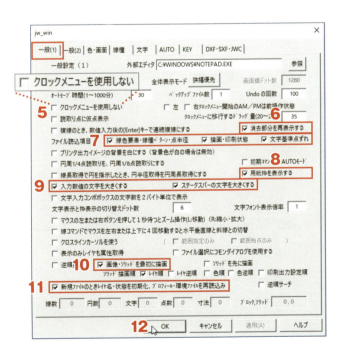

Jw_cadの基礎知識

Jw_cadの画面と各部名称

以下は、Windows 10の解像度1024×768pxの画面で、p.20のTECHNIC 1のツールバーの設定を行ったJw_cadの画面です。画面のサイズ、タイトルバーの表示色、ツールバーの並びなどは、Windowsのバージョンやパソコンの設定により異なります。

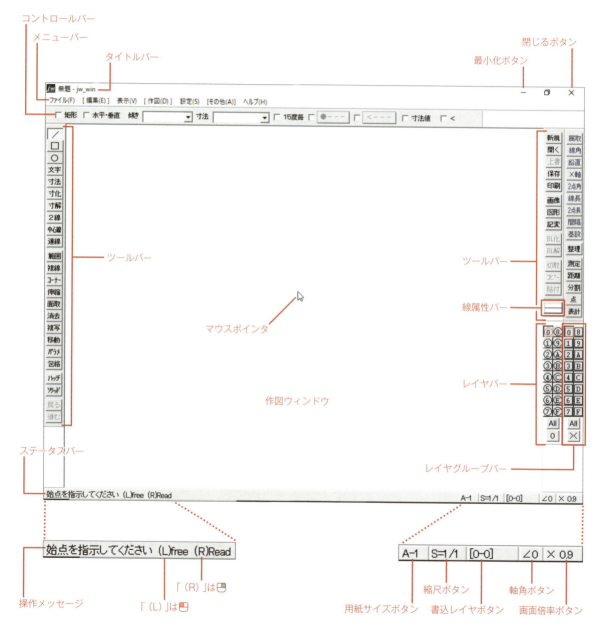

Jw_cadの図面を構成する要素

■ 図面を構成する基本要素

● 線

● 円・円弧（楕円・楕円弧を含む）

線・円・円弧要素の線の太さは、その線色による。

● 仮点・実点

仮点は印刷・編集の対象にならない。

● 文字（画像含む）

1行を1単位（文字列）として扱う。
文字要素の大きさは、文字種ごとに、図寸で管理される。文字種には、横、縦、間隔、色No.が固定された「文字種1〜10」と、記入文字ごとにそれらを指定できる「任意サイズ」がある。

※ 図面上の画像は表示命令文（文字要素）によって表示されているため、文字要素として扱われる。

● ソリッド

塗りつぶした部分。

■ 複数の要素をまとめて1要素として扱う複合要素

● 曲線

「曲線」コマンドなどで作図した曲線は、実際には短い直線の集まりだが、それらを1要素として扱う曲線属性を持つ（☞p.224）。

● 寸法図形

作図時の設定により、寸法線とその寸法値を1セットとする寸法図形（☞p.166）になる。

● ブロック

複数の要素をまとめて1要素とした図形。基準点と名前を持つ（☞p.230）。

Jw_cadの線色と線種　　「線属性」ダイアログで書込線（これから作図する線）の線色・線種を指定する

標準線色8色と標準線種8種類が用意されています。線の太さとカラー印刷時の印刷色は、「線色1」〜「線色8」の線色ごとに「基本設定」コマンドで指定します。

補助線色は印刷されない色
補助線種は印刷されない線種

「線属性」ダイアログを表示した状態でキーボードの①〜⑨の数字キーを押すことで、ランダム線（①〜⑤）、倍長線種である鎖線（⑥・⑦）、破線（⑧・⑨）を書込線種に指定できる

標準線色・線種とは別に、SXF図面に対応した「SXF対応拡張線色・線種」が用意されています。
SXF線色は、カラー印刷時の印刷色を示し、その太さは線色とは関わりなく、作図時に「線幅」ボックスで個別に指定します。
また、用意されている16色、15線種以外に、ユーザー定義線色・線種が利用できます。
DXF・SXFの図面の要素は、SXF対応拡張線色・線種になります。

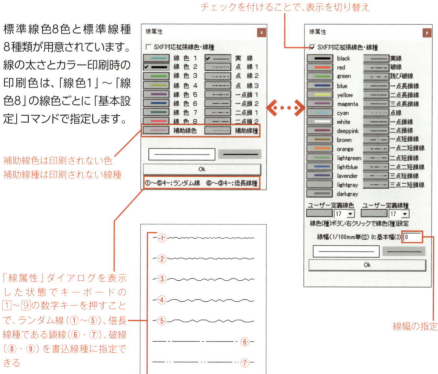

線幅の指定

Jw_cad 特有のマウス操作

■ 🖱(左ボタンクリック)と🖱(右ボタンクリック)の
使い分けがWindowsの標準的な操作とは異なる

図面上の点は🖱(右ボタンをクリック)、点のない位置は🖱(左ボタンをクリック)で指示することが基本です。点指示時以外の🖱と🖱の使い分けは、選択コマンドにより異なり、ステータスバーの操作メッセージに、🖱は「(L)」、🖱は「(R)」として使い分けが表記されます。

■ ドラッグ操作を多用する

ドラッグ操作時の押すボタンと移動する方向により、異なる機能が割り当てられています。

ズーム操作 ☞ 次項   クロックメニュー ☞ p.26

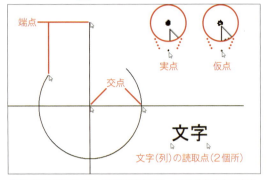

🖱で読み取りできる点

端点 / 交点 / 実点 / 仮点 / 文字(列)の読取点(2個所)

仮点、実点のほか、線・円弧の端点、線・円弧が交差する交点、文字(列)の左下と右下を🖱で読み取ることができる

基本ズーム操作

拡大表示・縮小表示(ズーム)は、マウスの左右両方のボタンを押したままマウスを移動する(両ドラッグ)ことで行います。
コマンド操作の途中でも割り込んで行えます。ドラッグする方向により、右図の4つのズーム機能が割り当てられています。

縮小 / 全体 / 前倍率 / 拡大

■ 指定範囲を拡大表示 🖱↘ 拡大

拡大する範囲の左上から🖱↘(マウスの左右両方のボタンを押したまま右下方向へ移動)し、表示される拡大範囲枠で拡大する範囲を囲んでボタンをはなす。

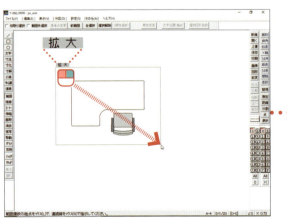

■ 用紙全体を表示 🖱↗ 全体

作図ウィンドウで🖱↗(マウスの左右両方のボタンを押したまま右上方向に移動)し、全体が表示されたらボタンをはなす。

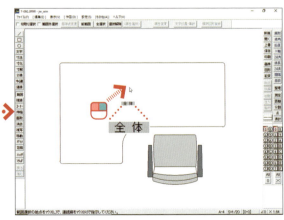

CHAPTER 1

コマンド選択の神速テクニック

TECHNIC	1	使用頻度の高いコマンドをツールバーに並べる
TECHNIC	2	キーボード入力でコマンドを選択する
TECHNIC	3	クロックメニューでコマンドを選択する
TECHNIC	4	クロックメニューで「文字」コマンドを選択する
TECHNIC	5	クロックメニューで操作を「戻る」「進む」
TECHNIC	6	操作対象の選択と同時にコマンドを実行する
TECHNIC	7	クロックメニューで複数の要素を選択して消去する
TECHNIC	8	クロックメニューで複数の要素を選択して複写・移動する
TECHNIC	9	クロックメニューでコントロールバーの指定を行う
TECHNIC	10	使用中のコマンドを変更せずに別のコマンドを使う
TECHNIC	11	ドラッグ　標準 AM クロックメニュー 一覧
TECHNIC	12	ドラッグ　標準 AM クロックメニュー 一覧
TECHNIC	13	ドラッグ　標準 PM クロックメニュー 一覧
TECHNIC	14	ドラッグ　標準 PM クロックメニュー 一覧

TECHNIC 1
使用頻度の高いコマンドをツールバーに並べる

ユーザーバーを利用することで、必要なコマンドを好きな順序でツールバーに配置できます。ツールバーに配置することで、階層の深いコマンドも1回の🖱️で選択できます。

1　ユーザーバーを設定

● p.16のJw_cad画面と同じツールバー配置に設定しましょう。

1 メニューバー［表示］－「ツールバー」を選択する。

2 「ツールバーの表示」ダイアログの「ユーザーバー設定」ボタンを🖱️。

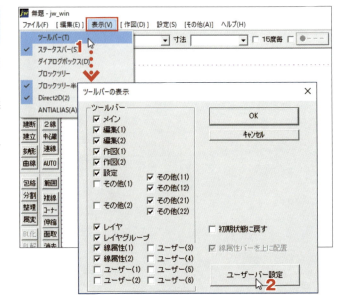

☑ 「ユーザー設定ツールバー」ダイアログの「ユーザー（1）」～「ユーザー（6）」ボックスのそれぞれに配置するコマンドを設定できます。

3 「ユーザー（4）」ボックスの数値を次ページの図のように変更する。

☑ 各ボックスには、配置するコマンドの番号を配置順に、間を半角スペースで区切って入力してください。コマンド番号の代わりに「0」を入力すると、隣のコマンドとの間にスペースができます。

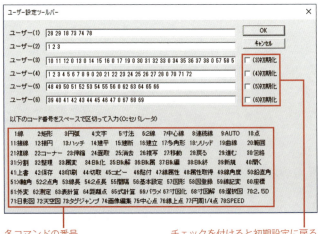

各コマンドの番号　　　チェックを付けると初期設定に戻る

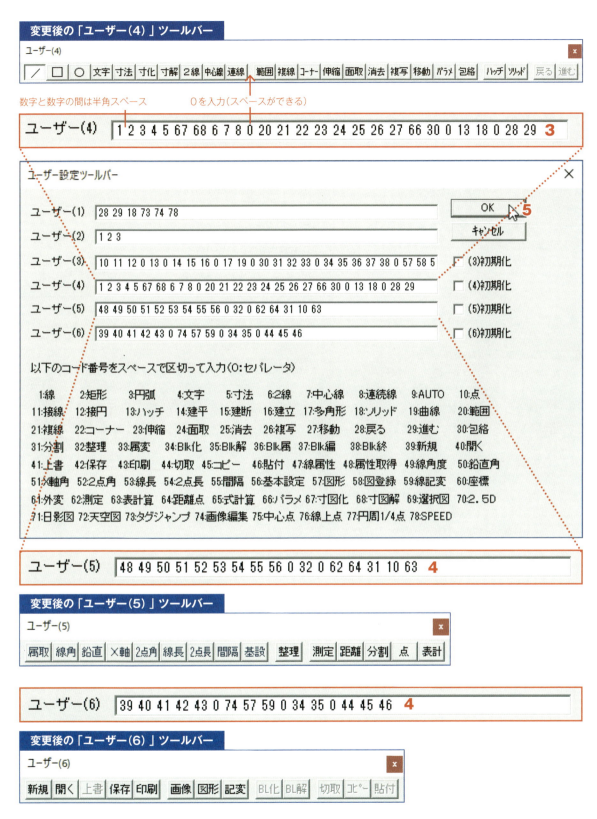

4 同様にして、「ユーザー(5)」「ユーザー(6)」ボックスの数値を上図のように変更する。

5 「OK」ボタンを。

6 「ツールバーの表示」ダイアログで「レイヤ」「レイヤグループ」「線属性(2)」「ユーザー(4)」「ユーザー(5)」「ユーザー(6)」にチェックを付け、それ以外のチェックを外す。

7 「OK」ボタンを🖱️。

→ チェックを付けたツールバーのみが作図ウィンドウの左右に表示される。

(?) ツールバーのコマンドボタンが一部しか表示されない ☞ ツールバーの表示されているコマンドボタンや余白部分を何度か🖱️してください。または 8～9 の操作を行ってください。ツールバーが再描画され、コマンドボタンが表示されます。

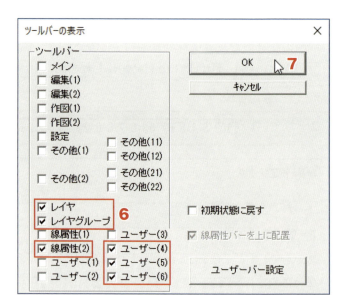

8 右のツールバーが右図のように4列になった場合は、ツールバーの上辺を🖱️→(ドラッグ)し、右隣のブランクのツールバーの上端でボタンをはなす。

☑ ツールバーの外形枠にマウスポインタを合わせてドラッグし、移動先でボタンをはなすことで、その位置に移動できます。ツールバーが作図ウィンドウにはみ出ている場合は、そのタイトルバーを作図ウィンドウの左右や上下までドラッグすることで、ボタンをはなした位置に移動できます。

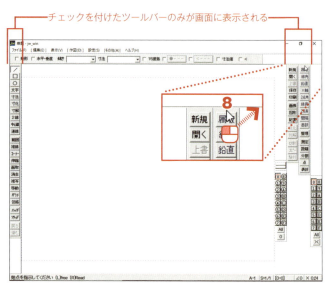

9 もう一方のツールバーも同様に上辺を🖱️←し、左隣のブランクのツールバー上端でボタンをはなす。

→ 右のツールバーが2列に整う。

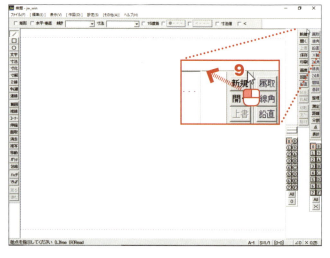

COLUMN 他のパソコンでも同じユーザー設定ツールバーを利用するには

パソコンごとに「ユーザー設定ツールバー」ダイアログを開き、「ユーザー（4）」～「ユーザー（6）」ボックスに同じ数値を入力することで、同じユーザー設定ツールバーを利用できます。しかし、設定するパソコンの台数が多いと、1文字ずつキーボードから入力するのは面倒なことです。そこで、「ユーザー」ボックスに入力済みの数値をテキストファイルとして保存し、他のパソコンでそのテキストファイルから数値をコピーして利用する方法を紹介します。

はじめに、コピー元のパソコンでの作業

1「ユーザー設定ツールバー」ダイアログの「ユーザー（4）」ボックスに入力した数値をドラッグで選択し、🖱して、メニューの「コピー」を選択する。

2 メモ帳を起動（[スタート]⇒「Windowsアクセサリ」⇒「メモ帳」）し、メニューバー[編集]－「貼り付け」を選択して、**1**でコピーした数値を貼り付ける。

3 1－**2**と同様にして、他の必要な「ユーザー」ボックスの数値も2行目以降に貼り付ける。

4 メニューバー[ファイル]－「名前を付けて保存」を選択する。

5 ファイル名（下図では「utool」）を入力し、USBメモリなどに保存する。

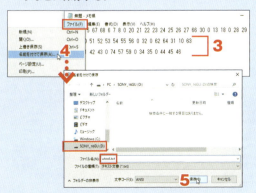

続けて、新しく設定するパソコンでの作業

6「メモ帳」を起動し、メニューバー[ファイル]－「開く」を選択して**5**で保存したテキストファイルを開く。

7 1行目の数値（「ユーザー（4）」）をドラッグで選択し、🖱して、メニューの「コピー」を🖱。

8 Jw_cadの「ユーザー設定ツールバー」ダイアログの「ユーザー（4）」ボックスの数値をドラッグで選択し、🖱して、メニューの「貼り付け」を🖱し、貼り付ける。

9 7－**8**と同様にして、2行目以降の数値をそれぞれの「ユーザー」ボックスに貼り付ける。

TECHNIC 2　キーボード入力でコマンドを選択する

Jw_cadのコマンドは、割り当てられているキーを押すことでも選択できます。どのキーにどのコマンドを割り当てるかは、「基本設定」コマンドで設定・変更できます。

1　キーのコマンド割当てを確認

● 各キーに割り当てられているコマンドを確認しましょう。

1　「基設」コマンド（メニューバー［設定］－「基本設定」）を選択する。

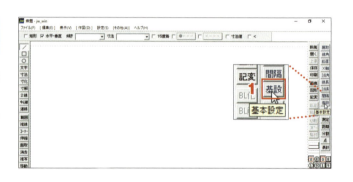

2　「jw_win」ダイアログの「KEY」タブを🖱。

☑ 各キー名称右の入力ボックスに、割り当てるコマンドの番号を入力します。コマンドを割り当てない場合は「0」を入力します。右図では A キーには「5　文字」コマンド、B キーには「3　矩形」コマンドが割り当てられています。

3　「直接属性取得を行う」と「キーによるコマンド選択を無効にする」のチェックが外れていることを確認し、「OK」ボタンを🖱。

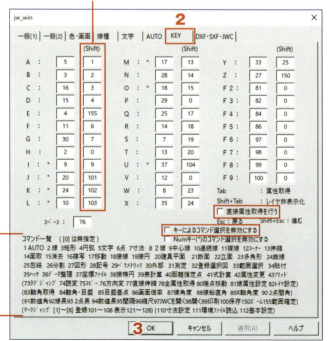

2 キーボード入力でコマンドを選択

● キーボードからコマンドを選択してみましょう。

1 [B]キーを押す。

「□」コマンドが選択される

2 [A]キーを押す。

「文字」コマンドが選択される

3 [Tab]キーを押す。

4 [E]キーを押す。

☑ 「文字」コマンド選択時のキーボード入力は「文字入力」ダイアログへの文字入力になるため、そのままでは、コマンド選択はできません。[Tab]キーを押したあと、コマンド選択のためのキーを押します。

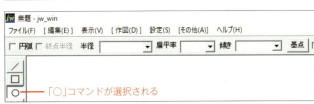

「○」コマンドが選択される

COLUMN コントロールバーの指定をキーボードで行う

[スペース]キーを押す、もしくは[Shift]キーと[スペース]キーを同時に押すことで、コントロールバーの一部の指定を切り替えることができるコマンドがあります。右図はその例です。

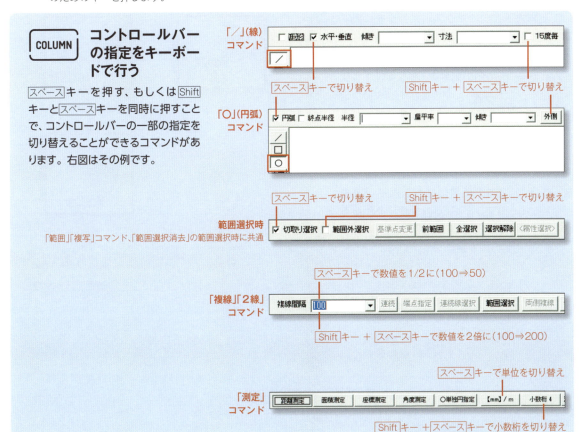

TECHNIC 3 クロックメニューでコマンドを選択する

作図ウィンドウでドラッグすることで、時計の文字盤を模したクロックメニューが表示され、そこから(素早く)コマンドを選択できます。

1 クロックメニューの使い方

● クロックメニューを使って、「文字」コマンドを選択してみましょう。

1 作図ウィンドウで🖱↓(左ボタンを押したまま下方向にマウスポインタを移動:マウスボタンから指をはなさない)。

2 右図のようなクロックメニューが表示されたら、その円の周りを、ゆっくりマウスポインタを移動し、マウスポインタの位置によって、異なるコマンド名が表示されることを確認する。

(?) クロックメニューが表示されない ☞ 次ページ 3 の 2 を確認。

3 時計の12時の位置にマウスポインタを移動し、コマンド名 文字 が表示されたらマウスボタンをはなす。

➡ 「文字」コマンドが選択される。

☑ クロックメニューの12の時刻それぞれには機能(コマンド)が割り当てられており、コマンド名が表示された時点でマウスボタンをはなすことで、そのコマンドを選択できます。

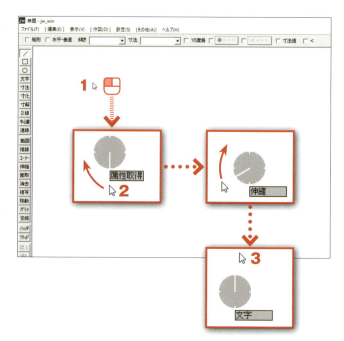

2 クロックメニューの基本

クロックメニューには🖱ドラッグ/🖱ドラッグの別があります。また、それぞれにAM/PMの2面があります。

AM/PMの2面の切り替えは、ドラッグ操作でクロックメニューを表示した状態で他方のボタンをクリックするか、あるいはマウスポインタを文字盤内に移動し、再び文字盤の外に移動することで行います。最初に表示される明るい文字盤を「AMメニュー」、切り替え操作で表示される暗い文字盤を「PMメニュー」と呼びます。

本書では、クロックメニュー操作の表記を左右ボタンの別、ドラッグ方向、AM/PMメニューの別、コマンドが割り当てられた時間（0時～11時）から、「🖱↖AM10時 消去 」のように表記します。

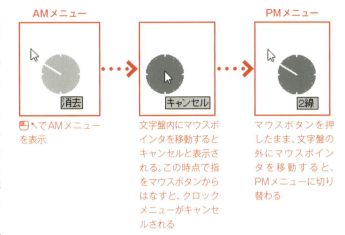

🖱↖でAMメニューを表示
文字盤内にマウスポインタを移動するとキャンセルと表示される。この時点で指をマウスボタンからはなすと、クロックメニューがキャンセルされる
マウスボタンを押したまま、文字盤の外にマウスポインタを移動すると、PMメニューに切り替わる

3 クロックメニューの基本設定

● クロックメニューの基本的な設定項目を確認しましょう。

1 「基設」コマンド（メニューバー［設定］－「基本設定」）を選択する。

2 「jw_win」ダイアログ「一般(1)」タブの「クロックメニューを使用しない」のチェックが外れていることを確認する。

☑ チェックが付いていると、🖱↑AM0時・3時・6時・9時以外のクロックメニューは使えません。

3 「クロックメニューに移行するドラッグ量」を必要に応じて変更する。

☑ クロックメニューが表示されるまでのドラッグ距離を調整します。クロックメニューが表示されるまでの距離が長いと感じる場合は、この数値を現在より小さい数値（最小20）に、ドラッグしたつもりはないのにクロックメニューが頻繁に表示される場合は、この数値を現在の設定値よりも大きい数値（最大200）に変更します。

4 「OK」ボタンを🖱。

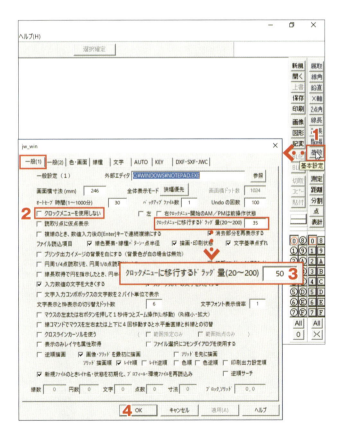

TECHNIC 4

クロックメニューで「文字」コマンドを選択する

左のツールバーまでマウスポインタを移動しなくても、作図ウィンドウで🖱↑AM0時 文字 することで、「文字」コマンドを選択できます。

📄 教材データ：1-004.jww

1 クロックメニューで文字を記入

● クロックメニューで「文字」コマンドを選択して、文字を記入しましょう。

1 作図ウィンドウの何も要素がない位置で🖱↑AM0時 文字 。

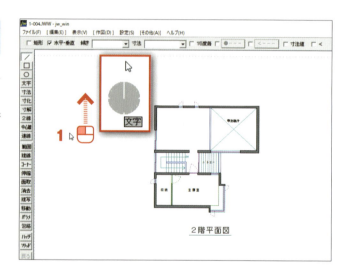

→ 「文字」コマンドが選択される。

2 「文字入力」ダイアログに「フリースペース」と入力する。

3 文字の記入位置を🖱。

2 クロックメニューで既存の文字を変更・移動

- 前項 1 では、作図ウィンドウの何もないところから🖱↑AM0時 文字 をしましたが、ここでは、記入済みの文字要素を🖱↑AM0時 文字 で移動しましょう。

1. クロックメニューの練習のため、「／」コマンドを選択しておく。

2. 記入済みの文字要素「吹き抜け」を🖱↑AM0時 文字 。

    → 「文字」コマンドに移行し、🖱↑した文字要素「吹き抜け」の変更・移動指示になる。

    ☑ 2 では、「文字」コマンドを選択し、文字「吹き抜け」を🖱する操作を1度の操作で行います。

3. 基点を「(中中)」にし、移動先を🖱。

3 クロックメニューで既存の文字を貼り付け

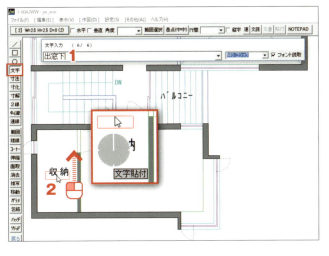

- 「文字」コマンドを選択した状態で、既存の文字を🖱↑AM0時 文字貼付 することで、その文字を「文字入力」ダイアログに貼り付けできます。その機能を利用して出窓部分に「出窓下収納」と縦書きで記入しましょう。

1. 「文字」コマンドで、「文字入力」ダイアログに「出窓下」を入力する。

2. 記入済みの文字要素「収納」を🖱↑AM0時 文字貼付 。

    ☑ 「文字」コマンド選択時に記入済みの文字要素を🖱↑すると、AM0時 文字貼付 になり、🖱↑した文字要素の記入内容が「文字入力」ダイアログの入力ポインタ位置に挿入(貼り付け)されます。

3. コントロールバー「垂直」と「縦字」にチェックを付ける。

4. 記入位置を🖱。

入力ポインタ位置に🖱↑した文字「収納」が貼り付けられる

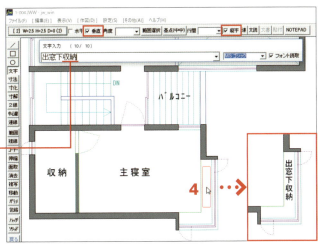

TECHNIC 5

クロックメニューで操作を「戻る」「進む」

直前の操作を取り消す「戻る」コマンド、取り消した操作をやり直す「進む」コマンドも、クロックメニューに割り当てられています。

教材データ：1-005.jww

1 クロックメニューの「戻る」「進む」コマンド

「戻る」コマンド（メニューバー[編集]－[戻る]）は、🖱ドラッグで表示されるクロックメニューのAM4時 戻る に割り当てられています。
「進む」コマンド（メニューバー[編集]－[進む]）は、🖱ドラッグのクロックメニューAM5時 進む に割り当てられています。

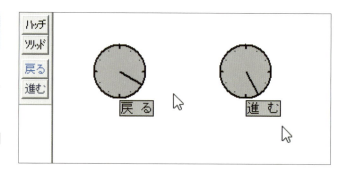

2 クロックメニューで「戻る」コマンドを選択

● 図面上の線・円要素を消去したあと、クロックメニューから「戻る」コマンドを選択しましょう。

1 「消去」コマンドを選択する。
2 斜線を🖱し、消去する。
3 円を🖱し、消去する。

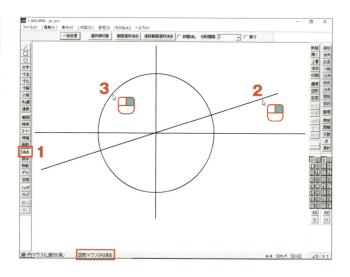

● 直前に消去した円を元に戻しましょう。

4 作図ウィンドウで🖱↘AM4時 戻る 。

➡ 直前に消去した円が元に戻る。

☑ 再度、🖱↘AM4時 戻る すると、さらにその前の **2** で消去した斜線が元に戻ります。

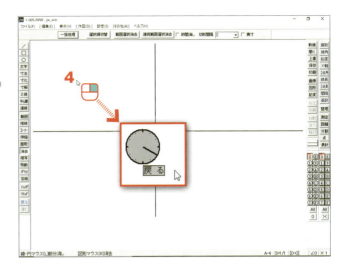

3 クロックメニューで 「進む」コマンドを選択

● 直前の「戻る」を取り消し、「戻る」コマンドを選択する前の状態にしましょう。

1 作図ウィンドウで🖱↘AM5時 進む 。

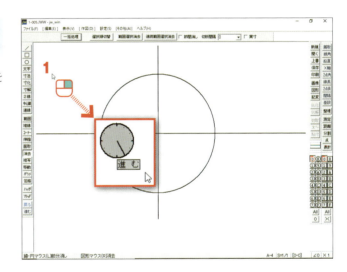

➡ 前項 **2** の **4** の操作前の（円が消えた）状態になる。

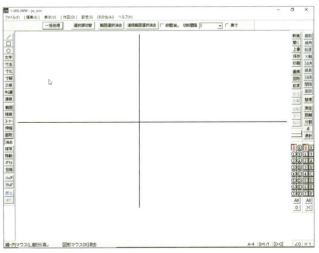

TECHNIC

操作対象の選択と同時に
コマンドを実行する

操作対象とする線・円などの要素をドラッグし、クロックメニューでコマンドを選択することで、操作対象の選択とコマンドの実行を同時に行えます。ここでは、「消去」「伸縮」コマンドの例で、それらを体験しましょう。

教材データ：1-006.jww

1 操作対象の選択と同時に「消去」コマンドを実行

● クロックメニューで、斜線を消去しましょう。

1 右図の斜線を🖱↘AM10時 消去 。

☑ 消去対象の要素にマウスポインタを合わせ、🖱↘AM10時 消去 することで、「消去」コマンドを選択すると同時に、その要素を消去します。

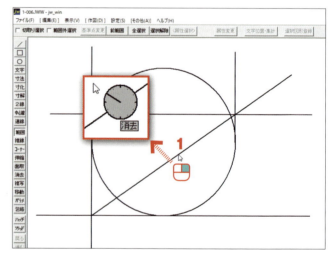

➡ 「消去」コマンドに移行し、**1** の線が消去される

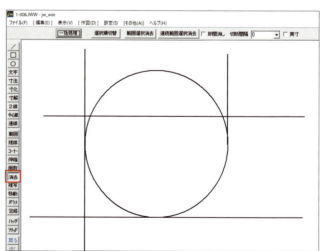

2 伸縮の基準線指示と同時に「伸縮」コマンドを実行

● 下の水平線まで、2本の垂直線を伸縮しましょう。

1 右図の水平線を🖱✓AM8時 伸縮 。

　☑ 線・円・円弧要素にマウスポインタを合わせ、🖱✓AM8時 伸縮 することで、「伸縮」コマンドが選択されます。同時に、その要素を「伸縮」コマンドで🖱🖱(基準線指定)した状態になります。

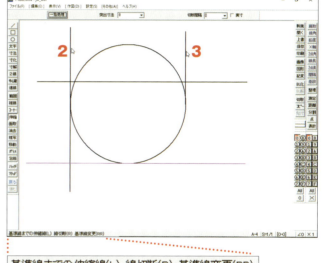

➡ 「伸縮」コマンドに移行し、1の線が伸縮の基準線として選択色になる。

2 伸縮対象線として、基準線の上側で左の垂直線を🖱。

3 伸縮対象線として、右の垂直線を🖱。

➡ 基準線に対し、2と3で🖱した側を残して、2と3の垂直が基準線まで伸縮される。

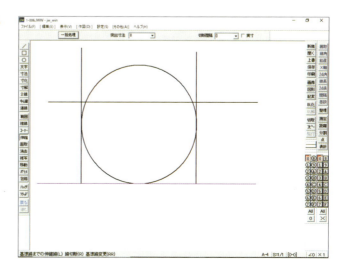

3 操作対象の選択と同時に部分消し指示

● 上の水平線の円に重なる部分を部分消ししましょう。

1 右図の水平線を🖱\AM10時 消去 。

☑ 線・円・円弧要素にマウスポインタを合わせ、🖱\AM10時 消去 することで、「消去」コマンドが選択されます。同時に、その要素を部分消しの対象として選択した状態になります。

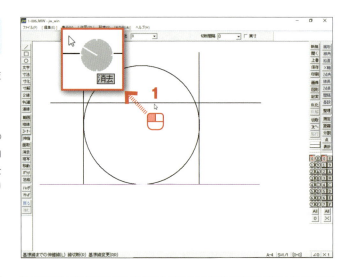

➡「消去」コマンドに移行し、**1**の線が部分消しの対象線として選択色になる。

2 部分消しの始点として、左の円との交点を🖱。

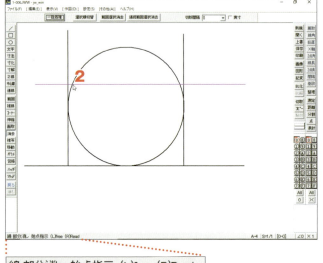

線 部分消し 始点指示 (L)free (R)Read

3 部分消しの終点として、右の円との交点を🖱。

☑「消去」コマンドでは、線・円・円弧要素の部分消しは🖱、要素全体を消すには🖱で指示します。このことから、部分消しは🖱\AM10時 消去 、要素全体を消すには🖱\AM10時 消去 と覚えてください。

「消去」コマンド選択時の操作メッセージ
線・円マウス(L)部分消し　図形マウス(R)/消去

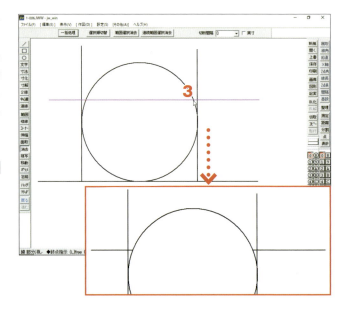

4 伸縮線の指示と同時に「伸縮」コマンドを実行

● 下の水平線を、円との接点まで縮めましょう。

1 右図の水平線を、円との接点より右側で🖱✓AM8時 伸縮。

- ☑ 線・円・円弧要素にマウスポインタを合わせ、🖱✓AM8時 伸縮 することで、「伸縮」コマンドが選択されます。同時に、その要素を、「伸縮」コマンドで🖱（伸縮線指示）した状態になります。線を縮める場合、次に指示する伸縮点より、線を残したい側にマウスポインタを合わせ、🖱✓してください。

➡「伸縮」コマンドに移行し、**1**の線が伸縮対象線になる。

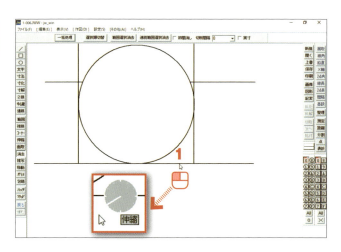

2 伸縮点として、円との接点を🖱。

➡ 🖱✓位置の側を残して、**1**の水平線が**2**の点まで縮む。

- ☑「伸縮」コマンドでは、伸縮の対象とする要素は🖱、伸縮の基準線は🖱🖱で指示します。このことから、伸縮対象指示は🖱✓AM8時 伸縮 、伸縮基準線指示は🖱✓AM8時 伸縮 と覚えてください。

「伸縮」コマンド選択時の操作メッセージ
基準線までの伸縮線(L) 線切断(R) 基準線変更(RR)

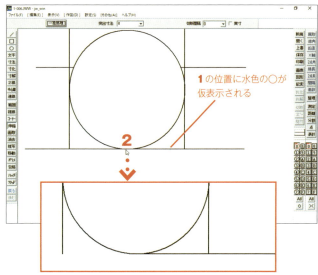

1の位置に水色の○が仮表示される

COLUMN 🖱と🖱で同じコマンドが割り当てられたクロックメニュー

🖱と🖱のクロックメニュー1時、2時、7時、8時、10時、11時には、同じコマンドが割り当てられています。いずれもドラッグした要素を操作対象として選択し、そのコマンドを実行します。
🖱と🖱の使い分けは、通常のコマンド選択時の使い分けと同じです。

1時 線・矩形	最初の点指示：🖱✓(free) 🖱✓(Read)	
	始点を指示してください (L)free (R)Read	
2時 円・円弧	中心点指示：🖱✓(free) 🖱✓(Read)	
	中心点を指示してください (L)free (R)Read	
7時 複写・移動	選択要素がない場合はコマンド選択と同時に範囲選択の始点指示。選択要素がある場合は基準点指示と同時にコマンドを実行（☞ p.116、119）	
8時 伸縮	🖱✓(伸縮線指示) 🖱✓(基準線指示)	
	指示点までの伸縮線(L) 線切断(R) 基準線指定(RR)	
10時 消去	🖱↖(部分消し) 🖱↖(要素の消去)	
	線・円マウス(L)部分消し 図形マウス(R)消去	
11時 複線	基準線指示：🖱↖(複線間隔をクリア) 🖱↖(前回値)	
	複線にする図形を選択してください マウス(L) 前回値 マウス(R)	

TECHNIC 7 クロックメニューで複数の要素を選択して消去する

🖱↘AM4時 範囲選択 で複数の要素を選択したあと、🖱↘AM10時 消去 でそれらを消去できます。

📄 教材データ：1-007.jww

1 複数の要素を消去する2通りの手順

● 複数の要素を消去する手順は、以下の2通りがあります。

手順1
「消去」コマンドを選択してから対象要素を選択

1. 「消去」コマンドを選択する。
2. コントロールバー「範囲選択消去」ボタンを🖱。
3. 選択範囲枠で消去対象を囲んで選択する。
4. コントロールバー「選択確定」ボタンを🖱。

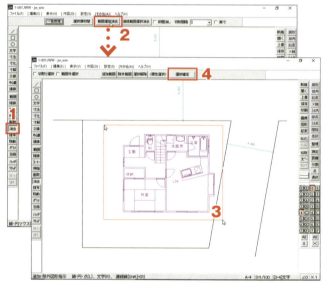

手順2
対象要素を選択してから「消去」コマンドを選択

1. 「範囲」コマンドを選択する。
2. 選択範囲枠で消去対象を囲んで選択する。
3. 「消去」コマンドを🖱。

次項では、手順2で、クロックメニュー🖱↘AM4時 範囲選択 と、🖱↘AM10時 消去 を利用して複数要素の消去をします。

ここでは「消去」を例にしていますが、同様に複数の要素を選択して処理するコマンド「複写」「移動」「データ整理」なども、いずれの手順でも行えます。

2 複数要素を選択して消去

● はじめに、消去対象の要素を範囲選択しましょう。クロックメニューの練習のため、「範囲」コマンド以外のコマンド（右図では「／」コマンド）が選択された状態から始めます。

1 右図の位置から🖱↘AM4時 範囲選択 。

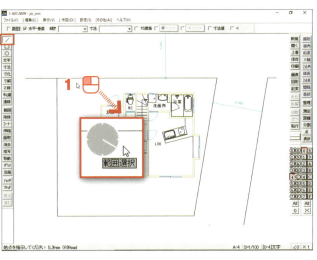

☑ 作図ウィンドウで🖱↘AM4時 範囲選択 することで、「範囲」コマンドに移行し、🖱↘位置を始点とした選択範囲枠がマウスポインタまで表示されます。ただし、「消去」「ハッチ」「文字」「複線」「寸法図形化」「寸法図形解除」コマンド選択時に🖱↘AM4時 範囲選択 した場合は、そのコマンドのコントロールバーの「範囲選択」（「消去」コマンドでは「範囲選択消去」）ボタンを🖱し、範囲選択の始点位置を指示した状態になります。

➡「範囲」コマンドに移行し、**1**の位置を始点とした選択範囲枠がマウスポインタまで表示される。

2 選択範囲枠で消去対象の要素を囲み、終点を🖱（文字を含む）。

➡ 選択範囲枠に入るすべての要素が選択される。

3 作図ウィンドウで🖱↘AM10時 消去 。

➡「消去」コマンドに移行し、選択された要素が消去される。

☑ **3**で🖱↘AM10時 消去 やツールバーの「消去」コマンドを🖱または Delete キーを押すことでも、同じ結果を得られます。

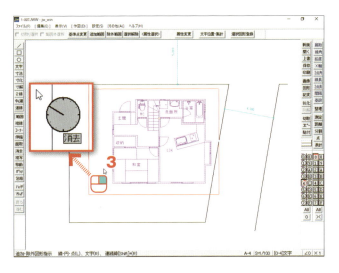

Jw_cadで神速に図面をかくための100のテクニック 37

TECHNIC 8
クロックメニューで複数の要素を選択して複写・移動する

🖱↘AM4時 範囲選択 で複数の要素を選択したあと、🖱↙AM7時 複写・移動 することで、🖱↙位置を基準点として、選択要素を複写・移動できます。

教材データ：1-008.jww

1 複数の要素を選択して複写・移動

● 2階平面図の左上角の位置が、1階平面図の右上角と揃うように移動しましょう。クロックメニューの練習のため、「範囲」コマンド以外のコマンド（右図では「／」コマンド）が選択された状態から始めます。

1 右図の位置から🖱↘AM4時 範囲選択 。

➡ 「範囲」コマンドに移行し、**1**の位置を始点とした選択範囲枠がマウスポインタまで表示される。

2 選択範囲枠で移動対象要素を囲み、終点を🖱（文字を含む）。

➡ 選択範囲枠に入るすべての要素が選択される。

3 移動の基準点として、2階平面図左上角を🖱✓AM7時複写・移動。

- ☑ 複写・移動の基準点を🖱✓AM7時複写・移動することで、選択色の要素を確定し、🖱✓した点を基準点として「複写」または「移動」コマンドのいずれか、直近に利用したコマンドに移行します。3で🖱✓AM7時複写・移動した場合は、🖱✓位置を基準点とします。2の操作後に自動的に決められた基準点のまま複写・移動したい場合は、ツールバーの「複写」または「移動」コマンドを🖱してください。

4 「複写」コマンドになった場合は、コントロールバー「複写」のチェックを外す。

- ☑ 4の操作の代わりに「移動」コマンドを🖱しても同じ結果を得られます。

5 コントロールバー「任意方向」ボタンを2回🖱し、「Y方向」にする。

- ☑ 5の操作の代わりに、スペースキーを2回押すことでも切り替わります。
- ➡ 移動要素の移動方向が縦(Y)方向に固定される。

6 移動先の点として、1階平面図の右上角を🖱。

- ➡ 移動要素の基準点位置の縦位置を、6の点に合わせて移動される。

7 「移動」コマンドを終了するため、「/」コマンドを選択する。

- ☑ 「/」コマンドは、Hキーを押すことでも選択できます。

TECHNIC 9 クロックメニューでコントロールバーの指定を行う

一部のコマンドでは、その選択時に、クロックメニューでコントロールバーの指定を行えます。

教材データ：1-009.jww

1 標準クロックメニューとコマンド特有のクロックメニュー

🖱ドラッグAMメニュー/PMメニュー、🖱ドラッグAMメニュー/PMメニューの4つのクロックメニューの各時刻に割り当てられたコマンドは、共通のもので、これを「標準クロックメニュー」と呼びます。

ただし、クロックメニュー使用時の選択コマンドやその操作段階によって、標準クロックメニューとは異なる機能が割り当てられていることもあります。ここでは、便宜上、それらを「コマンド特有のクロックメニュー」と呼びます。

コマンド特有のクロックメニューの多くは、本来コントロールバーで行う指定をクロックメニューに割り当てたものです。この単元では、いくつかコマンド特有のクロックメニューを使ってみましょう。

☑ 「jw_win」ダイアログ「一般(2)」タブの「AUTOモード以外の……全て標準クロックメニューにする」にチェックが付いていると、コマンド特有のクロックメニューは利用できません。

例) 標準クロックメニューでは、🖱↑AM0時 文字

「文字」コマンド選択時には、🖱↑AM0時 文字貼付 （☞ p.29）

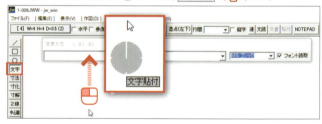

「範囲選択消去」の選択範囲の終点指示後は、🖱↑AM0時 選択確定
（☞ p.86）

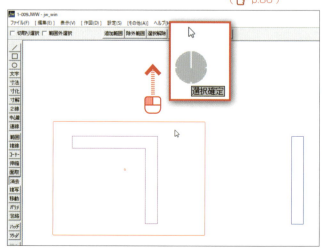

2 「複線」コマンドで「端点指定」を指定

● 左上の壁線から500mm下側の左右の壁の間に複線を作図しましょう。ここでは、基準線とは異なる長さの複線を作図する「端点指定」をクロックメニューで指示します。

1 右図の水平線を🖱\ AM11時 複線 。

☑ **1**の操作は、「複線」コマンドを選択し、**1**の水平線を🖱する操作を1度の操作で行うものです。

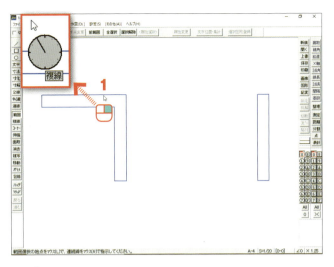

➡「複線」コマンドに移行し、**1**の線を基準線として、コントロールバー「複線間隔」ボックスの数値分離れたマウスポインタ側に複線が仮表示される。

2 コントロールバー「複線間隔」ボックスに「500」を入力する。

3 端点指定の始点として右図の角を🖱→AM3時【端点指定】。

☑ **3**では、コントロールバー「端点指定」ボタンを🖱し、端点指定の始点として**3**の点を🖱する操作を、1度の操作で行います。点のない位置を始点とする場合は、**3**で🖱→AM3時【端点指定】します。

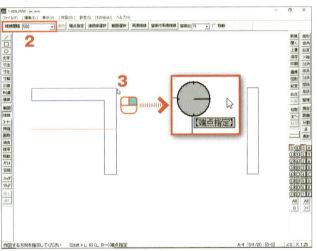

➡ **3**の位置を始点とした仮線がマウスポインタまで表示され、ステータスバーには端点指定の終点指示を促すメッセージが表示される。

4 終点として右図の角を🖱。

➡ **3**、**4**を端点とする複線が、基準線に対してマウスポインタ側に仮表示され、ステータスバーには作図方向指示を促すメッセージが表示される。

5 基準線の下側で、作図方向を決める🖱。

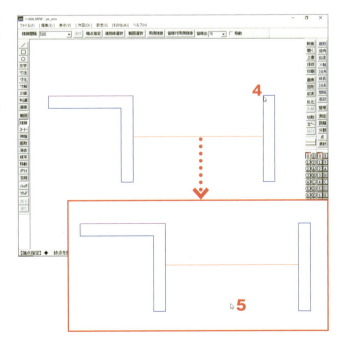

3 「／」コマンドで「寸法値」を指定

● 垂直線下端点を結ぶ線を寸法値付きで作図しましょう。ここでは、寸法値付きの線を作図するための指定をクロックメニューで行います。

1 右図の角を🖱↗AM1時 線・矩形 。

☑ **1**では「／」コマンドを選択し、**1**の角を🖱する操作を1度の操作で行います。端点を読み取るため、**1**では🖱↗しましたが、既存点のない位置を始点にする場合は🖱↗します。

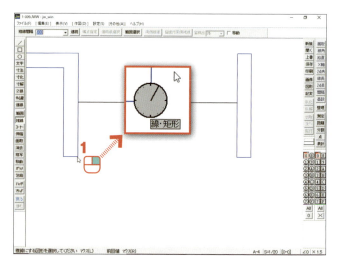

→ 「／」コマンドに移行し、**1**の端点を始点とした線がマウスポインタまで仮表示される。

2 作図ウィンドウで🖱↘AM4時 寸法値 。

☑ 線の終点指示前に🖱↘AM4時 寸法値 することで、この後、終点指示する線にその長さを示す寸法値もともに記入されます。これは、コントロールバー「寸法値」にチェックを付けて線を作図した場合と同じですが、🖱↘AM4時 寸法値 で指示した場合、コントロールバーの「寸法値」にチェックは付かず、作図線に寸法値が記入されるのは、その1回だけです。また、**2**の後に再度、🖱↘AM4時 下寸法値 すると、線の下側に寸法値を記入します。

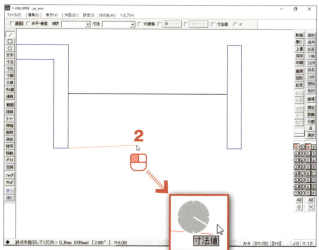

3 終点として、右図の角を🖱。

☑ 寸法値は「寸法設定」ダイアログで指定の文字種で記入されます。また、「寸法設定」ダイアログの「寸法線と値を【寸法図形】にする」にチェックを付けている場合、作図した線と寸法値は1セットの寸法図形（☞ p.166）になります。

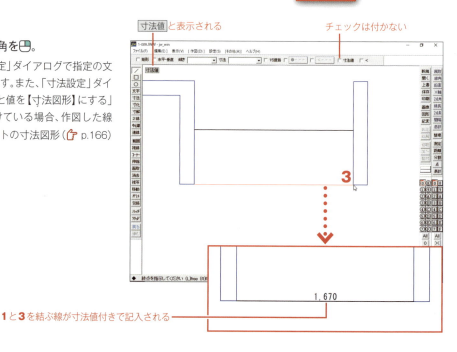

寸法値 と表示される　　　チェックは付かない

1と**3**を結ぶ線が寸法値付きで記入される

4 「伸縮」コマンドで「端点移動」を指定

● 前項で作図した寸法値付きの線の左端点を移動しましょう。

1 作図ウィンドウの何もない位置から🖱✓AM8時 伸縮 。

☑ 1の操作は、本来、「伸縮」コマンドを選択し、伸縮線を🖱する操作を1度の操作で行うものです。ここでは、伸縮する要素のない位置から🖱✓したため、「伸縮」コマンドに移行し、図形がありません とメッセージが表示されますが、問題ありません。

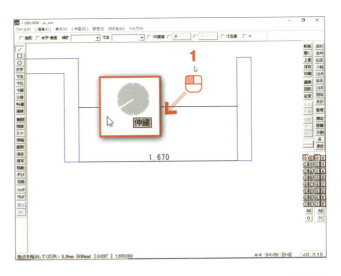

2 寸法線の中点より左側を🖱✓AM8時〈端点移動〉。

☑ 「伸縮」コマンド選択時に線要素を🖱✓AM8時〈端点移動〉すると、🖱✓した位置に近いほうの端点が移動の対象となります。「端点移動」は「伸縮」コマンドのコントロールバーにもない機能で、クロックメニューでのみ行えます。

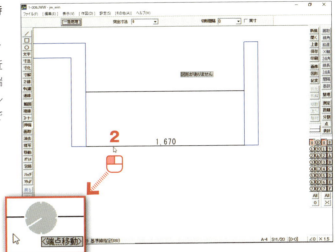

➡ 🖱✓位置に近い側の端点がマウスポインタについて仮表示される。

3 移動点として右図の端点を🖱。

☑ ここで端点移動した寸法線は、寸法線と寸法値が1セットの寸法図形（☞ p.166）のため、寸法値が端点移動後の線の中央に移動し、数値も端点移動後の線の長さに変更されます。端点移動した線が寸法図形でない場合は、寸法値は元の位置のまま変化しません。

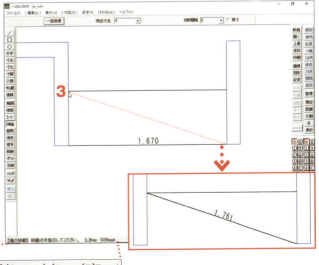

TECHNIC 10 使用中のコマンドを変更せずに別のコマンドを使う

使用中のコマンドを変更せずに、クロックメニューの「消去」「伸縮」「文字」「包絡」を1度だけ割り込み使用することができます。

教材データ：1-010.jww ／ 1-010A.jwf ／ 1-010B.jwf ／ 1-010C.jws

1 割り込み使用するための環境設定ファイルの読み込み

● クロックメニューの「消去」「伸縮」「文字」「包絡」コマンドの割り込み使用を設定した環境設定ファイルを読み込みましょう。

1 メニューバー［設定］－「環境設定ファイル」－「読込み」を選択する。

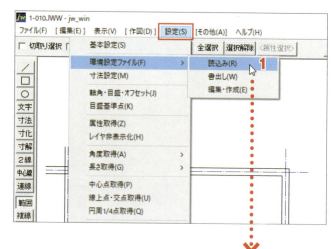

2 「開く」ダイアログで「ファイルの場所」を「jww_tech」フォルダーにする。

3 「1-010A.jwf」を🖱。

4 「開く」ボタンを🖱。

☑ 画面上は何の変化もありませんが、**3**の環境設定ファイルが読み込まれ、その設定内容が有効になります。「1-010A.jwf」では、クロックメニューの「消去」「伸縮」「文字」「包絡」コマンドの割り込み使用を設定しています。この設定は、Jw_cadを終了したあとも有効です。ここで設定した内容を無効にするには、再度、上記**1**－**2**の操作を行い、**3**で「1-010B.jwf」を選択してください。

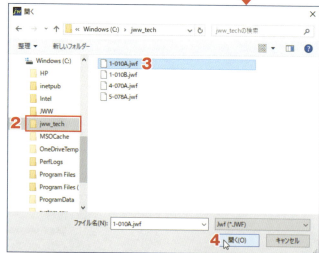

2 「□」コマンドで柱を配置しながら壁線と包絡

● 800角の柱を「□」コマンドで配置しながら、壁線と包絡処理しましょう。

1 書込線が「線色2・実線」、書込レイヤが「1」であることを確認する。

2 「□」コマンドを選択し、コントロールバー「寸法」ボックスに「800」を入力する。

3 矩形の作図基準点として壁左下角を🖱。

4 仮表示の矩形の左下角を3の基準点に合わせ、作図位置を決める🖱。

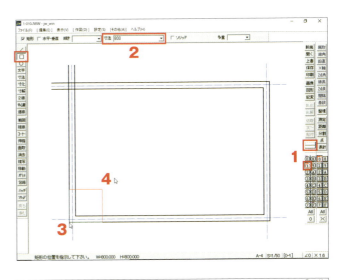

5 包絡範囲の始点として右図の位置で🖱→AM3時 包絡 。

☑ 5では、「包絡」コマンド（メニューバー［編集］－「包絡処理」）を選択し、包絡範囲の始点として5の位置を🖱する操作を1度の操作で行います。

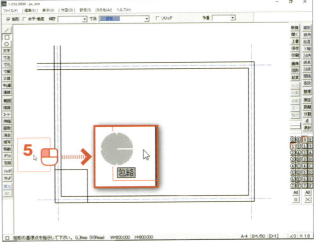

→ 🖱→位置を始点とした包絡範囲枠がマウスポインタまで表示される。

☑ 環境設定ファイル「1-10A.jwf」を読み込んだため、「□」コマンドが選択されたまま、コントロールバーは「包絡」コマンドの表示に切り替わります。

6 表示される包絡範囲枠で右図のように柱を囲み、終点を🖱。

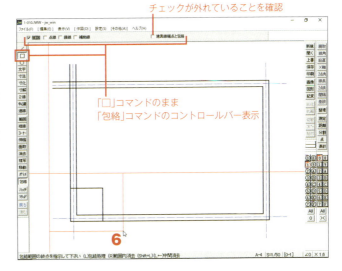

→ 包絡処理が完了すると、コントロールバーが「□」コマンドの表示に戻る。

7 次の矩形の作図基準点として壁左上角を🖱。

8 仮表示の矩形の左上角を**7**の基準点に合わせ、作図位置を決める🖱。

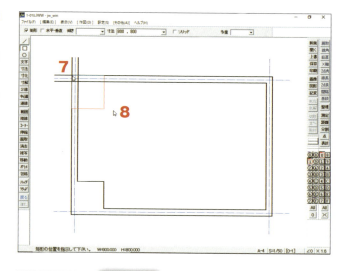

9 包絡範囲の始点から🖱→AM3時 包絡 。

10 包絡範囲枠で壁端部と柱を右図のように囲み、終点を🖱。

→ 包絡処理が完了すると、コントロールバーが「□」コマンドの表示に戻る。

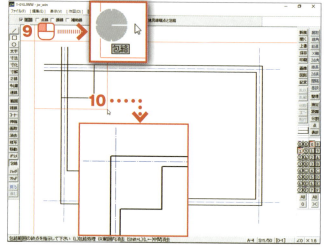

3 図形を配置しながら点線消去と文字角度変更

● 図形「1-010C.jws」を壁線と点線の交点に配置しましょう。

1 「図形」コマンド(メニューバー[その他]-「図形」)を選択する。

2 「jww-tech」フォルダーを🖱。

3 「1-010C.jws」を🖱🖱で選択する。

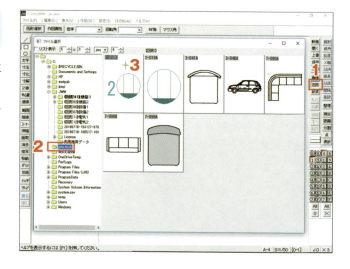

4 右図の点線と壁線の交点を🖱し、作図する。

● 不要になった点線を、割り込みクロックメニューで消去しましょう。

5 点線を🖱↖AM10時 消去 。

→ 5で🖱↖した線が消去され、「図形」コマンドで同じ図形の配置位置を指示する状態になる。

☑ p.44で環境設定ファイル「1-010A.jwf」を読み込んだため、「消去」コマンドには移行しません。

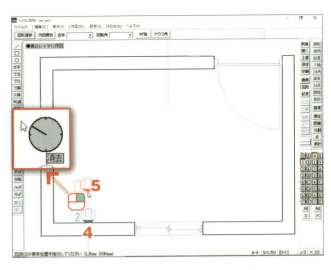

● 同じ図形の向きを変えて、もう1個所の点線と線の交点に配置しましょう。

6 コントロールバー「回転角」を「180」にする。

7 右図の点線と壁線の交点を🖱。

● 上下逆さまに配置された文字を、割り込みクロックメニューで正しい向きにしたあと、不要になった点線を消去しましょう。

8 配置した図形の文字「2」を🖱↑AM0時 文字 。

→ 「図形」コマンドのまま、「文字」コマンドで文字「2」を🖱(移動・変更)した状態になる。

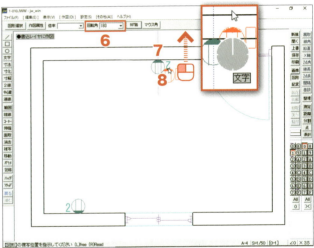

9 コントロールバー「水平」にチェックを付ける。

☑ コントロールバー「水平」にチェックを付けると、「角度」ボックスの角度に関わらず、文字の角度は水平になります。9の操作の代わりに「角度」ボックスを「0」または「(無指定)」にしても文字を水平に変更できます。

10 文字の移動先を🖱。

→ 文字の角度と位置が変更され、「図形」コマンドで同じ図形の配置位置を指示する状態になる。

☑ p.44で環境設定ファイル「1-010A.jwf」を読み込んだため、「文字」コマンドには移行しません。

11 点線を🖱↖AM10時 消去 。

→ 点線が消去され、「図形」コマンドで同じ図形の配置位置を指示する状態になる。

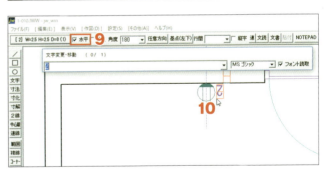

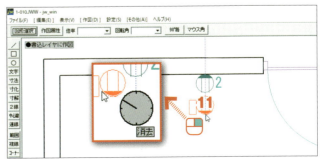

TECHNIC 11
🖱ドラッグ 標準AMクロックメニュー一覧

🖱ドラッグで表示される標準AMクロックメニューの一覧です。
■ の付いた項目は、特定のコマンドでのみ表示されるコマンド特有のクロックメニュー（☞p.40）を示します。

🖱ドラッグ標準AMクロックメニュー

- 0時 円周1/4点
- 1時 線・矩形
- 2時 円・円弧
- 3時 中心点・A点
- 4時 戻る
- 5時 進む
- 6時 オフセット
- 7時 複写・移動
- 8時 伸縮
- 9時 線上点・交点
- 10時 消去
- 11時 複線

🖱↑AM0時 円周1/4点

🖱↑した円・円弧の円周上の上下左右1/4位置を点指示する（☞p.62）。

■「／」コマンドでは、鉛直・円周点 または 鉛直・円1/4点 や 円上点 になる（☞p.103）。
■「／」（傾き固定）および「中心線」コマンドの終点指示時は 線・円交点 になる（☞p.67）。
■「連線」コマンドでは 円上点&終了 になる。
■「文字」コマンドでは 文字消去 になる。
■ 選択範囲終点指示後、点から🖱↑AM0時 確定 基点《Read》 または 基点変更《Read》 で🖱↑した点を基準点として選択確定する（☞p.119）。

🖱↗AM1時 線・矩形

「／」コマンドに移行し、🖱↗した点を始点にした線が仮表示される（☞p.42）。

■「／」コマンド選択時の🖱↗AM1時 線・矩形 は「□」コマンドになり、🖱↗した点を始点または基準点にした矩形が仮表示される。
■「寸法」コマンド選択時の🖱↗AM1時は 寸法値 移動 になり、🖱↗した寸法値の移動になる（☞p.170）。

🖱↗AM2時 円・円弧

「○」コマンドに移行し、🖱↗した点を中心に円が仮表示される。コントロールバー「円弧」のチェックと「半径」は前回「○」コマンド使用時の状態になる。

■「寸法」コマンド選択時の🖱↗AM2時は 寸法値【変更】になり、🖱↗した寸法値の書き換えになる（☞p.171）。

🖱→ AM3時 中心点・A点

🖱→した線・円・円弧の中心点を指示する（☞ p.58／59）。または🖱→した点と次に指示する点の中心点を指示する（☞ p.60）。

■ 選択範囲終点指示後の🖱→AM3時 中心点・A点 はその中心点を基準点として選択確定する（☞ p.114）。
■ 「複線」コマンドの作図方向指示時の🖱→AM3時は、【端点指定】になり、🖱→した点を始点とした端点指定の指示になる（☞ p.41）。

🖱↘ AM4時 戻る

「戻る」コマンドが実行され、1つ前の作図操作が取り消される（☞ p.31）。

🖱↘ AM5時 進む

「進む」コマンドが実行され、1つ前に「戻る」操作で取り消した作図結果を復元する（☞ p.31）。

🖱↓ AM6時 オフセット

🖱↓した点からの相対座標を指定するための「オフセット」ダイアログが開く（☞ p.68）。
要素のない位置を🖱↓した場合は「軸角・目盛・オフセット　設定」ダイアログが開く。

■ 選択範囲終点指示後に、既存点を🖱↓AM6時 オフセット した場合、「オフセット」ダイアログが開き、そこで相対座標で指定した点を基準点として選択確定する。

🖱↙ AM7時 複写・移動

「複写」または「移動」（前回使用したほう）コマンドに移行し、🖱↙位置を始点とした選択範囲枠が表示される。

■ 選択範囲終点指示後の🖱↙AM7時 複写・移動 は🖱↙した点を基準点として選択確定し、「複写」または「移動」コマンド（前回使用したほう）に移行する（☞ p.39）。

🖱↙ AM8時 伸縮

「伸縮」コマンドに移行し、🖱↙した線が伸縮基準線になる（☞ p.33）。

■ 選択範囲終点指示後の🖱↙AM8時は コピー になり、🖱↙した点を基準点として選択確定し、「コピー」コマンドを実行する（☞ p.122）。

🖱← AM9時 線上点・交点

🖱←した線・円・円弧上の任意位置を指示する（☞ p.64）。または🖱←した線・円・円弧と次に指示する線・円・円弧の仮想交点を指示する（☞ p.66）。

■ 選択範囲終点指示後の🖱←AM9時 線上点・交点 は、その線上の任意位置または次に指示する線・円・円弧との仮想交点を基準点として選択確定する。

🖱↖ AM10時 消去

🖱↖した要素を消去する（☞ p.32）。

■ 選択範囲終点指示後の🖱↖AM10時 消去 は「消去」コマンドに移行し、選択要素すべてを消去する（☞ p.37）。

🖱↖ AM11時 複線

「複線」コマンドに移行し、🖱↖した線・円・円弧を基準線として、前回の複線間隔で複線が仮表示される（☞ p.41）。

■ 選択範囲終点指示後の🖱↖AM11時 複線 は、「複線」コマンドに移行し、選択したすべての線・円・円弧を基準線として前回の複線間隔で複線が仮表示される。

TECHNIC 12

🖱ドラッグ 標準AMクロックメニュー一覧

🖱ドラッグで表示される標準AMクロックメニューの一覧です。
■ の付いた項目は、特定のコマンドでのみ表示されるコマンド特有のクロックメニュー（☞ p.40）を示します。

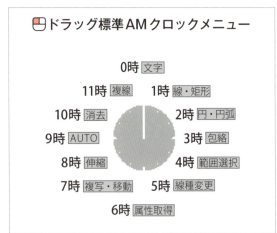

🖱↑AM0時 文字

「文字」コマンドに移行し、🖱↑した文字要素の移動・変更になる（☞ p.29）。

■ 「文字」コマンド選択時の🖱↑AM0時は 文字貼付 になる（☞ p.29）。

■ 「複写」「移動」「パラメトリック変形」「図形登録」コマンドの選択範囲終点指示後の🖱↑AM0時は 確定 基点 (free) になり、🖱↑位置を基準点に確定する（☞ p.108）。

■ 「／」「□」「○」「複線」「分割」コマンド の1つ目指示後の🖱↑AM0時は −線属性設定− になり「線属性」ダイアログが開く。

■ 「伸縮」「消去」コマンドの「一括処理」の対象指示後の🖱↑AM0時は 処理実行 になり、一括処理が実行される。

■ 「多角形」コマンドの「任意」の終点指示後の🖱↑AM0時は 作図実行 になり、指示した多角形が作図される。

🖱↗AM1時 線・矩形

「／」コマンドに移行し、🖱↗位置を始点に線が仮表示される。

■ 「／」コマンド選択時の🖱↗AM1時 線・矩形 は、「□」コマンドに移行し、🖱↗位置を始点または基準点とした矩形が仮表示される。

■ 「分割」コマンドで1本目を指示後の🖱↗AM1時は 逆分割 になる。

■ 「多角形」コマンドの「任意」の終点指示後の🖱↗AM1時は 切り替え になり、コントロールバー「ソリッド図形」のチェックの有無を切り替える。

🖱↗AM2時 円・円弧

「○」コマンドに移行し、🖱↗位置を中心に円が仮表示される。コントロールバー「円弧」のチェックと「半径」は前回「○」コマンド使用時の状態になる。

■ 「／」コマンド始点指示後の🖱↗AM2時は ●−−− （始点に実点）になり、🖱↗のたびに −−−● （終点に実点）⇒ ●−−● （始点・終点に実点）に切り替わり、次に終点指示する線だけ実点付きになる。

■ 「分割」コマンドで1本目指示後の🖱↗AM2時は 線長割合分割 になる。

■ 「多角形」コマンドの「任意」の終点指示後の🖱↗AM2時は −線属性設定− になり、「線属性」ダイアログが開く。

🖱→ AM3時 包絡

「包絡」コマンドに移行し、🖱→位置を始点とした包絡範囲枠が表示される（☞ p.45）。

■ 「/」コマンド始点指示後の🖱→AM3時は <---- （始点に矢印）になり、🖱→のたびに ----> （終点に矢印）⇒ <--->（始点・終点に矢印）に切り替わり、次に終点指示する線だけ矢印付きになる。

■ 「複線」コマンドで作図方向指示時の🖱→AM3時は【端点指定】になり、🖱→位置を始点とした端点指定の指示になる（☞ p.41）。

■ 「分割」コマンドで1本目指示後の🖱→AM3時は 馬目地分割 になる。

■ 「多角形」コマンドの「任意」の「ソリッド図形」での終点指示後の🖱→AM3時は[任意色設定]になり、「色の設定」パレットが開く。

🖱↘ AM4時 範囲選択

「範囲」コマンドに移行し、🖱↘位置を始点とした選択範囲枠が表示される（☞ p.37）。ただし、「消去」「ハッチ」「文字」「複線」「寸法図形化」「寸法図形解除」コマンド選択時は、選択コマンドの範囲選択の始点を指示した状態になる（☞ p.175）。

■ 「/」コマンド始点指示後の🖱↘AM4時は 寸法値（上側に寸法値付き）になり、さらに🖱↘すると 下寸法値（下側に寸法値付き）に切り替わり、次に終点指示する線だけ寸法値付きになる（☞ p.42）。

🖱↘ AM5時 線種変更

🖱↘した線・円・円弧・実点を書込線色・線種・書込レイヤに変更する。

■ 「文字」コマンド選択時の🖱↘AM5時 文字種変更 は🖱↘した文字要素を書込文字種・書込レイヤに変更する。

■ 選択範囲終点指示後の🖱↘AM5時 追加範囲 は🖱↘位置を始点とした追加選択範囲枠が表示される（☞ p.82）。

🖱↓ AM6時 属性取得

書込線色・線種（文字は書込文字種）・書込レイヤを🖱↓した要素と同じ設定にする（☞ p.185）。

■ 🖱↓AM6時 属性取得 のまま上下にマウスポインタを移動すると、レイヤ非表示化 になる（☞ p.187）。

■ 選択範囲終点指示後の🖱↓AM6時 除外範囲 は🖱↓位置を始点とした除外選択範囲枠が表示される（☞ p.83）。

🖱↙ AM7時 複写・移動

「複写」または「移動」（前回使用したほう）コマンドに移行し、🖱↙位置を始点とした選択範囲枠が表示される。

■ 選択範囲終点指示後の🖱↙AM7時 複写・移動 は🖱↙位置を基準点として選択確定し、「複写」または「移動」コマンド（前回使用したほう）に移行する。

🖱↙ AM8時 伸縮

「伸縮」コマンドに移行し、🖱↙した線・円弧の伸縮基準点指示になる（☞ p.35）。

■ 「伸縮」コマンド選択時の🖱↙AM8時は <端点移動> になり、🖱↙した線の🖱↙位置に近い端点の移動になる（☞ p.43）。

■ 選択範囲終点指示後の🖱↙AM8時は コピー になり、現状の基準点のまま選択確定し、「コピー」コマンドを実行する（☞ p.122）。

🖱← AM9時 AUTO

「AUTO」コマンドに移行する。

■ 「包絡」コマンドの終点指示時の🖱←AM9時は 中間消去 になる（☞ p.100）。

🖱↖ AM10時 消去

「消去」コマンドに移行し、🖱↖した線・円・円弧の部分消しの始点指示になる（☞ p.34）。

■ 選択範囲終点指示後の🖱↖AM10時 消去 は「消去」コマンドに移行し、選択要素すべてを消去する（☞ p.37）。

🖱↖ AM11時 複線

「複線」コマンドに移行し、🖱↖した線・円・円弧を基準線として複写位置（または複線間隔）指示になる（☞ p.105）。

■ 選択範囲終点指示後の🖱↖AM11時 複線 は「複線」コマンドに移行し、選択したすべての線・円・円弧を基準線として、複写位置（または複線間隔）指示になる。

TECHNIC 13 🖱ドラッグ 標準PMクロックメニュー一覧

🖱ドラッグで表示される標準PMクロックメニューの一覧です。
■ の付いた項目は、特定のコマンドでのみ表示されるコマンド特有のクロックメニュー（☞p.40）を示します。

```
🖱ドラッグ標準PMクロックメニュー

              0時 数値長
   11時 線長取得    1時 鉛直角
10時 2点間長            2時 2点間角
9時 X軸(−)角度          3時 X軸角度
   8時 (−)角度      4時 線角度
   7時 (−)軸角   5時 軸角取得
              6時 数値角度
```

🖱↑ PM0時 数値長

🖱↑した数値（文字要素）をコントロールバーの「長さ入力」ボックスに取得する（☞p.78）。
■ 選択範囲終点指示後の🖱↑PM0時は 全属性クリアー になり、選択要素のすべての属性が解除される。

🖱↗ PM1時 鉛直角

🖱↗した線に鉛直な角度をコントロールバーの「角度入力」ボックスに取得する（☞p.102）。
■ 「複線」コマンド選択時の🖱↗PM1時は 間隔取得 になり、🖱↗した線・円・円弧と次に指示する点または線・円・円弧の間隔をコントロールバーの「複線間隔」ボックスに取得する。
■ 選択範囲終点指示後の🖱↗PM1時は ◆書込文字種 に変更 になり、選択した文字要素が書込文字種に変更される。

🖱→ PM2時 2点間角

🖱↗した点を原点とし、次に指示する2点の角度を「角度入力」ボックスに取得する（☞p.114）。
■ 選択範囲終点指示後の🖱↗PM2時は ハッチ属性に変更 になり、選択要素にハッチ属性を持たせる。

🖱→ PM3時 X軸角度

🖱→した点を原点とし、次に指示する点の角度（X軸を0°とした角度）をコントロールバーの「角度入力」ボックスに取得する。
■ 選択範囲終点指示後の🖱→PM3時は 図形属性に変更 になり、選択要素に図形属性を持たせる。

🖱↘ PM4時 線角度

🖱↘した線の角度をコントロールバーの「角度入力」ボックスに取得する（☞p.104）。円・円弧を🖱↘した場合は次に指示する円周上点における円接線の角度を取得する（☞p.113）。
■ 選択範囲終点指示後の🖱↘PM4時は 寸法属性に変更 になり、選択要素に寸法属性を持たせる。

🖱↘ PM5時 軸角取得

🖱↘した線の角度を「軸角」として設定する（☞p.110）。
■ 選択範囲終点指示後の🖱↘PM5時は 建具属性に変更 になり、選択要素に建具属性を持たせる。

🖱️↓ PM6時 数値角度

🖱️↓した数値（文字要素）をコントロールバーの「角度入力」ボックスに取得する。

■ 選択範囲終点指示後の🖱️↓ PM6時は【全】属性取得になる（🖱️↓ PM6時【全】属性取得に同じ）。

🖱️✓ PM7時 (-) 軸角

🖱️✓した線の角度のマイナス値（5°の線の場合−5°）を「軸角」として設定する。

■ 選択範囲終点指示後の🖱️✓ PM7時は◆書込線種に変更になり、選択要素が書込線種に変更される。

🖱️✓ PM8時 (-) 角度

🖱️✓した線の角度のマイナス値（8°の線の場合、−8°）をコントロールバーの「角度入力」ボックスに取得する。

■ 選択範囲終点指示後の🖱️✓ PM8時は◆書込線色に変更になり、選択要素が書込線色に変更される。

🖱️← PM9時 X軸（-）角度

🖱️←した点を原点とし、次に指示する点からX軸までの角度をコントロールバーの「角度入力」ボックスに取得する（☞ p.108）。

■ 選択範囲終点指示後の🖱️←は◆書込全属性に変更になり、選択要素が書込線色・線種・レイヤに変更される。

🖱️↘ PM10時 2点間長

🖱️↘した点と次に指示する点間の長さをコントロールバー「長さ入力」ボックスに取得する。

■ 選択範囲終点指示後の🖱️↘ PM10時は◆書込レイヤに変更になり、選択要素が書込レイヤに変更される。

🖱️↖ PM11時 線長取得

🖱️↖した線の長さをコントロールバーの「長さ入力」ボックスに取得する。

■ 選択範囲終点指示後の🖱️↖ PM11時は◆書込グループに変更になり、選択要素が書込レイヤグループに変更される。

COLUMN　AMメニュー⇔PMメニューの切り替え

以下のいずれかの方法で行います。

◆ 方法1
ドラッグ操作でクロックメニューを表示した状態（ボタンを押したまま）で、他方のボタンをクリックする。

◆ 方法2
ドラッグ操作でクロックメニューを表示し、マウスポインタを文字盤内に移動して、再び外に移動する。

基本設定のダイアログの「一般（1）」タブの「左」や「右クロックメニュー開始のAM/PMは前操作状態」にチェックを付けると、ドラッグ操作時にAMメニューとPMメニューのうち、前回使用したほうのメニューが表示されます。

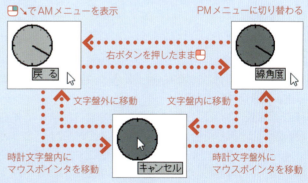

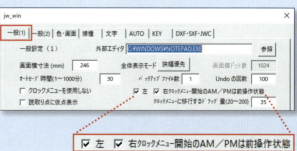

TECHNIC 14

🖱ドラッグ 標準PMクロックメニュー一覧

🖱ドラッグで表示される標準PMクロックメニューの一覧です。
■ の付いた項目は、特定のコマンドでのみ表示されるコマンド特有のクロックメニュー（☞p.40）を示します。

```
          🖱ドラッグ標準PMクロックメニュー

                    0時 パラメトリック
           11時 寸法        1時 線記号変形
      10時 2線                    2時 曲線
     9時 中心線                     3時 建具立面
      8時 連続線                   4時 建具断面
           7時 ハッチ        5時 建具平面
                    6時【全】属性取得
```

🖱↑ PM0時 パラメトリック

「パラメトリック変形」コマンドに移行し、🖱↑位置を始点に選択範囲枠が表示される。

■「複写」「移動」コマンドで選択確定後および「貼付」「登録選択図形」「図形」「／」「□」「○」「文字」「寸法」「多角形」コマンド選択時の🖱↑PM0時は【角度±反転】になり、コントロールバー「角度」入力ボックスの角度の+と－を反転する。

■「2線」「複線」コマンドの方向指示時の🖱↑PM0時は 間隔×2 になり、コントロールバー「間隔」ボックスの数値を2倍にする。

■「測定」コマンド選択時の🖱↑PM0時は 測定結果書込 になる。

■「パラメトリック変形」コマンドで選択確定後の🖱↑PM0時は 方向変更 になる（PM 2時 方向変更 に同じ）。

■ 選択範囲終点指示後の🖱↑PM0時は ブロック図形選択 になり選択要素からブロック要素を選択する。

🖱↗ PM1時 線記号変形

「線記号変形」コマンドに移行し、「ファイル選択」ダイアログが開く。

■「複写」「移動」コマンドの選択確定後の🖱↗PM1時は 移動 または 複写 になり、コントロールバー「複写」のチェックの有無を切り替える。

■「／」「□」コマンド選択時の🖱↗PM1時は ■矩形 または 線 になり、コントロールバー「矩形」のチェックの有無を切り替える。

■「図形」コマンド選択時の🖱↗PM1時は 図形 再選択 になり「ファイル選択」ダイアログが開く。

■「○」コマンド選択時の🖱↗PM1時は ■円弧 になりコントロールバー「円弧」のチェックの有無を切り替える。

■「文字」コマンド選択時の🖱↗PM1時は ■水平 になり、コントロールバー「水平」のチェックの有無を切り替える。

■「寸法」コマンド選択時の🖱↗PM1時は 0°／90° になり、コントロールバー「傾き」ボックスの「0」と「90」を切り替える。

■「2線」コマンド選択時の🖱↗PM1時は 間隔反転 になり、仮表示の2線の間隔を反転する。

■「測定」コマンド選択時の🖱↗PM1時は 距離測定 になる。

■「パラメトリック変形」コマンドで選択確定後の🖱↗PM1時は 方向変更 になる（PM 2時 方向変更 に同じ）。

■選択範囲終点指示後の🖱↗PM1時は ■文字選択 になり、選択要素から文字要素のみを選択する。

🖱↗ PM2時 曲線

「曲線」コマンドに移行する。

■「複写」「移動」コマンドで選択確定後および「図形」「貼付」「登録選択図形」コマンド選択時の🖱↗PM2時は 作図属性設定 になり、「作図属性設定」ダイアログが開く。

■「/」コマンド選択時の🖱↗PM2時は 15度毎 になりコントロールバー「15度毎」のチェックの有無を切り替える。

■「○」コマンド選択時の🖱↗PM2時は ■終点半径 になりコントロールバー「終点半径」のチェックの有無を切り替える(コントロールバー「円弧」にチェックが付いている場合に有効)。

■「文字」コマンド選択時の🖱↗PM2時は ■垂直 になりコントロールバー「垂直」のチェックの有無を切り替える。

■「□」コマンド選択時の🖱↗PM2時は 0,0 または **,** になり、コントロールバー「寸法」ボックスの「(無指定)」と1つ前の指定寸法を切り替える。

■「寸法」コマンド選択時の🖱↗PM2時は = になり、🖱↗のたびに引出線タイプを「=」⇒「=(1)」⇒「=(2)」⇒「−」に切り替える。

■「測定」コマンド選択時の🖱↗PM2時は 面積測定 になる。

■「パラメトリック変形」コマンドで選択確定後の🖱↗PM2時は 方向変更 になり、🖱↗のたびにコントロールバーの方向ボタンを「任意方向」⇒「X方向」⇒「Y方向」⇒「XY方向」に切り替える。

■選択範囲終点指示後の🖱↗PM2時は ハッチ属性選択 になり、選択要素からハッチ属性要素のみを選択する。

🖱→ PM3時 建具立面

「建具立面」コマンドに移行し、「ファイル選択」ダイアログが開く。

■「複写」「移動」「パラメトリック変形」コマンドで選択確定後の🖱→PM3時は 方向変更 になり、🖱→のたびにコントロールバーの方向ボタンを「任意方向」⇒「X方向」⇒「Y方向」⇒「XY方向」に切り替える。

■「図形」「貼付」「登録選択図形」コマンド選択時の🖱→PM3時は +90度毎 になり、🖱→のたびにコントロールバーの「回転角」ボックスを「90」⇒「180」⇒「270」⇒「0(空白)」に切り替える。

■「/」コマンド選択時の🖱→PM3時は ■水平・垂直 になり、コントロールバー「水平・垂直」のチェックの有無を切り替える。

■「文字」コマンド選択時の🖱→PM3時は ■任意方向 になり、コントロールバー「水平」「垂直」のチェックを外す。

■「寸法」コマンド選択時の🖱→PM3時は リセット になる。

■「測定」コマンド選択時の🖱→PM3時は 座標測定 になる。

■選択範囲終点指示後の🖱→PM3時は 図形属性選択 になり、選択要素から図形属性要素のみを選択する。

🖱↘ PM4時 建具断面

「建具断面」コマンドに移行し、「ファイル選択」ダイアログを開く。

■「複写」「移動」「パラメトリック変形」コマンドで選択確定後の🖱↘PM4時は 基準点変更 になる。

■「図形」「貼付」「登録選択図形」コマンド選択時の🖱↘PM4時は −90度毎 になり、🖱↘のたび、コントロールバーの回転角を「270」⇒「180」⇒「90」⇒「0(空白)」に切り替える。

■「寸法」コマンド選択時の🖱↘PM4時は 《半径》 になる。

■「測定」コマンド選択時の🖱↘PM4時は 角度測定 になる。

■選択範囲終点指示後の🖱↘PM4時は 寸法属性選択 になり、選択要素から寸法属性要素のみを選択する。

🖱↘ PM5時 [建具平面]

「建具平面」コマンドに移行し、「ファイル選択」ダイアログを開く。

■ 「文字」コマンド選択時の🖱↘PM5時は[同一文字種選択]になり、🖱した文字要素と同じ文字種類の文字要素を選択状態にする（☞p.142）。

■ 「複写」「移動」コマンドで選択確定後や「貼付」「登録選択図形」「図形」コマンド選択時の🖱↘PM5時は[マウス角]になる。

■ 「寸法」コマンド選択時の🖱↘PM5時は[『直径』]になる。

■ 「測定」コマンド選択時の🖱↘PM5時は[○単独円指定]または[(弧指定]になる。

■ 選択範囲終点指示後の🖱↘PM5は[建具属性選択]になり、選択要素から建具属性要素のみを選択する。

🖱↓ PM6時 [【全】属性取得]

属性取得（☞p.185）に加え、🖱↓した要素の長さ、角度を取得（☞p.79）する。

■ 「2線」「複線」コマンドの方向指示時の🖱↓PM6時は[間隔÷2]になり、「間隔」ボックスの数値を1/2にする。

■ 選択範囲終点指示後の🖱↓PM6時は[属性取得]になる。

🖱↙ PM7時 [ハッチ]

「ハッチ」コマンドに移行する。

■ 「複写」「移動」コマンドの選択確定後や、「貼付」「登録選択図形」「図形」コマンド選択時の🖱↙PM7時は[●書込線種で作図]になる。

■ 選択範囲終点指示後の🖱↙PM7時は[■書込線種選択]になり、選択要素から書込線種の要素のみを選択する。

🖱↗ PM8時 [連続線]

「連線」（連続線）コマンドに移行する。

■ 「複写」「移動」コマンドの選択確定後や、「貼付」「登録選択図形」「図形」コマンド選択時の🖱↗PM8時は[●書込線色で作図]になる。

■ 選択範囲終点指示後の🖱↗PM8時は[■書込線色選択]になり、選択要素から書込線色の要素のみを選択する。

🖱← PM9時 [中心線]

「中心線」コマンドに移行し、🖱←した線・円・円弧が1番目の線に確定する。

■ 「複写」「移動」コマンドの選択確定後の🖱←PM9時は[◇元レイヤ・線種]（元要素と同レイヤに同線色・線種で作図）になる。

■ 「貼付」「登録選択図形」「図形」コマンド選択時の🖱←PM9時は[●書込レイヤに作図]になる。

■ 選択範囲終点指示後の🖱←PM9時は[書込レイヤ線色線種選択]になり、選択要素から書込レイヤの書込線色・線種の要素のみを選択する。

🖱↖ PM10時 [2線]

「2線」コマンドに移行する。

■ 「複写」「移動」コマンドの選択確定後の🖱↖PM10時は[●書込レイヤに作図]になる。

■ 「貼付」「登録選択図形」「図形」コマンド選択時の🖱↖PM10時は[◆元レイヤに作図]になる。

■ 選択範囲終点指示後の🖱↖PM10時は[■書込レイヤ選択]になり、選択要素から書込レイヤの要素のみを選択する。

🖱↖ PM11時 [寸法]

「寸法」コマンドに移行する。

■ 「複写」「移動」コマンドで選択確定後の🖱↖PM11時は[●書込グループに作図]になる。

■ 「貼付」「登録選択図形」「図形」コマンド選択時の🖱↖PM11時は[◆元グループに作図]になる。

■ 選択範囲終点指示後の🖱↖PM11時は[■書込グループ選択]になり、選択要素から書込レイヤグループの要素のみを選択する。

CHAPTER 2

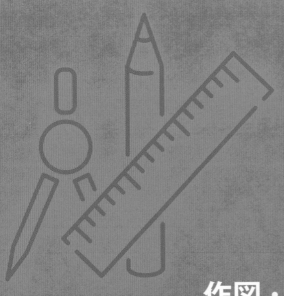

作図・編集の神速テクニック
① 共通操作編

TECHNIC	15	線の中点・中心点を指示する
TECHNIC	16	2点間の中心を指示する
TECHNIC	17	円周の上下左右1/4の位置を指示する
TECHNIC	18	線上の任意の位置を指示する
TECHNIC	19	2つの線の延長線上の交点（仮想交点）を指示する
TECHNIC	20	相対座標を指定して点を指示する
TECHNIC	21	重複した線のうち目的の線を読み取る
TECHNIC	22	表示範囲を記憶する
TECHNIC	23	キーボードやマウスホイールによるズーム操作を設定する
TECHNIC	24	数値入力をより効率よく行う
TECHNIC	25	図面上の長さや角度を取得する
TECHNIC	26	選択範囲枠に交差する線も選択する
TECHNIC	27	選択要素の追加・除外を範囲選択で行う
TECHNIC	28	特定の条件を満たす要素のみを選択する（属性選択）

TECHNIC 15 線の中点・中心点を指示する

線の中点や円・円弧の中心には🖱で読み取りできる点はありません。クロックメニュー🖱→AM3時 中心点・A点 を利用することで、それらの中点・中心点を指示できます。

教材データ：2-015.jww

1 線の中点を指示

● 長方形の左上角と右辺中点を結ぶ斜線を作図しましょう。

1 長方形の左上角を🖱↗AM1時 線・矩形 。
☑ 1は、「／」コマンドを選択し、長方形の左上角を🖱する操作を1度の操作で行います。
➡「／」コマンドに移行し、1を始点とした線がマウスポインタまで仮表示される。

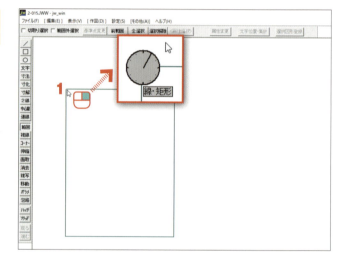

2 コントロールバー「水平・垂直」のチェックを外す。

3 終点として、右辺を🖱→AM3時 中心点・A点 。
☑ 終点指示時に、線を🖱→AM3時 中心点・A点 することで、その線の中点を終点として指示できます。🖱→AM3時 中心点・A点 による線の中点指示は、「／」コマンドに限らず、他のコマンドでの点指示時にも共通して利用できます。
➡ 1を始点とし、3の線の中点を終点とした線が作図される。

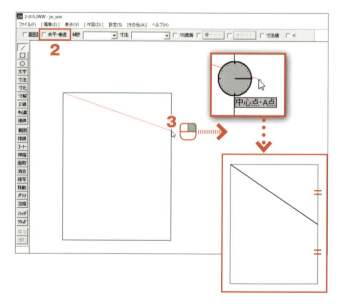

2 円・円弧の中心点を指示

● 円の中心に、文字種10で文字「X1」を記入しましょう。

1 作図ウィンドウで🖱↑AM0時 文字 。
　→「文字」コマンドに移行する。
　(?) ツールバーの「／」コマンドが選択されたまま「文字」コマンドになった
　☞ 下記のCOLUMN

2 コントロールバー「書込文字種」が「文字種10」になっていることを確認する。

3 コントロールバー「基点」ボタンを🖱し、「文字基点設定」ダイアログで「(中中)」を🖱。
　☑ 円の中心に合わせて文字を記入するため、文字の基点は「(中中)」にします。

4 「文字入力」ダイアログに「X1」を入力する。

5 記入位置として、円を🖱→AM3時 中心点・A点 。
　☑ 点指示時に、円・円弧を🖱→AM3時 中心点・A点 することで、その円・円弧の中心点を指示できます。🖱→AM3時 中心点・A点 による円・円弧の中心点指示は、「文字」コマンドに限らず、他のコマンドでの点指示時にも共通して利用できます。

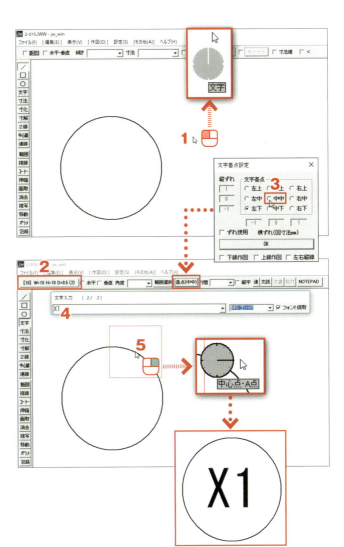

COLUMN 🖱↑AM0時 文字 の割り込み使用

p.44で解説しているように、割り込み使用のための環境設定ファイルを読み込みした場合、クロックメニューで「文字」コマンドを選択すると、「文字」コマンドに移行せずに、クロックメニュー使用時のコマンドのまま「文字」コマンドの操作を1回だけ行える状態になります。この設定を解除するには、p.44の☑ (POINT) を参照し、環境設定ファイル「1-010B.jwf」を読み込んでください。
この設定を解除せずに、「文字」コマンドを割り込み使用するときは🖱↑AM0時 文字 で、継続して使用するときはツールバー「文字」コマンドを🖱、というように使い分けてもよいでしょう。

1の操作🖱↑AM0時 文字 の後、選択コマンド「／」のまま「文字」コマンドの操作ができる状態になる

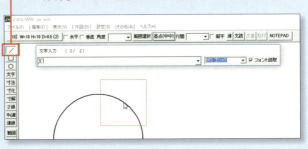

TECHNIC 16　2点間の中心を指示する

クロックメニュー🖱→AM3時 中心点・A点 を利用することで、図面上の2点間の中心点を指示できます。

教材データ：2-016.jww

1　2点間の中心点を指示

● 長方形の中心に、文字種10で文字「展開図」を記入しましょう。長方形の対角2点の中心が長方形の中心点です。

1　作図ウィンドウで🖱↑AM0時 文字 。
　→「文字」コマンドに移行する。
　(?) 1 の操作前のコマンドが選択されたまま、「文字」コマンドになった 👉 前ページのCOLUMN

2　コントロールバー「書込文字種」が「文字種10」になっていることを確認する。

3　コントロールバー「基点」を(中中)にする。

4　「文字入力」ダイアログに「展開図」を入力する。

5　記入位置として、長方形の左上角を🖱→AM3時 中心点・A点 。

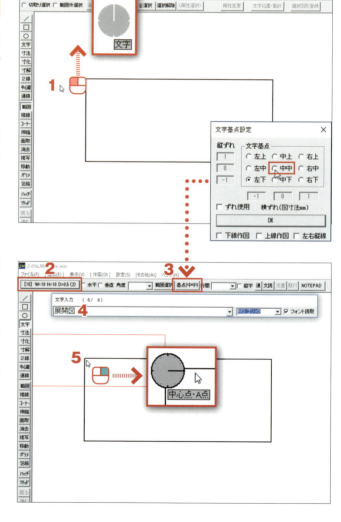

➡ **5**の点が2点間中心のA点になり、ステータスバーに「2点間中心◆◆B点指示◆◆」と、もう一方の点指示を促すメッセージが表示される。

6 B点として右下角を🖱。

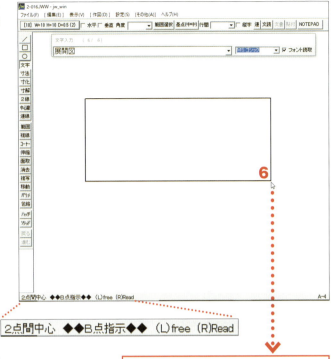

➡ **5**と**6**の2点の中心に基点（中中）を合わせ文字「展開図」が記入される。

COLUMN 🖱→AM3時 中心点・A点 の注意点

🖱→AM3時 中心点・A点 では、2点間の中心点のほか、線の中点（☞p.58）や円・円弧の中心点（☞p.59）を点指示できます。
そのため、線・円・円弧を指示するとき、🖱→位置の近くに点があると、その点を2点間中心のA点として読み取ってしまい、次の操作がB点指示になります。
短い線分・円弧を🖱→AM3時 中心点・A点 するときは、十分に拡大表示し、その端点を読み取らないよう注意してください。

失敗例

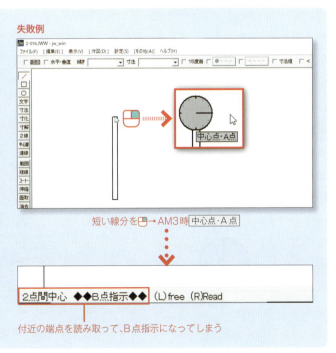

短い線分を🖱→AM3時 中心点・A点

付近の端点を読み取って、B点指示になってしまう

TECHNIC 17 円周の上下左右1/4の位置を指示する

円周上には🖱で読み取りできる点はありませんが、クロックメニュー🖱↑AM0時 円周1/4点 を利用することで、🖱↑位置に近い円周上の1/4位置（または1/8位置）を指示できます。

教材データ：2-017.jww

1 🖱↑AM0時 円周1/4点 で読み取りできる点

点指示時に円・円弧を🖱↑AM0時 円周1/4点 することで、🖱↑位置に近い円周上の1/4の位置（0°／90°／180°／270°）を点指示できます。

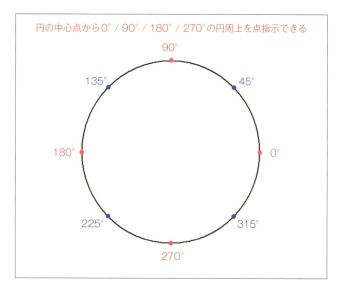

円の中心点から0°／90°／180°／270°の円周上を点指示できる

「基設」コマンド（メニューバー［設定］－「基本設定」）を選択して開く「jw_win」ダイアログの「一般(1)」タブの「円周1/4点読取りを、円周1/8点読取りにする」にチェックを付けることで、🖱↑AM0時 円周1/4点 が🖱↑AM0時 円周1/8点 になり、🖱↑位置に近い円周上の1/8の位置（0°／45°／90°／135°／180°／225°／270°／315°）を点指示できます。

「円周1/4点読取りを、円周1/8点読取りにする」にチェックを付けることで、1/4点に加え、中心点から45°／135°／225°／315°（上図の青い文字）の円周上を点指示できる

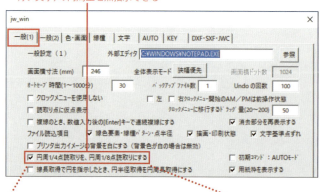

2 円周上の上下左右1/4位置を指示

● 作図済みの円の右端に半径100mmの円の左端を合わせて作図しましょう。

1 「○」コマンドを選択し、コントロールバー「半径」ボックスに「100」を入力する。

2 コントロールバー「基点」ボタンを2回🖱し、「左・中」にする。

3 円位置として、作図済みの円の右を🖱↑AM0時 円周1/4点 。

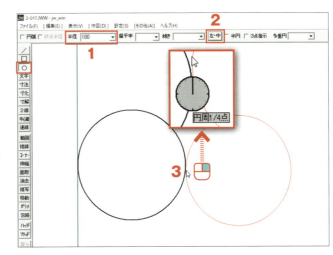

→ 3で🖱↑した位置に近い円周上の1/4位置に基点（左・中）を合わせ、円が作図される。

☑ 点指示時に、円・円弧を🖱↑AM0時 円周1/4点 することで、その円・円弧の円周上の1/4位置（中心から0°/90°/180°/270°）を点指示できます。一部のコマンドでの例外はありますが、この機能は、「○」コマンドに限らず、他のコマンドでの点指示時にも共通して利用できます。

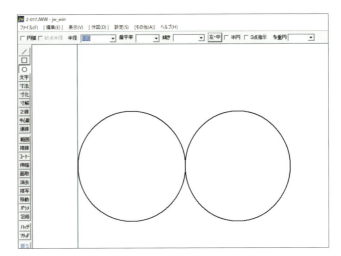

COLUMN 点指示時の🖱↑AM0時が、円周1/4点 円周1/8点 以外になる場合

以下の条件下では、🖱↑AM0時に、円周1/4点 （または 円周1/8点 ）以外の機能が割り当てられます。

「／」コマンド				「連線」コマンド
「水平・垂直」にチェックがない場合の始点指示時、角度が固定されていない線の終点指示時 ☞ p.103	「水平・垂直」にチェックが付いた場合の始点指示時	作図済みの線からの鉛直線の終点指示時 ☞ p.103	角度が固定された線の終点指示時 ☞ p.67	始点・終点指示時
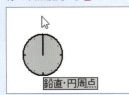				

TECHNIC 18 線上の任意の位置を指示する

線上や円・円弧上には🖱で読み取りできる点はありませんが、クロックメニュー🖱← AM9時 線上点・交点 を利用することで、線上や円・円弧上の任意の位置を指示できます。

📄 教材データ：2-018.jww ／ 2-018A.jws

1 線上の任意の位置を点指示

● 壁コンセントの図形「2-018A.jws」を壁線上に配置しましょう。

1 「図形」コマンド（メニューバー[その他]－「図形」）を選択する。

2 「ファイル選択」ダイアログのフォルダツリーで「jww_tech」フォルダーを🖱。

3 図形「2-018A」を🖱🖱。

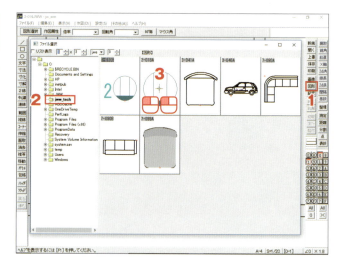

4 図形の作図位置として、右図の壁線を🖱← AM9時 線上点・交点。

☑ 点指示時に、線・円・円弧を🖱← AM9時 線上点・交点 し、次に線上、円・円弧上の位置を指示することで、線・円・円弧上の任意の位置を点指示できます。この機能は「図形」コマンドに限らず、他のコマンドでの点指示時にも共通して利用できます。

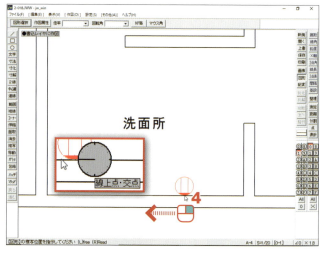

➡ **4**で🖱←した線上に配置することが確定され、線上の位置指示を促すメッセージが表示される。

5 配置位置として、右図の位置を🖱。

➡ 線上の **5** の位置に図形「2-018A」の基準点が位置するよう作図される。

6 次の配置位置として、同じ壁線を🖱←AM9時 線上点・交点 。

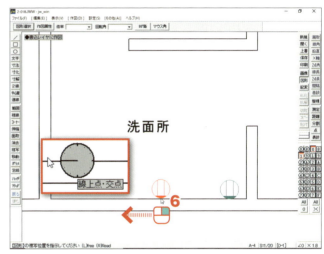

7 配置位置として、右図の角を🖱。

➡ **6**の線上の**7**から垂線を下ろした位置に図形「2-018A」の基準点が位置するよう作図される。

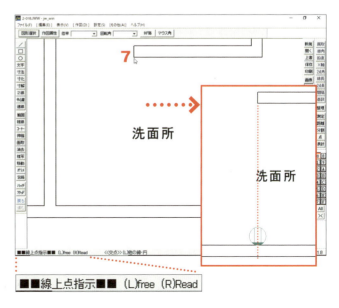

TECHNIC 19
2つの線の延長線上の交点（仮想交点）を指示する

🖱で読み取りできない仮想交点（実際には交差していない2つの線・円・円弧の延長線上にある交点）は、クロックメニュー🖱← AM9時 線上点・交点 で点指示できます。

📄 教材データ：2-019.jww

1　2本の線の仮想交点を指示

- 片引戸（820×36mmの矩形）の左上角を左の壁と上の壁の仮想交点に合わせ作図しましょう。

1　「□」コマンドを選択し、コントロールバー「寸法」ボックスに「820,36」を入力する。

2　矩形の基準点指示として、上の壁を🖱← AM9時 線上点・交点 。

  ☑ 点指示時に、線・円・円弧を🖱← AM9時 線上点・交点 し、次に他の線・円・円弧を🖱することで、2つの線・円・円弧の仮想交点を指示できます。この機能は「□」コマンドに限らず、他のコマンドでの点指示時にも共通して利用できます。

  ➡ 右図の操作メッセージになる。

3　もう1本の線として左の壁を🖱。

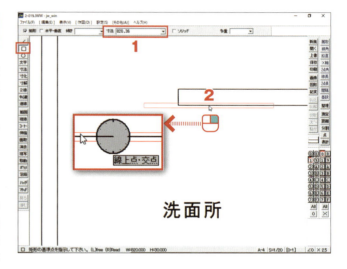

■■線上点指示■■　(L)free　(R)Read　《《交点》》(L)他の線・円

➡ **2**、**3**の2本の線の仮想交点が矩形の基準点に確定し、操作メッセージは、矩形の位置指示を促す。

4 仮表示の矩形左上角を**2**、**3**の仮想交点に合わせ、位置を決める🖱。

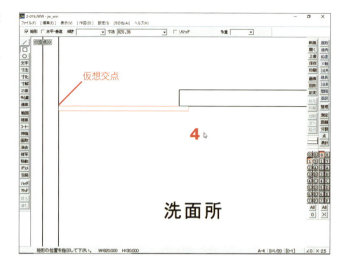

COLUMN 作図途中の線と線・円・円弧の交点を終点指示

● 左の上下の角から45°の線を、内側の矩形左辺まで作図しましょう。

1 「／」コマンドを選択し、コントロールバー「水平・垂直」にチェックを付け、「傾き」ボックスに「45」を入力する。

2 始点として、外側の矩形の左下角を🖱。

3 終点として、内側の矩形の左辺を🖱↑。AM0時 線・円交点 。

☑ 「中心線」コマンドの終点指示時や「／」コマンドで角度の決まった線の終点指示時に線や円・円弧を🖱↑すると、AM0時 線・円交点 と表示され、作図途中の仮表示線と🖱↑した線・円・円弧の交点を終点として指示できます。

➡ 右図のように**3**の線上を終点とする45°の線が作図される。

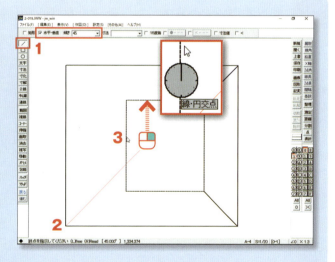

4 始点として、外側の矩形の左上角を🖱。

☑ コントロールバー「水平・垂直」にチェックを付けているため、水平線から45°の線に加え、垂直線から45°の線も作図できます。

5 終点として、内側の矩形の左辺を🖱↑。AM0時 線・円交点 。

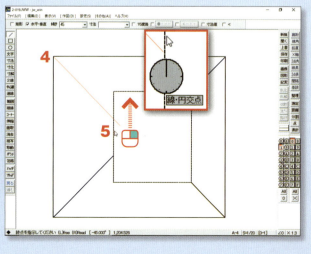

TECHNIC 20

相対座標を指定して点を指示する

クロックメニュー🖱↓AM6時 オフセット を利用することで、既存の点からの相対座標を指定して、点を指示できます。

教材データ：2-020.jww

1 相対座標指定の基本

点指示時に既存点を🖱↓AM6時 オフセット すると、「オフセット」ダイアログが開きます。
数値入力ボックスに、🖱↓した点を原点(0, 0)としたX, Y座標を指定することで、その位置を指示できます。
「オフセット」ダイアログで指定するX, Y座標は、🖱↓した点（原点）に対し、右(X)と上(Y)は＋値で、左(X)と下(Y)は－(マイナス)値で入力します。

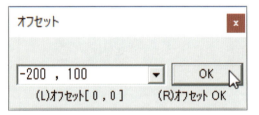

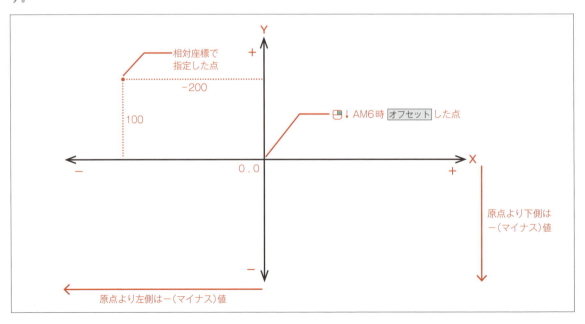

2 相対座標指定で点を指示

● 通り芯X3とY1の交点から、右に75mm、下に75mmずれた位置に、右下角を合わせ、800mm角の矩形を作図しましょう。

1 「□」コマンドを選択し、コントロールバー「寸法」ボックスに「800」を入力する。

2 矩形作図の基準点として、X3とY1の通り芯交点を🖱↓AM6時 オフセット 。

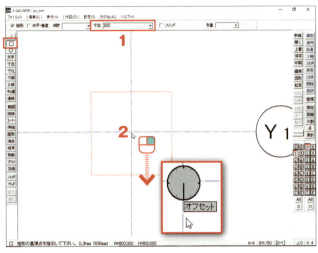

3 「オフセット」ダイアログの「数値入力」ボックスに「75,-75」を入力する。

4 「OK」ボタンを🖱。

☑ 「オフセット」数値入力ボックスには、**2**の点を原点としたX,Y座標を指定します。原点から左と下は−（マイナス）値で指定するため、「75,-75」と入力します。2数を区切る「,」（カンマ）は、「..」（「.」（ピリオド）を2つ）を入力することでも代用できます。また、**4**の代わりに Enter キーを押すことでも確定します。

➡ **2**の点から右へ75mm、下へ75mmの位置が矩形の作図基準点に確定し、ステータスバーには矩形の作図位置指示を促すメッセージが表示される。

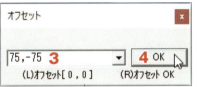

5 マウスポインタを左上に移動し、仮表示の矩形の右下角を基準点に合わせた状態で作図位置を決める🖱。

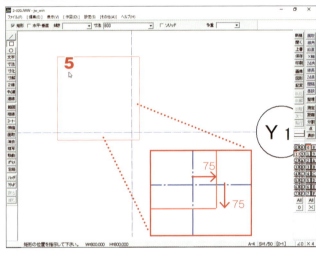

COLUMN 既存点からの距離を指定して線上、円・円弧上を点指示するには

既存点から線上や円弧上の距離を指定して点指示したい場合は、🖱↓AM6時 オフセット の相対座標指定ではできません。あらかじめ、「距離指定点」コマンドで、既存点からの距離を指定して線上、円・円弧上に点を作図しておく必要があります（👉 p.128）。

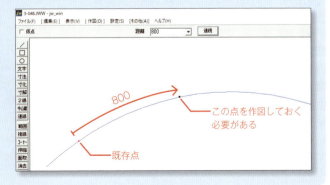

TECHNIC 21
重複した線のうち目的の線を読み取る

Ctrlキーを併用することで、重ね書きされた線のうち、書込線と同一線色・線種の線を確実に指示できます。また、Shiftキーを併用することで、書込レイヤの線を確実に指示できます。

教材データ：2-021.jww

1 目的の線を読み取る2通りの方法

例えば、点線の上に重ね書きされた実線どうしで角を作るため、「コーナー」コマンドで実線を🖱するとします。このとき、🖱位置には点線が重なっているため、右図のように点線が指示対象になってしまうことがあります。
教材「2-021.jww」のように、重ね書きされた線の線色・線種やレイヤが異なる場合には、線指示時にCtrlキーやShiftキーを併用することで、目的の線を指示することができます。
この機能は、「コーナー」コマンドに限らず、他のコマンドでも、線・円・円弧の指示時に共通して利用できます。

Ctrlキーを押したまま線・円・円弧を🖱
書込線色・線種と同じ線色・線種の線・円・円弧要素のみを読み取る。

Shiftキーを押したまま線・円・円弧を🖱
書込レイヤに作図されている線・円・円弧要素のみを読み取る。

CtrlキーとShiftキーの両方を押したまま線・円・円弧を🖱
書込レイヤに作図されている書込線色・線種と同じ線色・線種の線・円・円弧要素のみを読み取る。

教材「2-021.jww」で、これらの機能を使ってみましょう。

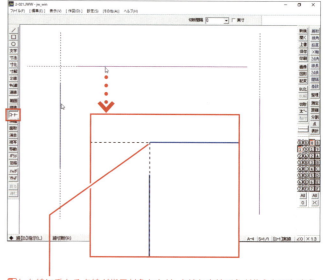

🖱した線に重なる点線が指示対象となり、点線と実線で角が作られてしまう

教材「2-021.jww」のレイヤ構成

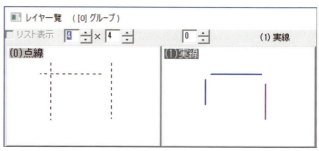

0レイヤに線色2・点線2　　1レイヤに線色6・実線と線色5・実線

2 Ctrlキー併用で書込線色・線種の線のみを読み取り

● 線色6・実線の線どうしで角を作成しましょう。

1 「線属性」バーを🖱し、書込線を「線色6・実線」にする。

2 「コーナー」コマンドを選択する。

3 対象線（A）として、Ctrlキーを押したまま、上の実線を🖱。

4 対象線【B】として、Ctrlキーを押したまま左の実線を🖱。

➡ 🖱した重複線のうち線色6の実線どうしで角が作られる。

☑ Ctrlキーを押したまま、書込線色・線種と異なる線色・線種の要素を🖱すると、図形がありませんと表示され、読み取りできません。

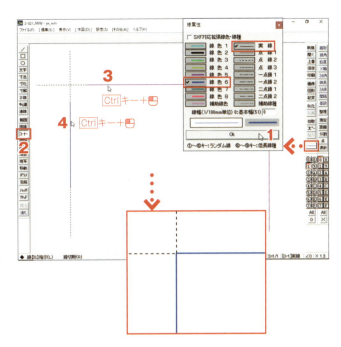

3 Shiftキー併用で書込レイヤの線のみを読み取り

● 書込レイヤ「1」に作図されている実線どうしで角を作成しましょう。

1 書込レイヤが「1」であることを確認する。

2 「コーナー」コマンドで、対象線（A）として、Shiftキーを押したまま、上の実線を🖱。

3 対象線【B】として、Shiftキーを押したまま右の実線を🖱。

➡ 🖱した重複線のうち、書込レイヤ「1」に作図された実線どうしで角が作られる。

☑ Shiftキーを押したまま、書込レイヤ以外のレイヤに作図されている要素を🖱すると、図形がありませんと表示され、読み取りできません。

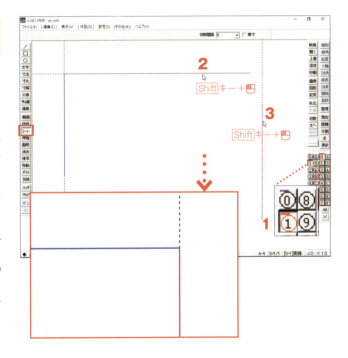

TECHNIC 22 表示範囲を記憶する

作図ウィンドウでズームした範囲を記憶することで、🖱↗全体 が 🖱↗(範囲) になり、記憶した範囲を表示します。

📄 教材データ：2-022.jww

1 拡大した範囲を記憶

○ 1階平面図部分を拡大表示し、その表示範囲を記憶しましょう。

1 🖱↘拡大 で1階平面図部分を囲み、拡大表示する。

2 ステータスバー「画面倍率」ボタンを🖱。

3 「画面倍率・文字表示　設定」ダイアログの「表示範囲記憶」ボタンを🖱。

☑ 現在の作図ウィンドウの表示範囲を記憶します。これにより、🖱↗は用紙全体表示ではなく、記憶した範囲の表示になります。表示範囲記憶の情報は図面ファイルにも保存されます。

2 記憶した範囲を表示

● 他の個所を拡大表示したあと、前項で記憶した範囲を表示しましょう。

1 🖱↘ 拡大 で、右図のように浴室を拡大表示する。

2 さらに 🖱↘ 拡大 で、水栓部分を拡大表示する。

3 作図ウィンドウで 🖱↗ (範囲)。

☑ 前項で表示範囲記憶をしたため、🖱↗すると、全体 ではなく、(範囲) と表示され、記憶した範囲が表示されます。

➡ 前項で表示範囲記憶した1階平面図部分の表示になる。

☑ 複数の表示範囲を記憶したい場合は、マークジャンプ（☞ p.220）を利用します。

3 用紙全体表示と記憶解除

● 範囲記憶を解除せずに用紙全体を表示しましょう。

1 ステータスバー「画面倍率」ボタンを🖱。

2 「画面倍率・文字表示　設定」ダイアログの「用紙全体表示」ボタンを🖱。

➡ 用紙全体が表示される。

☑ 「用紙全体表示」ボタンを🖱で、用紙全体表示になります。また、「画面倍率・文字表示　設定」ダイアログの「記憶解除」ボタンを🖱すると、前ページで記憶した表示範囲が解除され、🖱↗は、全体 と表示されて用紙全体表示になります。

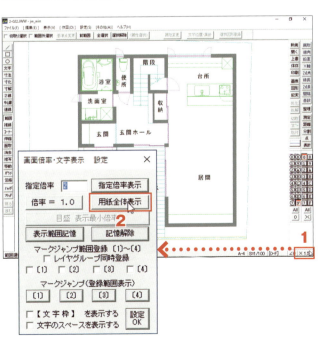

TECHNIC 23 キーボードやマウスホイールによるズーム操作を設定する

Jw_cadでのズーム操作は、両ボタンドラッグによる操作（🖱↘拡大 や、🖱↗全体）が基本（☞p.18）ですが、設定次第でキーボードやマウスホイールによるズーム操作もできます。

📄 教材データ：2-023.jww

1 ズーム操作の設定

● キーボードやマウスホイールでズーム操作をするための設定をしましょう。

1 「基設」コマンド（メニューバー[設定]-「基本設定」）を選択する。

2 「jw_win」ダイアログの「一般（2）」タブを🖱。

3 「矢印キーで画面移動、PageUp…」にチェックを付ける。

☑ **3**のチェックを付けることで、矢印キーによる表示画面の上下左右移動やPageUp（PgUp）キーによる拡大表示、PageDown（PgDn）キーによる縮小表示、Homeキーによる全体表示が可能になります。これらのキーが矢印キーと兼用のキーボードでは、Fnキーを押したまま、矢印キーを兼ねたPgUpキーを押します。「文字」コマンド選択時に、キーボードからのズーム操作をするには、Tabキーを押したあとに、これらのキーを押してください。

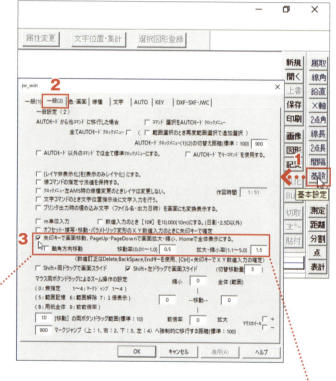

矢印キー、PageUpキー、PageDownキー、Homeキーでのズーム操作を有効にする

チェックを付けると、矢印キーによる画面移動は軸角（☞p.152）方向に対する上下左右になる

矢印キーによる上下左右の移動距離。初期値の「0.5」は画面の1/2の距離を移動することを示す

PageUpキー、PageDownキーによる拡大・縮小の割合。初期値の「1.5」は現状「1」の1.5倍に拡大、1/1.5（約0.67）倍に縮小する

4 「Shift＋両ドラッグで画面スライド」に
　チェックを付ける。

　☑ 4のチェックを付けると、Shiftキーを押し
　　たまま🖱→することで、ドラッグ方向に画
　　面がスライドします。

5 右図のボックスに「9」を入力する。

　☑ 🖱↑、🖱→、🖱↓、🖱←の4方向への🖱ドラッ
　　グ操作に、ズーム機能を割り当てできます。
　　この操作で、🖱←に「前前倍率」機能を割り
　　当てました。

6 「マウスホイール」の「−」にチェックを付
　ける。

　☑ 6のチェックを付けると、マウスホイール
　　ボタンを回すことで、マウスポインタの位
　　置を基準に拡大表示、縮小表示します。

7 「OK」ボタンを🖱。

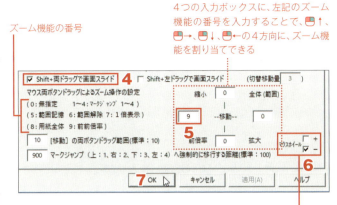

ズーム機能の番号

4つの入力ボックスに、左記のズーム
機能の番号を入力することで、🖱↑、
🖱→、🖱↓、🖱←の4方向に、ズーム機
能を割り当てできる

「＋」：マウスのホイールボタンを前方に回すと縮小表示、
後方に回すと拡大表示になる
「−」：マウスのホイールボタンを前方に回すと拡大表示、
後方に回すと縮小表示になる

COLUMN　タッチパネルでのズーム操作

タッチパネル対応のパソコンでは、以下のズーム操作ができます。

ピンチアウトで拡大表示
拡大する個所に2本の指で触れたまま、指を互いにはなす。

ピンチインで縮小表示
画面に触れた2本の指を互いに近づける。

スワイプで画面をスライドする
2本の指で作図ウィンドウをスワイプ（画面に触れたまま指を滑らせる）する。

☑ スワイプによる画面の再表示がスムーズでない場合は、メニューバー[表示]の「Direct2D」にチェックを付けてください。なお、1本指でのタップはクリック指示になります。1本指でのスワイプはドラッグ指示になり、クロックメニューが表示されるのでご注意ください。

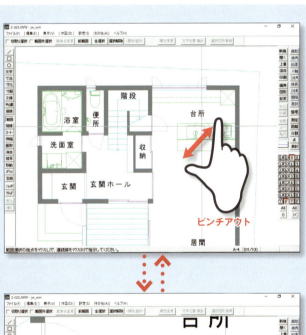

ピンチアウト

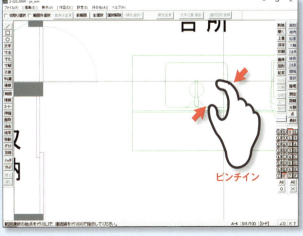

ピンチイン

TECHNIC 24 数値入力をより効率よく行う

「数値入力」ボックスへの数値入力を、キーボードを使わずにマウス操作だけで行えます。また、「数値入力」ボックスに数値の代わりに計算式を入力することも可能です。

1 マウス操作で数値入力

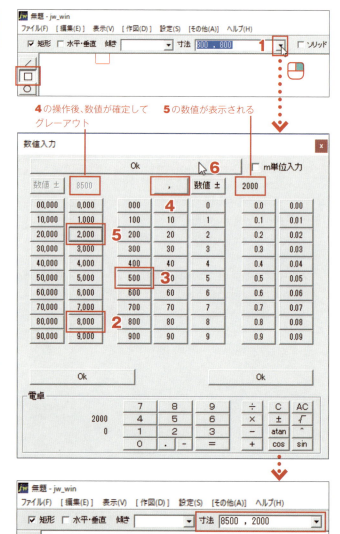

● 「□」コマンドで、8500×2000（mm）の矩形を作図しましょう。矩形の大きさは、マウスを使った数値入力で指定しましょう。

1 「□」コマンドを選択し、コントロールバー「寸法」ボックスの▼を🖱。
→「数値入力」ダイアログが開く。

2 「8,000」ボタンを🖱。

3 「500」ボタンを🖱。

4 「,」ボタンを🖱。
☑ 「,」ボタンを🖱することで、左上の数値「8500」が確定してグレーアウトされ、2数目を入力する段階になります。この段階で、再度「,」ボタンを🖱すると、1数目の数値を変更できます。

5 「2,000」ボタンを🖱。

6 右上に「2000」と表示されたことを確認し、「OK」ボタンを🖱。
☑ 3つのうちの「OK」ボタンを🖱しても同じです。「OK」ボタンを🖱する代わりに、ボタン以外の位置で🖱または最後の数値のボタンを🖱することでも確定できます。また、2～5の操作の代わりに、「電卓」欄のボタンを🖱して計算を行うこともできます。
→ コントロールバー「寸法」ボックスに「8500,2000」が入力される。

2 計算結果の値を入力

「数値入力」ボックスに、計算式を入力することで、その計算結果を数値として入力できます。

- ☑ ×は「*」を、÷は「/」を入力します。大括弧、小括弧は［　］を、べき乗は「＾」、π（3.141592654）は「p」（または「P」）を入力します。

入力後、Enterキーを押す必要はないがEnterキーを押すと計算結果表示になる

3 2数を区切る「,」（カンマ）は「.」を2つで代用

「□」コマンドの「寸法」や「2線」コマンドの「2線の間隔」、X, Y座標値など、2数を入力するときの「,」（カンマ）は、 .（ピリオド）キーを2回押し、「..」と入力することで代用できます。

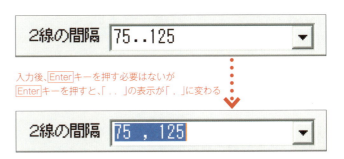

入力後、Enterキーを押す必要はないがEnterキーを押すと、「..」の表示が「,」に変わる

4 度分秒単位の角度入力

「度」の代わりに「@@」、「分」の代わりに「@」を入力します。

例）「23度14分24秒」を指定するには「23@@14@24」と入力します。

入力後、Enterキーを押す必要はないがEnterキーを押すと度分秒表示になる

5 勾配の指定

右上がりの勾配は「//」、右下がりの勾配はマイナスを付けた「-//」に続けて小数値を入力します。

例）右上がりの3寸勾配の場合は「//0.3」、右下がりの3寸勾配の場合は「-//0.3」を入力します。

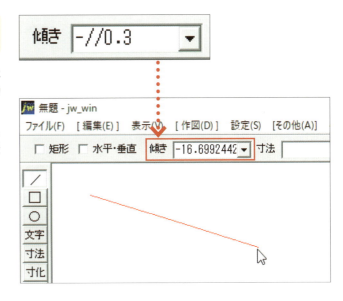

TECHNIC 25 図面上の長さや角度を取得する

「長さ取得」と「角度取得」を利用することで、コントロールバーの「数値入力」ボックスに図面上の要素の長さや角度を取得できます。

教材データ：2-025.jww

1 長さ取得と角度取得

「長さ取得」では、図面上の長さや距離をコントロールバー「長さ入力」ボックスに、「角度取得」では図面上の角度をコントロールバー「角度入力」ボックスに取得します。
これらのコマンドの多くは🖱→PMメニューに割り当てられています。次項はクロックメニューの「数値長」の例で説明します。「角度取得」の使用例は、他のページで紹介していますので、参照してください。

● メニューバー［設定］-「長さ取得」

● メニューバー［設定］-「角度取得」

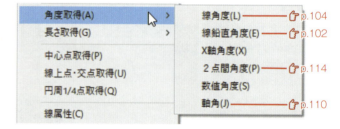

2 図面上の数値を長さとして取得

● 図面上の数値を「／」コマンドの「寸法」ボックスに取得しましょう。

1 「／」コマンドを選択する。
2 文字「15.7 m」を🖱↑PM0時 数値 長 。

　　👉 PMメニューの選択方法→p.53

☑ 2では、メニューバー［設定］-「長さ取得」-「数値長」を選択後、文字「15.7 m」を🖱する操作を1度の操作で行います。

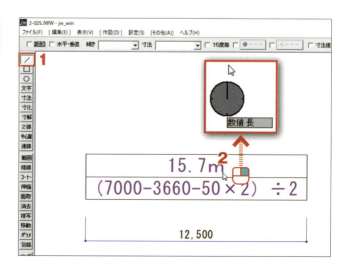

➡ 🖱↑した15.7ｍ（15700）が、コントロールバー
「寸法」ボックスに取得される。

☑ 記入済みの数値は全角、半角のいずれでも
取得できます。ｍ、mmの単位も数値として
取得されますが、「長さ15.7ｍ」のように数
値以外の文字を含むものは数値と見なされ
ず、取得できません。

3 下段の文字（計算式）を🖱↑PM0時
 数値 長 。

☑ 計算式（文字要素）を指示した場合、その計
算結果をコントロールバーの「数値入力」
ボックスに取得します。

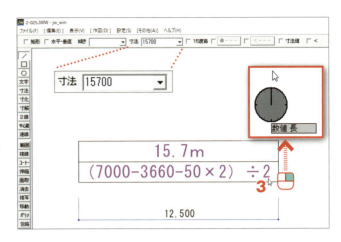

➡ 🖱↑した計算式の解が、コントロールバー「寸法」
ボックスに取得される。

4 寸法値「12,500」を🖱↑PM0時 数値 長 。

➡ 寸法図形です と表示され、取得されない。

☑ 寸法図形（☞ p.166）の寸法値は文字要素
として扱われません。そのため、同様に寸
法図形の寸法値を🖱↑PM0時 数値 長 した場
合、寸法図形です と表示され、数値長取得で
きません。寸法図形の場合は、その寸法線を
🖱↖PM11時 線長取得 （［設定］ー「長さ取
得」ー「線長」）することで、寸法線の長さ（＝
寸法値）が取得できます。また、円・円弧を
🖱↖PM11時 線長取得 した場合は、その半径
寸法を「寸法入力」ボックスに取得します。

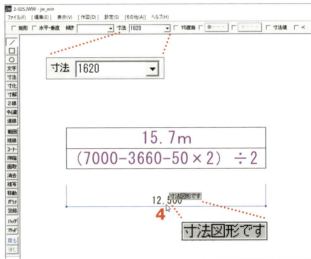

COLUMN 同じ楕円を作図するには
ー 全属性取得

● 同じ大きさ、傾きの楕円を作図するため、
作図済みの楕円弧の半径、扁平率、傾きを
取得しましょう。

1 「○」コマンドを選択する。

2 楕円弧を🖱↓PM6時【全】属性取得 。

☑ 【全】属性取得 は、線色・線種・レイヤ
の他に線要素の長さと角度、円・楕円要
素の半径、扁平率、傾きを、コントロー
ルバーの数値ボックスに取得します。

➡ 書込レイヤ、線色・線種が**2**の楕円弧と同
じ設定になり、さらにコントロールバー「半径」
「扁平率」「傾き」ボックスに**2**の楕円弧の半径、扁
平率、傾きが取得され、楕円がマウスポインタに
仮表示される。

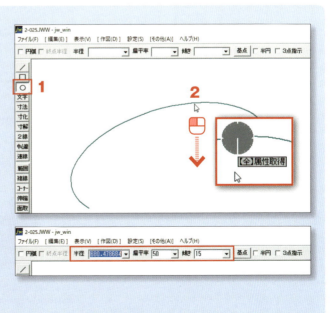

TECHNIC 26 選択範囲枠に交差する線も選択する

通常は、選択範囲枠に全体が入る要素が選択されます。終点をダブルクリックすることで、それらに加え、選択範囲枠に交差する線・円・円弧も選択できます。

教材データ：2-026.jww

1 範囲選択の基本

- 複数の要素を操作対象として選択するときに行う、範囲選択の基本を確認しましょう。

1. 「範囲」コマンドで、範囲選択の始点として右図の位置で🖱️。
2. マウスポインタを移動し、表示される選択範囲枠で、右図のように対象要素を囲み、終点を🖱️（文字を含む）。

   - ☑ 選択範囲枠内の文字を選択しない場合は、2で終点を🖱️（文字を除く）します。「範囲」コマンドに限らず、「複写」「移動」コマンドなど複数の要素を範囲選択するときの共通操作です。

   ➡ 選択範囲枠に全体が入る要素が選択され、その一部が選択範囲枠の外になる要素は選択されない。

   - ☑ 範囲選択後、文字は🖱️、文字以外の要素は🖱️することで、対象に追加または除外することができます。

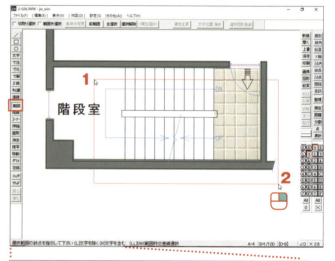

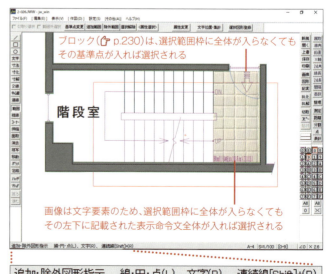

2 選択範囲枠に交差する線も選択

● フローリングの線だけを選択して消去しましょう。

1 「範囲」コマンドで、始点として右図の位置を🖱。

2 選択範囲枠にフローリングの線が交差するよう、右図の位置で終点を🖱🖱（範囲枠交差線選択）。

- ☑ 選択範囲枠内の文字を含める場合は、**2**で終点を🖱🖱（文字を含む）します。終点をダブルクリックすることで、選択範囲枠に全体が入る要素に加え、選択範囲枠と交差する線・円・円弧を選択できます。ただし、文字、ソリッド、画像などの要素は交差しても選択されません。

3 作図ウィンドウで🖱↖AM10時 消去 。

- ☑ **3**の操作の代わりに[Delete]キーを押すことや「消去」コマンドを選択することでも、選択色の要素を消去できます。

→ フローリングの線のみが消去される。

- ☑ 右図では、「消去」コマンドに移行していますが、p.44で解説したように、割り込み使用のための環境設定ファイルを読み込みした場合、消去後はクロックメニュー選択前の「範囲」コマンドに戻ります。割り込み使用の設定を解除するには、p.44の☑（POINT）を参照してください。

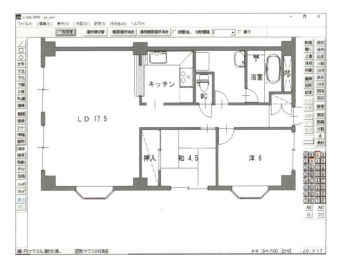

TECHNIC 27 選択要素の追加・除外を範囲選択で行う

要素を選択したあとの追加・除外は、個別に要素を🖱️（または🖱️）で行えるほか、追加・除外要素を範囲選択して指示することもできます。

📄 教材データ：2-027.jww

1 追加・除外する要素を範囲選択

● 左の自動車と囲みを選択したあと、右の自動車と囲みを選択しましょう。

1. 「範囲」コマンドで、範囲の始点として右図の位置で🖱️。
2. 表示される選択範囲枠で左の図を右図のように囲み、終点を🖱️。
3. 追加する範囲の始点位置から🖱️↘AM5時 追加範囲 。
   - ☑ 3では、コントロールバー「追加範囲」ボタンを🖱️し、範囲の始点を🖱️する操作を1度の操作で行います。

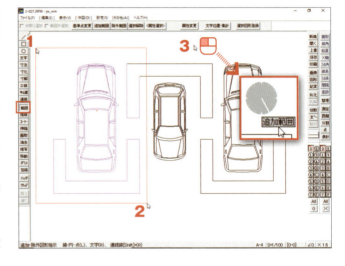

➡ 3を始点とした追加選択範囲枠が表示される。

4. 追加選択範囲枠で、追加対象を右図のように囲み、終点を🖱️。

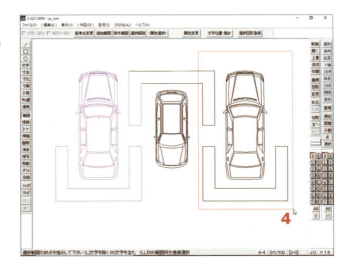

- 一部が選択されている中央上部の選択色の線を、選択要素から除外しましょう。

5 除外する範囲の始点位置から🖱↓ AM6時 [除外範囲]。
- ☑ **5**では、コントロールバー「除外範囲」ボタンを🖱し、範囲の始点を🖱する操作を1度の操作で行います。

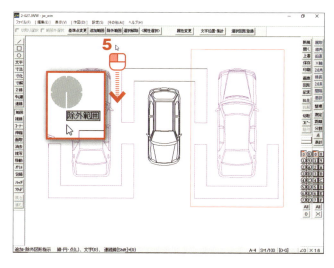

➡ **5**を始点として除外選択範囲枠が表示される。

6 除外選択範囲枠で、除外対象を右図のように囲み、終点を🖱。
- ➡ 除外選択範囲枠内の要素が除外され、元の色に戻る。

- 選択した要素を消去しましょう。

7 作図ウィンドウで🖱↖AM10時 [消去]。
- ☑ **7**の代わりに[Delete]キーを押す、または「消去」コマンドを🖱しても同じ結果が得られます。

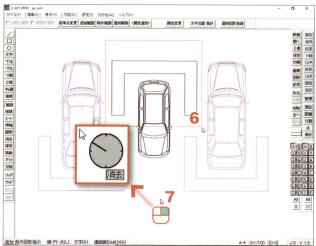

COLUMN 連続線の追加・除外

連続した線は、[Shift]キーを押したまま🖱することで、選択要素への追加・除外ができます。
上記の**5〜6**の操作の代わりに、[Shift]キーを押したまま選択色の線を🖱することで、🖱した線に連続するすべての線を、選択要素から除外できます。
[Shift]キーを押したまま選択されていない線を🖱した場合は、選択要素に追加されます。

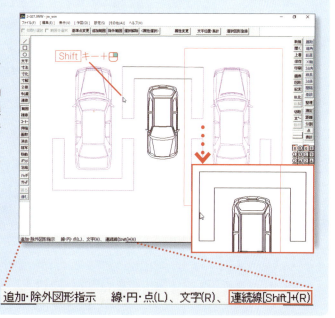

TECHNIC 28 特定の条件を満たす要素のみを選択する（属性選択）

「属性選択」のダイアログでの指定により、選択した要素の中から、特定の条件を満たす要素のみを選択することや、除外することができます。

教材データ：2-028.jww

1 属性選択ダイアログで指定できる属性

範囲選択後、コントロールバーの「〈属性選択〉」ボタンを🖱して開くダイアログで、選択（または除外）する要素の条件を指定します。

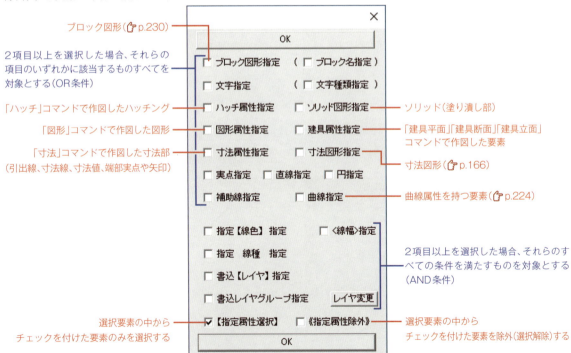

- ブロック図形（☞p.230）
- 2項目以上を選択した場合、それらの項目のいずれかに該当するものすべてを対象とする（OR条件）
- 「ハッチ」コマンドで作図したハッチング
- 「図形」コマンドで作図した図形
- 「寸法」コマンドで作図した寸法部（引出線、寸法線、寸法値、端部実点や矢印）
- ソリッド（塗り潰し部）
- 「建具平面」「建具断面」「建具立面」コマンドで作図した要素
- 寸法図形（☞p.166）
- 曲線属性を持つ要素（☞p.224）
- 2項目以上を選択した場合、それらのすべての条件を満たすものを対象とする（AND条件）
- 選択要素の中からチェックを付けた要素のみを選択する
- 選択要素の中からチェックを付けた要素を除外（選択解除）する

※ 寸法図形の寸法値およびブロック図形の文字要素は「文字指定」「（文字種類指定）」の対象にならない。また、寸法図形の寸法線およびブロック図形の要素は「指定【線色】指定」「指定　線種　指定」の対象にならない。

2 補助線とソリッドを選択して消去

● 図面全体から補助線とソリッド要素のみを選択して消去しましょう。

1 「範囲」コマンドのコントロールバー「全選択」ボタンを🖱。

→ 編集可能なすべての要素が対象として選択色になる。

2 コントロールバー「〈属性選択〉」ボタンを🖱。

3 属性選択のダイアログで、「ソリッド図形指定」を🖱してチェックを付ける。

☑ 🖱したとき「ハッチ属性指定」にチェックが付いてしまう場合は、「ソリッド図形指定」のチェックボックスよりも右寄りの文字上で🖱してください。

4 「補助線指定」を🖱してチェックを付ける。

5 「ソリッド図形指定」「補助線指定」と「【指定属性選択】」にチェックが付いていることを確認し、「OK」ボタンを🖱。

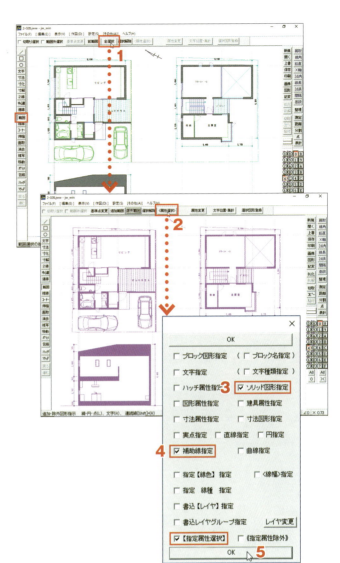

→ 1 で選択した要素のうちソリッドと補助線が選択色になり、他の要素は対象から除外されて元の色になる。

6 作図ウィンドウで🖱↖AM10時 消去 。

→ 選択色の要素(ソリッドと補助線)が消去される。

☑ 6 の操作の代わりに Delete キーを押すか、「消去」コマンドを選択しても、同じ結果が得られます。

> **COLUMN** 書込レイヤの要素を選択

● 前ページに続けて、書込レイヤ「4：設備」の要素を選択して消去しましょう。書込レイヤの要素は、「属性選択」指定をしなくても選択できます。

1 レイヤバーの書込レイヤ「4」を🖱。
   ☑ レイヤバーで書込レイヤボタンを🖱すると、書込レイヤに作図されている要素が一時的に選択色で表示されます。作図ウィンドウにマウスポインタを移動すると、元の色になります。

2 「消去」コマンドのコントロールバー「範囲選択消去」ボタンを🖱。

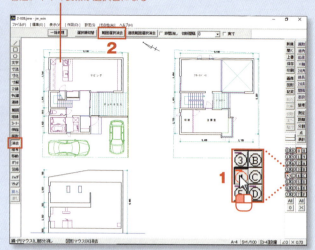

書込レイヤの要素が選択色になる

3 コントロールバー「前範囲」ボタンを🖱。
   ☑ コントロールバー「前範囲」ボタンを🖱すると、直前の選択要素が選択されます。ここでの直前の選択要素は、1の操作により選択色で表示された要素です。

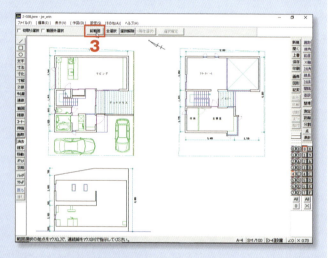

➡ 直前の選択要素（1で選択色で表示された要素）が選択される。

4 作図ウィンドウで🖱↑AM0時 選択確定 。
   ☑ 4の代わりに、コントロールバー「選択確定」ボタンを🖱しても同じ結果が得られます。
   ➡ 選択色の要素（書込レイヤ「4」に作図された要素）が消去される。

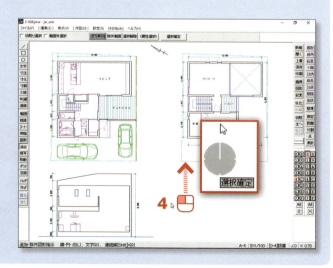

CHAPTER **3**

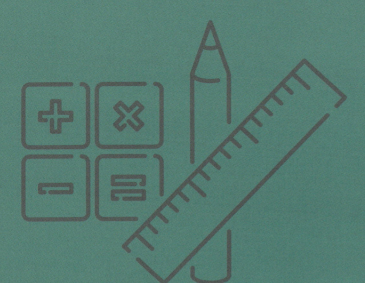

作図・編集の神速テクニック
② コマンド操作編

TECHNIC	29	連続した線の複線を作図する
TECHNIC	30	基準線の両側に複線を一括で作図する
TECHNIC	31	線の一部分を消去する
TECHNIC	32	指定した間隔で線を切断する
TECHNIC	33	線の突出部分を揃えて一括で伸縮する
TECHNIC	34	線を包絡処理で一括して整形する
TECHNIC	35	素早く開口部を作成する
TECHNIC	36	斜線に対して垂直な線を作図する
TECHNIC	37	斜線の延長上に線を作図する
TECHNIC	38	斜線と平行になるように図を移動する
TECHNIC	39	斜めになっている図を水平にする
TECHNIC	40	斜線Aと平行な図を斜線Bと平行になるように回転移動する
TECHNIC	41	円周上に等間隔で図形を配置する
TECHNIC	42	図を反転複写・移動する
TECHNIC	43	図の大きさを指定範囲に収まる大きさに変更する
TECHNIC	44	複写された図からの距離を指定して連続複写する
TECHNIC	45	他の図面ファイルから図を複写する
TECHNIC	46	登録図形の向き、線色・線種を変更して配置する
TECHNIC	47	目盛を表示して利用する
TECHNIC	48	距離を指定して線上や円周上に点を作図する

TECHNIC 29
連続した線の複線を作図する

「複線」コマンドの「連続線選択」を利用することで、連続した線の複線を一括で作図したり、平行移動したりできます。

教材データ：3-029.jww

1 連続した線の複線を一括して作図

● 「2：仕上」レイヤに、躯体線から厚さ150mmで、仕上線を線色3・実線で作図しましょう。

1　書込線を「線色3・実線」に、書込レイヤを「2：仕上」にする。

2　「複線」コマンドを選択する。

3　コントロールバー「複線間隔」ボックスに「150」を入力する。

4　複線の基準線として右図の躯体線を🖱。

5　コントロールバー「連続線選択」ボタンを🖱。

→ 4で🖱した基準線とそれに連続する躯体線が基準線として選択色になり、基準線から間隔150mmでマウスポインタのある側に複線が仮表示される。

☑ 円弧を含む連続線では、円弧部分の複線が逆方向に仮表示される場合があります。その場合は、この段階で、逆方向の基準線を🖱して反転します。

6　複線が内側に仮表示された状態で、作図方向を決める🖱。

→ 仮表示の連続した複線が確定され、書込レイヤに書込線色・線種で作図される。

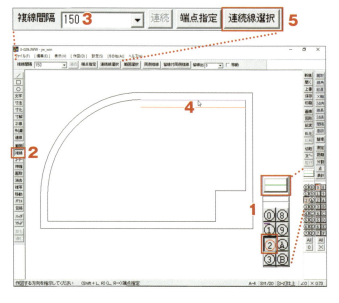

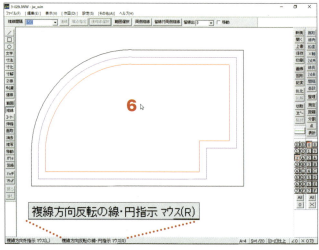

2 連続した線を一括して平行移動

● 外側の躯体線を100mm外に移動しましょう。

1. 「複線」コマンドのコントロールバー「複線間隔」ボックスに「100」を入力する。

2. コントロールバー「移動」にチェックを付け、さらに表示された「元レイヤ」にチェックを付ける。

   ☑ 「移動」にチェックを付けると、基準線を書込レイヤに平行移動します。「元レイヤ」にチェックを付けると、基準線と同じレイヤに平行移動します。

3. 複線の基準線として外側の躯体線を🖱。

4. コントロールバー「連続線選択」ボタンを🖱。

   → 3で🖱した基準線に連続する躯体線が複線の基準線として選択色になり、基準線から間隔100mmでマウスポインタのある側に複線が仮表示される。

5. 躯体の外側に複線が仮表示された状態で、作図方向を決める🖱。

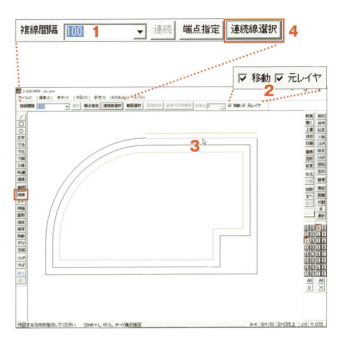

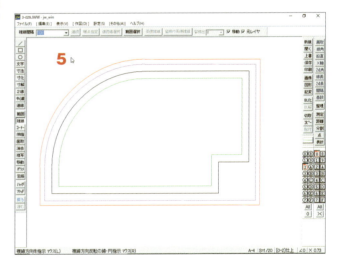

→ 作図ウィンドウ左上に【図形を移動しました】と表示され、基準線として指定した連続線が間隔100mm外側に元のレイヤのまま平行移動される。

☑ コントロールバー「移動」のチェックは、Jw_cadを終了するまで有効です。線の平行移動を終えたら、チェックを外しましょう。

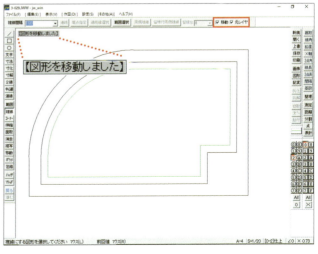

TECHNIC 30 基準線の両側に複線を一括で作図する

「複線」コマンドの「範囲選択」では、範囲選択した複数の基準線の複線を一括して作図できます。また、「両側複線」を選択することで、基準線の両側に同間隔の複線を作図できます。

教材データ：3-030.jww

1 基準線の両側に複線を一括作図

● 芯線の両側に80mm振分けで壁線を「線色2・実線」で一括作図しましょう。

1 書込レイヤを「1：壁」にし、書込線を「線色2・実線」にする。
2 「複線」コマンドを選択する。
3 コントロールバー「範囲選択」ボタンを🖱。

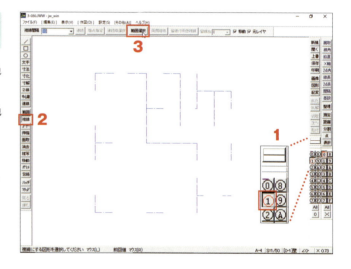

4 選択範囲の始点を🖱。
5 表示される選択範囲枠で右図のように壁芯を囲み、終点を🖱。
6 作図ウィンドウで🖱↑AM0時 選択確定 。
☑ 6の操作の代わりにコントロールバー「選択確定」ボタンを🖱しても、同じ結果が得られます。

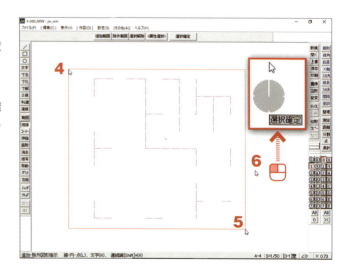

➡ 選択範囲枠内のすべての壁芯が基準線になる。

7 コントロールバー「複線間隔」ボックスに「80」を入力する。

➡ 基準線から「複線間隔」ボックスの数値分離れた位置に複線が仮表示される。

8 コントロールバー「留線出」ボックスに「80」を入力する。

(?) 「留線出」ボックスがグレーアウトして数値入力できない ☞ コントロールバー「移動」のチェックを外してください。

9 コントロールバー「留線付両側複線」ボタンを🖱。

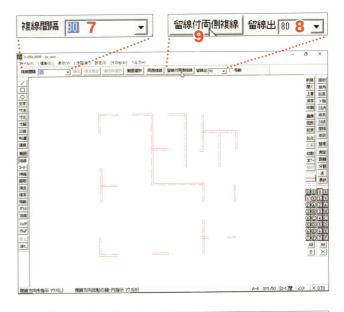

➡ 基準線の両側に80mmで複線が一括作図される。「留線付両側複線」ボタンを🖱したため、基準線の端点から80mmの位置に留線が作図される。

☑ 留線を付けない場合は、**9**でコントロールバー「両側複線」ボタンを🖱します。

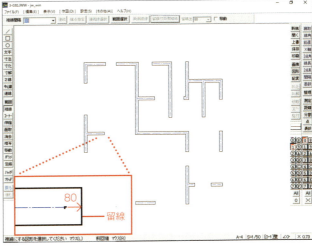

COLUMN クロックメニューで範囲選択⇒複線を一括作図

● 前ページの**2**～**6**の操作の代わりに、以下の手順で操作を行っても、同じ結果が得られます。

1 「範囲」コマンドで壁芯全体を範囲選択する。

2 作図ウィンドウで🖱＼AM11時 複線 。

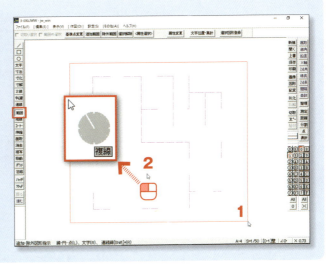

TECHNIC 31 線の一部分を消去する

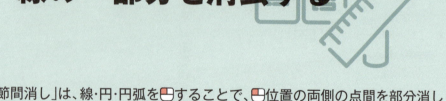

「消去」コマンドの「節間消し」は、線・円・円弧を🖱することで、🖱位置の両側の点間を部分消しします。また、「一括処理」では、複数本の線の部分消しを一括で行います。

📄 教材データ：3-031.jww

1 節間消し

● アーチ状の入口に重なるサイディングの線を「節間消し」で部分消ししましょう。

1 「消去」コマンドを選択する。

2 コントロールバー「節間消し」にチェックを付ける。

3 右図の位置でサイディングの線を🖱。

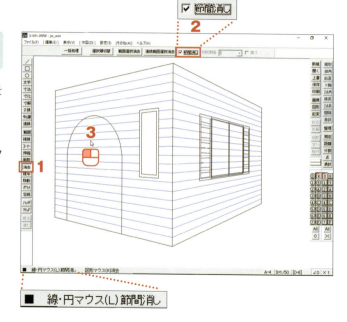

➡ 右図のように、**3**の線が🖱位置の両側の交点間で部分消しされる。

☑ コントロールバー「節間消し」にチェックを付けると、「線の部分消し」が「節間消し」に切り替わり、線・円・円弧の、🖱位置の両側の点間を部分消しします。「節間消し」は、チェックを外すか、Jw_cadを終了するまで有効です。

4 入口に重なる他のサイディングの線も、🖱して部分消しする。

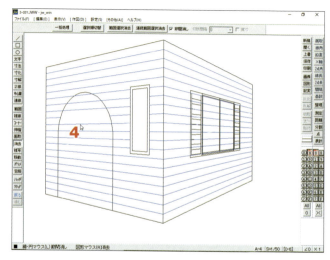

2 一括処理で部分消し

● 右壁面の窓に重なるサイディングの線を、一括して部分消ししましょう。

1 「消去」コマンドのコントロールバー「一括処理」ボタンを🖱。

2 消し始めの基準線として、窓の左端の線を🖱。

 ➡ **2**の線が基準線として水色で表示される。

3 消し終わりの基準線として、窓の右端の線を🖱。

 ➡ **3**の線が基準線として水色で表示される。

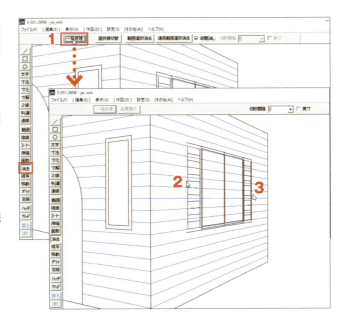

4 一括処理の始線として、窓に重なる下端のサイディングの線を🖱。

 ➡ **4**の🖱位置からマウスポインタまで赤い点線が仮表示される。

 ☑ 仮表示の赤い点線に交差する線が、一括処理の対象線になります。

5 窓に重なるサイディングの線に赤い点線が交差する位置で終線として、窓に重なる上端のサイディング線を🖱。

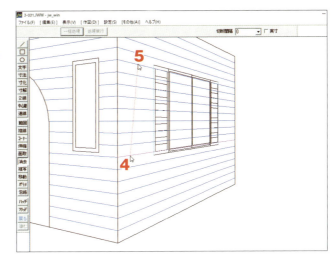

 ➡ 赤い点線に交差した線が一括処理の対象線として選択され、選択色になる。

 ☑ この段階で線を🖱することで、一括処理の対象に追加または除外することができます。

6 コントロールバー「処理実行」ボタンを🖱。

 ➡ 選択色の対象線が**2**-**3**の線間で部分消しされる。

 ☑ **6**の操作の代わりに、作図ウィンドウで🖱(確定)や🖱↑AMO時 処理実行 でも、同じ結果が得られます。

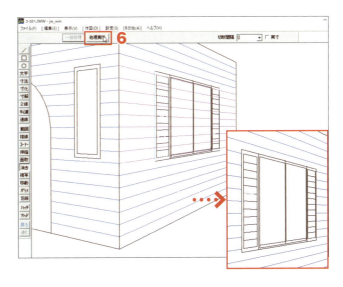

TECHNIC 32
指定した間隔で線を切断する

「消去」コマンドの「切断間隔」ボックスに数値を指定することで、指示した切断点を中心に指定間隔で線を切断（部分消し）できます。また、「線記号変形」を使って線を切断することもできます。

教材データ：3-032.jww

1 指定間隔で線を切断

- 水平線を、垂直線との交点を中心に図寸20mmの間隔で切断（部分消し）しましょう。

1. 「消去」コマンドを選択し、「節間消し」のチェックを外す。
2. コントロールバー「切断間隔」ボックスに「20」を入力する。
   - ☑ 「切断間隔」ボックスに間隔を指定し、部分消しの始点・終点として同じ点を指示することで、指示点を中心に指定間隔で部分消しできます。「切断間隔」は図寸指定です。実寸で指定する場合は、「切断間隔」ボックス右の「実寸」にチェックを付けます。
3. 切断の対象線の水平線を🖱（部分消し）。
4. 部分消しの始点として、垂直線との交点を🖱。
5. 部分消しの終点として、同じ交点を🖱。
   - ➡ 右図のように、4－5で指示した点を中心に、指定間隔で水平線が切断（部分消し）される。
   - ☑ 対象線として🖱した線の長さが、指定切断間隔以下の場合、5の指示で対象線が消去されます。

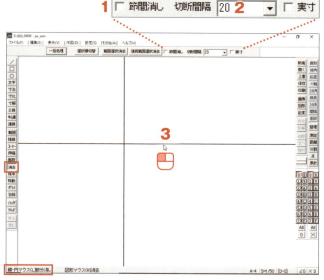

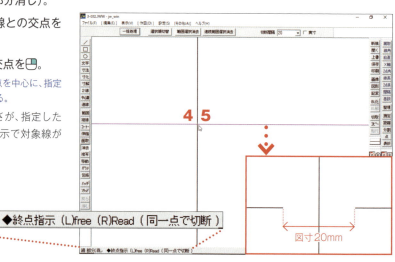

2　線記号変形で線を切断

● 「線記号変形」コマンドで、水平線を、垂直線との交点を中心に図寸20mmの間隔で切断（部分消し）しましょう。

1. 「記変」コマンド（メニューバー［その他］－「線記号変形」）を選択する。

2. 「ファイル選択」ダイアログのフォルダーツリーで、「jww」フォルダー下の「【線記号変形C】設備1」を🖱。

3. 右側に一覧表示される記号「［－－　－－］切断」を🖱🖱。

   ➡ ステータスバーには「指示直線（1）を左クリックで指示してください」と操作メッセージが表示される。

4. 指示直線（1）として、切断する水平線を🖱。

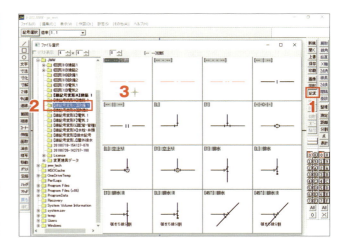

   ➡ 🖱した線のマウスポインタの両側が、切断されたように仮表示される。操作メッセージは、「位置をマウスで指示してください」になる。

5. コントロールバー「倍率」ボックスに「10」を入力する。

   ☑ 線記号変形「［－－　－－］切断」では、**6**で指示する位置を中心に、図寸2mmの間隔で切断されます。ここでは、切断間隔を図寸20mmにするため、コントロールバーの「倍率」ボックスに「10」を指定します。

6. 切断位置として、垂直線との交点を🖱。

   ☑ 水平線が仮表示になっているため、実際の交点は表示されませんが、交点位置で🖱することで交点を読み取ります。

   ➡ 右図のように、**6**の点を中心に、図寸20ｍｍの間隔で、水平線が切断（部分消し）される。

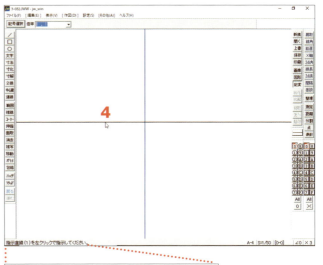

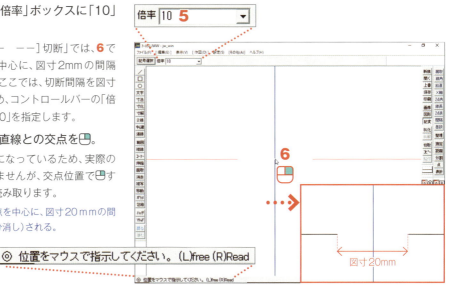

TECHNIC 33 線の突出部分を揃えて一括で伸縮する

「伸縮」コマンドで「突出寸法」を指定することで、基準線や伸縮点から指定した長さだけ突出する（または引っ込む）ように伸縮できます。

教材データ：3-033.jww

1 突出部分を揃えて一括伸縮

● 壁芯の上側の突出部分の長さが800mmになるよう、一括伸縮しましょう。

1 「伸縮」コマンドを選択する。

2 「突出寸法」ボックスに「800」を入力する。
　☑ 「伸縮」コマンドの「突出寸法」ボックスに突出する長さを入力して、伸縮操作を行うことで、伸縮点や基準線から指定した長さだけ突出するように伸縮できます。

3 コントロールバー「一括処理」ボタンを🖱。
　☑ 「伸縮」コマンドの「一括処理」では、指定した基準線または点まで、複数本の線を一括で伸縮します。はじめに、基準線を🖱または伸縮の基準にする点を🖱で指示します。

4 一括処理の基準線として上の壁芯を🖱。

5 伸縮の始線として、右端の壁芯を基準線よりも下側で🖱（同一線種選択）。
　☑ 始線を🖱（同一線種選択）すると、一括処理の対象が、始線と同一の線色・線種・レイヤの線のみになります。

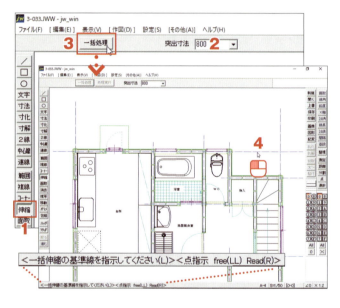

6 マウスポインタまで仮表示される赤い点線がすべての垂直方向の壁芯に交差する位置で、伸縮の終線として左端の壁芯を基準線より下側で🖱。

- ☑ 仮表示の赤い点線に交差する線のうち、**5**と同一の線色・線種・レイヤの線のみが、伸縮の対象線になります。

➡ 赤い点線に交差した線のうち、**5**の線と同一属性の線が伸縮の対象線として選択色になる。

- ☑ この時点で線を🖱することで、伸縮の対象に追加・除外できます。

7 コントロールバー「処理実行」ボタンを🖱。

- ☑ **7**の操作の代わりに、作図ウィンドウで🖱↑AM0時 処理実行 でも、同じ結果が得られます。

➡ 選択対象の線が、**4**の基準線から上側800mmに揃って伸縮する。

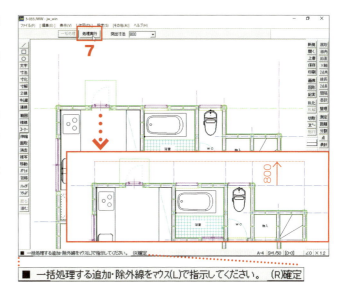

COLUMN 「突出寸法」を指定して個別に伸縮

ここで解説したのは一括処理の例ですが、「突出寸法」の指定は、個別の線を基準点や基準線まで伸縮するときにも同様に機能します。また、「突出寸法」ボックスに「−(マイナス)値」を入力すると、右図のように基準線や基準点から指定した距離だけ引っ込みます。

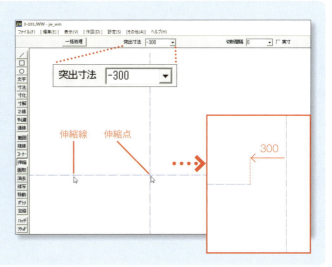

TECHNIC 34 線を包絡処理で一括して整形する

「包絡」コマンドは、指定した包絡範囲枠内の同一レイヤの同一線色・線種の線どうしを対象として、コーナー連結などに相当する整形処理を行います。

教材データ：3-034..jww

1 包絡範囲枠の囲み方とその結果

● 包絡処理は、その囲み方によって、包絡結果が異なります。まず、壁線の端部を包絡範囲枠に含めないように囲みましょう。

1 「包絡」コマンド（メニューバー［編集］－「包絡処理」）を選択する。
2 包絡範囲の始点として右図の位置で🖱。
3 右図のように線端部を包絡範囲枠に含めずに交差部分を囲み、終点を🖱。
   ➡ 右図のように包絡処理される。
4 「戻る」コマンドを選択し、包絡前に戻す。

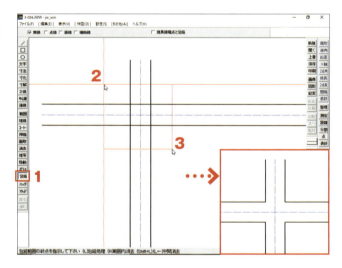

● 次に、壁線の上端部を包絡範囲枠に含めて囲みましょう。

5 包絡範囲の始点として右図の位置で🖱。
6 右図のように、上端部が包絡範囲枠に入るように囲み、終点を🖱。
   ☑ コントロールバーのチェックで、包絡処理の対象線種を指定します。初期値では「実線」のみを対象としているため、一点鎖線の通り芯は包絡処理されません。
   ➡ 右図のように包絡処理される。
7 「戻る」コマンドを選択し、包絡前に戻す。

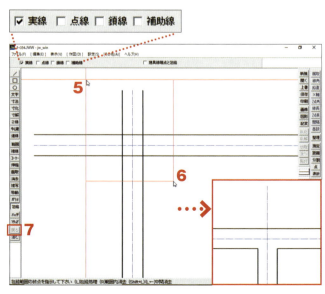

- 最後に、壁線の上端部と左端部を包絡範囲枠に含めて囲みましょう。

8 包絡範囲の始点として、右図の位置で🖱。

9 右図のように、上と左の端部を包絡範囲枠に含めて囲み、終点を🖱。
    ➡ 右図のように包絡処理される。

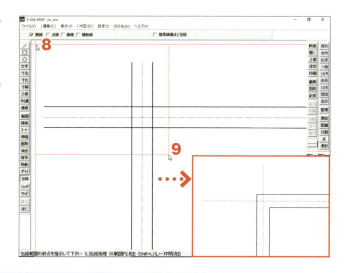

COLUMN 包絡処理の応用例

包絡範囲枠での囲み方により、同一属性の線どうしの部分消し、コーナー連結、伸縮に相当する処理を1度の操作で行えます。

線間を部分消し

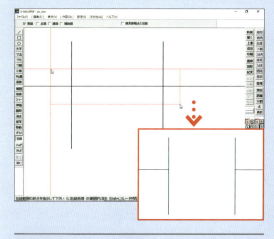

両側をコーナー連結

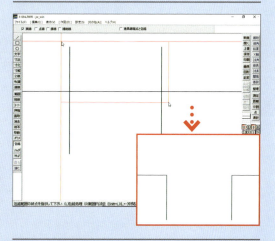

基準線までの一括伸縮

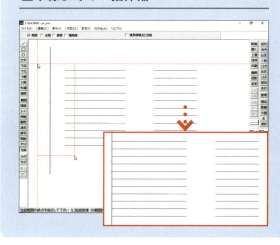

線の一括連結

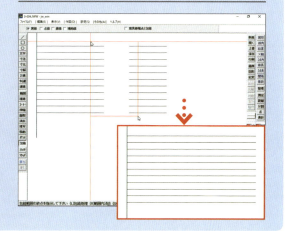

TECHNIC 35
素早く開口部を作成する

包絡範囲の終点を🖱←AM9時 中間消去 (または Shift キーを押したまま🖱) することで、包絡範囲枠内の同一属性(レイヤ・線色・線種)の線どうしを包絡処理し、中間の線を消去します。これにより、開口部の作成が簡単に行えます。

教材データ：3-035.jww

1 中間消去で開口部を作成する

● 包絡処理の中間消去を使い、開口部を作成しましょう。

1 「包絡」コマンド(メニューバー[編集]－「包絡処理」)を選択する。

2 包絡範囲の始点として、右図の位置で🖱する。
　☑ 1－2の操作の代わりに、2の位置から🖱→AM3時 包絡 でも、同じ結果が得られます。

3 包絡範囲枠で右図のように囲み、終点を🖱←AM9時 中間消去 。
　☑ 3の操作の代わりに、Shift キーを押したまま終点を🖱することでも中間消去できます。
　➡ 右図のように、同一属性(レイヤ・線色・線種)の線どうしが包絡され、その中間の線が消去される。

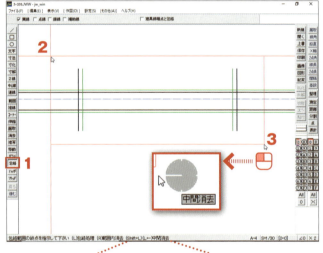

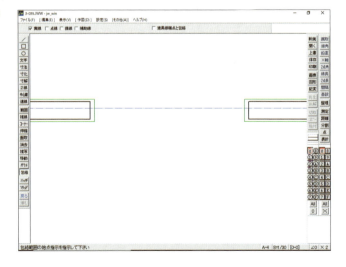

2 包絡処理対象にならない建具属性

● 包絡範囲枠に建具も含めて囲んで中間消去し、その結果を確認しましょう。まず、「建具属性」を持った左の建具の開口部を作成しましょう。

1 包絡範囲の始点として、右図の位置で🖱。
2 包絡範囲枠で右図のように囲み、終点を🖱←AM9時 中間消去 。

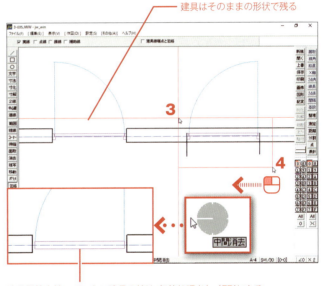

開口部ができ、建具属性を持った建具はそのままの形状で残る

☑ 「建具平面」「建具断面」「建具立面」コマンドで作図した建具は、包絡処理の対象にならない「建具属性」と呼ばれる属性を持っています。建具属性は、「範囲」コマンドの「属性変更」のダイアログの「建具属性に変更」の指示で、任意の図形に持たせることもできます。

● 次に、「建具属性」を持っていない右の建具の開口部を作成しましょう。

3 包絡範囲の始点として、右図の位置で🖱。
4 包絡範囲枠で右図のように囲み、終点を🖱←AM9時 中間消去 。

建具属性を持っていない建具の線は、包絡処理され、矩形になる

3 建具線の端点と包絡

● コントロールバー「建具線端点と包絡」にチェックを付けて、壁線と建具属性を持った建具を包絡しましょう。

1 「包絡」コマンドのコントロールバー「建具線端点と包絡」にチェックを付ける。
2 包絡範囲の始点として、右図の位置で🖱。
3 包絡範囲枠で右図のように囲み、終点を🖱←AM9時 中間消去 。

→ 右図のように、建具の線の端点と、それに交差する垂直線が包絡処理される。

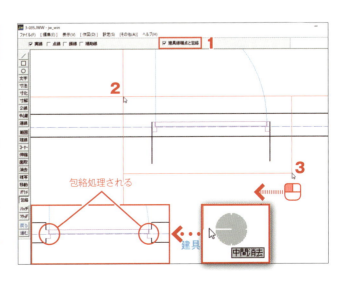

包絡処理される

TECHNIC 36 斜線に対して垂直な線を作図する

「／」コマンドのコントロールバー「傾き」ボックスに、作図済みの斜線に対して垂直（鉛直）になる角度を取得することで作図します。また、🖱↑ AMO時 鉛直・円周点 を利用することでも作図できます。

教材データ：3-036.jww

1 角度を取得して斜線に垂直な線を作図

● 「／」コマンドのコントロールバー「傾き」ボックスに角度を取得することで、作図済みの斜線に対して垂直な線を作図しましょう。

1 「／」コマンドを選択する。

2 対象とする斜線を🖱↗PM1時 鉛直角 。
　　　　　　PMメニューの表示方法 ☞ p.53

☑ 2では、「鉛直」コマンド（メニューバー［設定］－「角度取得」－「線鉛直角度」）を選択し、2の線を🖱する操作を1度の操作で行います。

➡ 2の斜線に垂直な角度が、コントロールバー「傾き」ボックスに取得される。

3 始点を🖱。

4 終点を🖱。

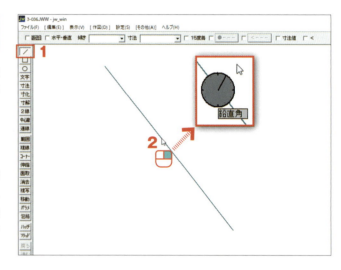

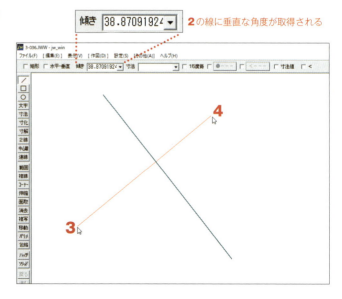

2の線に垂直な角度が取得される

2 クロックメニューで斜線に垂直な線を作図

● 斜線上から垂直線を円周上まで作図しましょう。

1. 「/」コマンドで、始点として、斜線を🖱↑AM0時 鉛直・円周点 。

   ☑ 「/」コマンドで、始点指示時に斜線を🖱↑AM0時 鉛直・円周点 することで、その斜線上を始点とした垂直線を作図できます。コントロールバー「水平・垂直」にチェックが付いている場合、🖱↑AM0時は 鉛直・円1/4点 と表示されます。「傾き」ボックスに数値が入力されていても、その数値は無視されます。

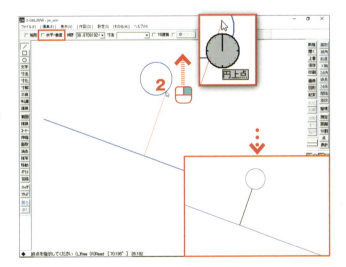

→ **1**の線上を始点とした鉛直線がマウスポインタまで仮表示される。

2. コントロールバー「水平・垂直」のチェックを外した状態で、終点として、円を🖱↑AM0時 円上点 。

   → **2**の円上を終点とする、**2**の円に対しても鉛直な線が作図される。

COLUMN 円から斜線に垂直な線を作図

● **2**では斜線から円に線を作図しましたが、円から斜線の順でも同じ線を作図できます。

1. コントロールバー「水平・垂直」のチェックを外し、「傾き」ボックスを「(無指定)」にした状態で、始点として、円を🖱↑AM0時 鉛直・円周点 。

2. 終点として、斜線を🖱↑AM0時 鉛直・円周点 。

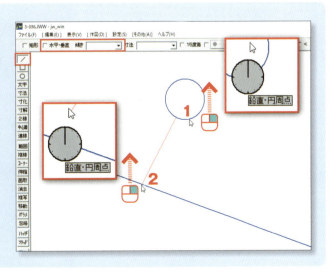

TECHNIC 37 斜線の延長上に線を作図する

「／」「複線」「中心線」コマンドのいずれを使っても、作図済みの斜線の延長上に線を作図することができます。

教材データ：3-037.jww

1 「／」コマンドで斜線の延長上に線を作図

● コントロールバー「傾き」ボックスに既存線の角度を取得し、始点指示時に🖱←AM9時 線上点・交点 を利用して延長上の線を作図しましょう。

1 「／」コマンドを選択する。
2 斜線を🖱↘PM4時 線角度 。
　　　　　PMメニューの表示方法 ☞ p.53

☑ 2では、「線角」コマンド（メニューバー［設定］－「角度取得」－「線角度」）を選択し、2の線を🖱する操作を1度の操作で行います。
→ 2の斜線の角度が、コントロールバー「傾き」ボックスに取得される。

3 始点として斜線を🖱←AM9時 線上点・交点 。

4 延長線上の位置として、作図する線の始点位置を🖱。
5 終点を🖱。

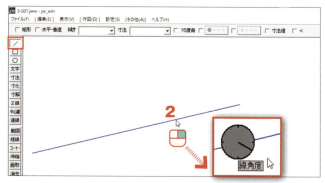

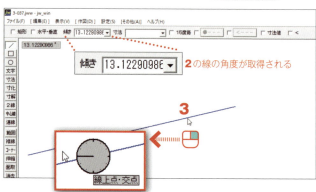

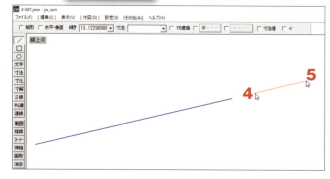

2 「複線」コマンドで斜線の延長上に線を作図

● 「複線」コマンドで、斜線の延長上に始点と終点を指示して、線を作図しましょう。

1 斜線を🖱↖AM11時 複線 。

   ☑ 1では、「複線」コマンドを選択して斜線を🖱する操作を1度の操作で行います。

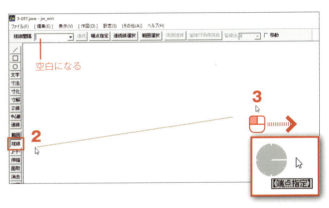

→「複線」コマンドに移行し、コントロールバー「複線間隔」ボックスが空白になる。

2 複写する位置として、斜線の端点を🖱。

   → 複写位置が確定し、1の線に重なった複線が仮表示される。

3 端点指定の始点位置を🖱→AM3時【端点指定】。

   ☑ 3では、コントロールバー「端点指定」ボタンを🖱し、始点位置を🖱する操作を1度の操作で行います。始点として既存の点を指示する場合は、3で既存点を🖱→AM3時【端点指定】します。

   → 1の斜線の延長上3の位置からマウスポインタまで複線が仮表示される。

4 端点指定の終点位置を🖱。

5 複線を作図する方向を決める🖱。

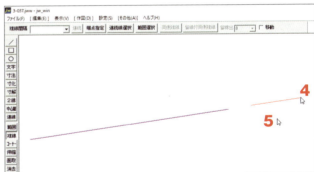

3 「中心線」コマンドで斜線の延長上に線を作図

● 「中心線」コマンドで、斜線の延長上に線を作図しましょう。

1 「中心線」コマンドを選択する。

2 1番目の線として、斜線を🖱。

3 2番目の線として、同じ斜線を🖱。

   ☑ 1番目・2番目の線として同じ線を🖱することで、中心線の位置がその線上になります。

4 始点を🖱。

5 終点を🖱。

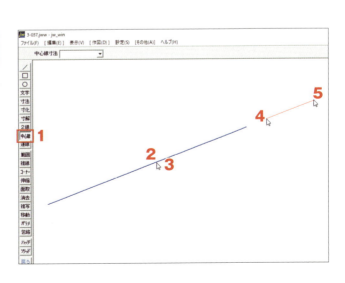

TECHNIC 38 斜線と平行になるように図を移動する

斜線の角度を「回転角」ボックスに取得することで、選択した要素を斜線と平行になるように回転移動（複写）できます。

教材データ：3-038.jww

1 斜線と平行になるように回転移動

● ソファを斜めの壁に対して平行になるように移動しましょう。

1 「範囲」コマンドで、ソファを囲み、終点を🖱。

2 移動の基準点として、何もない位置で🖱 AM7時 複写・移動 。

　☑ 読み取りできる点要素のない位置で🖱 AM7時 複写・移動 すると、点がありません と表示され、1 の終点指示時に、自動的に決まった基準点のまま「複写」または「移動」コマンドに移行します。

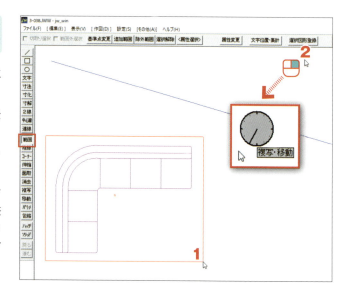

3 コントロールバー「複写」にチェックが付いている場合は、🖱してチェックを外す。

4 斜めの壁線を🖱 PM4時 線角度 。
　　　　　　PMメニューの表示方法 ☞ p.53

　☑ 「線角度」では、🖱した線の角度をコントロールバー「回転角」ボックスに取得します。4 では、「線角」コマンド（メニューバー［設定］－「角度取得」－「線角度」）を選択し、4 の斜線を🖱する操作を1度の操作で行います。

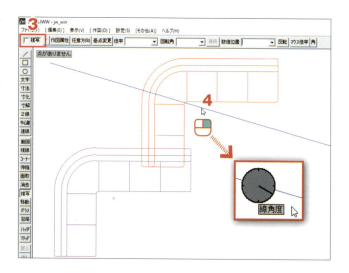

→ コントロールバー「回転角」ボックスに**4**の線の角度が取得され、移動要素のソファがその角度で仮表示される。

5 移動先を🖱。

COLUMN 仮表示の図をさらに180°回転する

● 本編の**5**で、移動先を🖱する前に次の操作を行うことで、仮表示のソファをさらに180°回転できます。

1 コントロールバー「回転角」ボックスの▼を🖱。

→ 「数値入力」ダイアログが開く。

2 「数値入力」ダイアログの「±180°OK」ボタンを🖱。

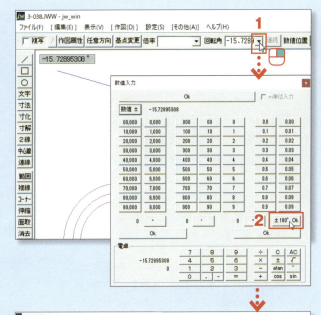

→ コントロールバー「回転角」ボックスの角度が「上記**1**の時点の角度＋180」になり、仮表示のソファの向きが、上記**1**の時点から180°回転した状態になる。

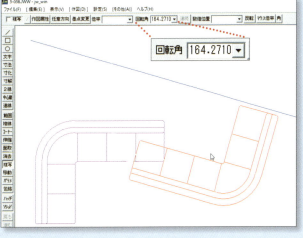

TECHNIC 39 斜めになっている図を水平にする

斜めの線から水平線までの角度を「回転角」ボックスに取得することで、斜めになっている図を水平になるよう回転移動できます。

教材データ：3-039.jww

1 斜めの図を水平になるように回転移動する

● 斜めに作図されている平面図を、水平にしましょう。

1 「範囲」コマンドで、平面図全体を右図のように囲み、終点を🖱（文字を含む）。

2 平面図の中央あたりから🖱✓AM7時 複写・移動。

☑ ここでは、2の位置あたりを基準点として移動します。ある特定の点を基準点にする場合は、2でその点を🖱✓AM7時 複写・移動 してください。また、1－2の操作の代わりに「移動」コマンドを選択し、平面図を範囲選択して、2の位置から🖱↑AM0時 確定 基点(free) しても、同じ結果が得られます。

3 コントロールバー「複写」にチェックが付いている場合は、チェックを外す。

4 右図の通り芯の左端点を🖱←PM9時 X軸(－)角度。

PMメニューの表示方法 ☞ p.53

☑ 🖱PM9時 X軸(－)角度 では、🖱←した点と次に指示する点を結んだ線から、水平線までの角度を、コントロールバー「角度入力」ボックスに取得します。

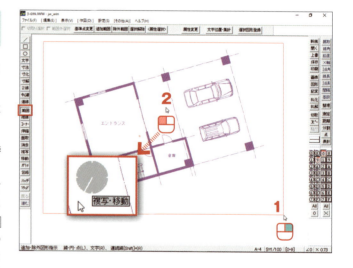

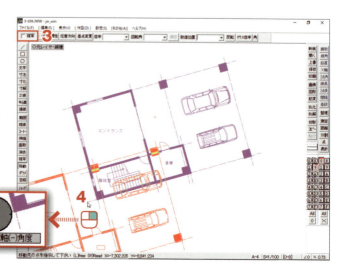

➡ **4**の点を原点としたX軸までの角度測定の矢印が、マウスポインタに従い仮表示され、ステータスバーには「●角度点指示」とメッセージが表示される。

5 同じ通り芯の右端点を🖱。

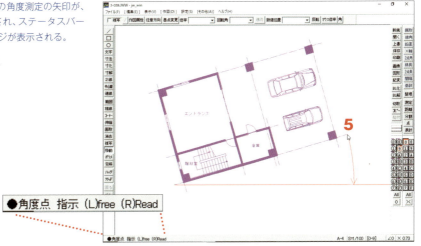

➡ **4**を原点とした角度点**5**からX軸までの角度がコントロールバー「回転角」ボックスに取得され、水平になった平面図がマウスポインタに仮表示される。

6 移動先を🖱。

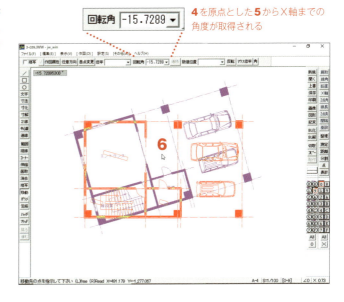

➡ 水平になった平面図が🖱位置に移動される。マウスポインタには、さらに「回転角」ボックスの角度分、回転した平面図が仮表示される。

7 「／」コマンドを選択し、「移動」コマンドを終了する。

☑ 水平に記入されていた文字要素も、「回転角」ボックスの角度分、回転し、右図のように斜めになります。

　　文字を水平に一括変更する方法 👉 p.148

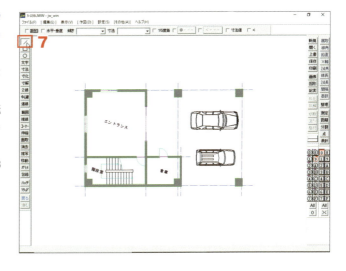

TECHNIC 40 斜線Aと平行な図を斜線Bと平行になるように回転移動する

斜線Aの角度を軸角（作図上の0°）に設定したうえで、「移動」コマンドのコントロールバー「回転角」に斜線Bの角度を取得して回転移動します。

教材データ：3-040.jww

1 斜線Aと平行な図を斜線Bと平行に回転移動

● 玄関側が斜線Aと平行な平面図を、斜線Bに平行にしましょう。はじめに、斜線Aの角度を軸角として設定します。

1. 斜線Aを🖱↘PM5時 軸角取得 。
   PMメニューの表示方法 ☞ p.53

   ☑ 「軸角取得」は、🖱↘した線の角度を一時的に作図上の0°（軸角）とします。1では、メニューバー［設定］-「角度取得」-「軸角」を選択し、斜線Aを🖱する操作を1度の操作で行います。

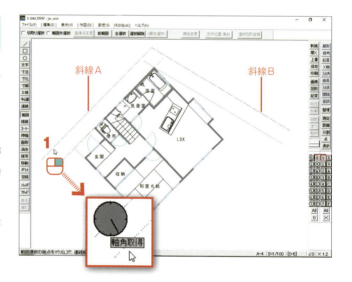

➡ 斜線Aの角度が軸角として設定され、ステータスバーの「軸角」ボタンには、取得されたその角度が表示される。

● 移動対象と基準点を指定しましょう。

2. 「範囲」コマンドで選択範囲の始点を🖱。
   ☑ 選択範囲枠は軸角に平行に表示されます。

3. 表示される選択範囲枠で平面図全体を囲み終点を🖱（文字含む）。

4. 移動の基準点として、玄関ポーチの左上角を🖱↙AM7時 複写・移動 。

   ➡ 「移動」（または「複写」）コマンドに移行し、4を基準点として、マウスポインタに平面図が仮表示される。

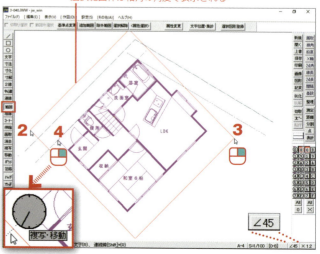

● 斜線Ｂの角度を、「回転角」ボックスに取得しましょう。

5 コントロールバー「複写」にチェックが付いている場合は、チェックを外す。

6 斜線Ｂを🖰PM4時 線角度 。

☑ 6では、「線角」コマンド（メニューバー［設定］－「角度取得」－「線角度」）を選択し、斜線Ｂを🖰する操作を1度の操作で行います。

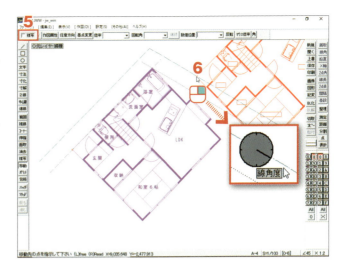

➡ コントロールバー「回転角」ボックスに斜線Ｂの角度が取得され、仮表示の平面図が斜線Ｂと平行になる。

7 移動先として右図の補助線交点を🖰。

8 「／」コマンドを選択し、「移動」コマンドを終了する。

☑ 水平に記入されていた文字要素も、「回転角」ボックスの角度分、回転し、斜めになります。

　　　文字を水平に一括変更する方法 ☞ p.148

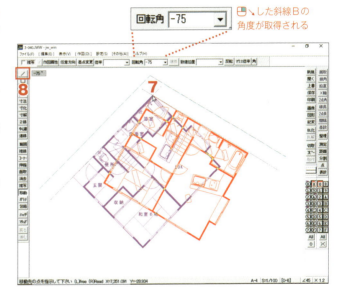

2　軸角の解除

● 軸角設定を解除しましょう。

1 ステータスバー「軸角」ボタンを🖰。

2 「軸角・目盛・オフセット　設定」ダイアログの「軸角設定」のチェックを🖰。

➡ 「軸角・目盛・オフセット　設定」ダイアログが閉じ、軸角設定が解除される。「軸角」ボタンの表示は「∠0」になる。

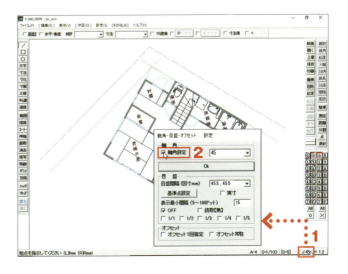

TECHNIC 41 円周上に等間隔で図形を配置する

円周上を等分割し、その点の接線と平行に図形を配置したうえで、その図形を回転複写します。

教材データ：3-041.jww ／ 3-041A.jws

1 円周上に等分割点を作図

● 直径1200mmの円テーブルの円周上を7分割する仮点を作成しましょう。

1 「分割」コマンド（メニューバー［編集］−「分割」）を選択する。

2 コントロールバー「仮点」にチェックを付ける。

3 「分割数」ボックスに分割数「7」を入力する。

4 分割の始点として、円の下を🖱↑AM0時 円周1/4点 。

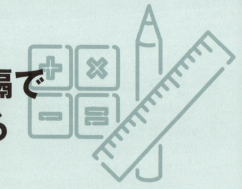

5 分割する円を🖱。

☑ 円周上の2点間や円弧を等分割する場合は、5で分割の終点を🖱し、そのあとに分割する円・円弧を🖱します。

➡ 5の円の円周上に7つに等分割する書込線色の仮点が作図される。

☑ 始点位置には分割点は作図されません。また、仮点は🖱で読み取りできますが、編集・印刷の対象にならない点です。コントロールバー「仮点」にチェックを付けないと、書込線色の実点が作図されます。

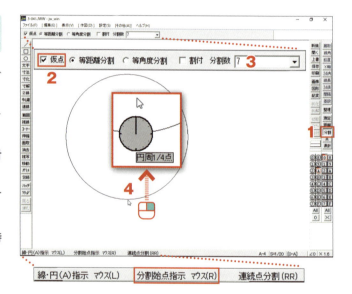

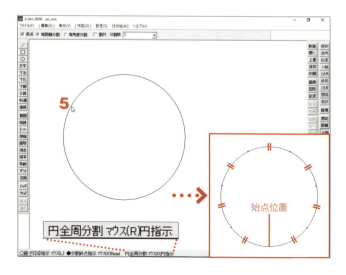

2 円周上の分割点の接線と平行に図形を配置

● 前項で作図した分割点（仮点）に、椅子の図形「3-041A.jws」を配置しましょう。

1 「図形」コマンドを選択し、「ファイル選択」ダイアログで、「jww_tech」フォルダーに収録された図形「3-041A」を選択する。

2 円を🖱↘PM4時 線角度 。

PMメニューの表示方法 ☞ p.53

☑ 円を🖱↘PM4時 線角度 し、次に円周上の点位置を指示することで、指示点における円接線の角度をコントロールバー「角度入力」ボックスに取得します。**2**では、「線角」コマンド（メニューバー[設定]－「角度取得」－「線角度」）を選択し、円を🖱する操作を1度の操作で行います。

3 右図の分割点を🖱。

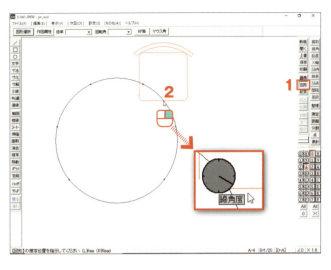

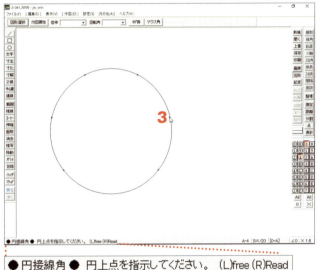

→ 円の**3**の位置における接線の角度が、コントロールバー「回転角」ボックスに取得される。

4 配置位置として**3**の分割点を🖱。

5 「／」コマンドを選択し、「図形」コマンドを終了する。

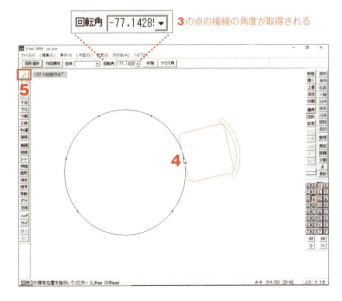

3の点の接線の角度が取得される

3 円周上に等間隔で椅子を回転複写

● 前項で配置した椅子を、各分割点に回転複写しましょう。複写の基準点は円の中心点にします。

1. 「複写」コマンドを選択し、複写対象の椅子を範囲選択する。

2. 円の中心点を複写の基準点とするため、円を🖱→AM3時 中心点・A点 。
   - ☑ 2では、コントロールバー「基準点変更」ボタンを🖱し、基準点として円の中心点を指示する操作を1度の操作で行います。

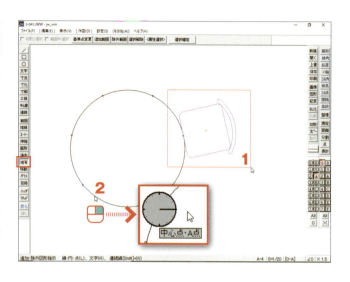

● 分割点間の角度を、「回転角」ボックスに取得しましょう。

3. 角度測定の原点として円の中心点を指示するため、円を🖱↗PM2時 2点間角 。
   - ☑ 3では、「2点角」コマンド(メニューバー[設定]-「角度取得」-「2点間角度」)を選択して、角度測定の原点を指示する操作(「2点間角度」では、円を🖱すると円の中心点が原点になる)を1度の操作で行います。既存の点を角度測定の原点にする場合は、3でその点を🖱↗PM2時 2点間角 してください。

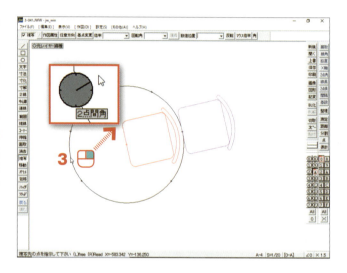

➡ 3で指示した点(円の中心点)からマウスポインタまで赤い点線が仮表示され、ステータスバーには、角度測定の基準点指示を促すメッセージが表示される。

4. 基準点(角度測定の測り始めの点)として、椅子を配置した分割点を🖱。

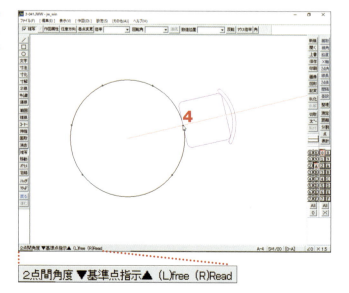

➡ **3**で指示した円中心点から**4**を通る赤い線（角度測定の基準線）が仮表示され、その線上から、角度測定の矢印がマウスポインタまで仮表示される。

5 角度測定点として、右図に示した隣の分割点を🖱。

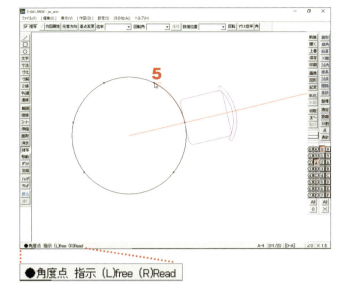

➡ 円の中心を原点とした**4**－**5**の2点間の角度が、コントロールバー「回転角」ボックスに取得される。

6 複写先として円の中心点を指示するため、円を🖱→AM3時 中心点・A点。

➡ **1**で選択した椅子（複写要素）が、「回転角」ボックスで指定の角度分回転し、**5**の分割点の位置に複写される。

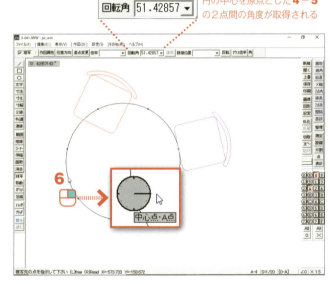

7 コントロールバー「連続」ボタンを5回🖱し、残りの分割点にも椅子を複写する。

☑ 「連続」ボタンを🖱した回数分、同じ角度で複写要素が連続して複写されます。

8 「／」コマンドを選択し、「複写」コマンドを終了する。

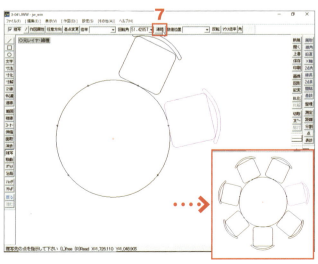

TECHNIC 42 図を反転複写・移動する

「複写」「移動」コマンドの「反転」を選択し、反転基準線を指示することで基準線に対して反転できます。また、水平・垂直方向の反転であれば、基準線がなくても「倍率」ボックスでの指定で反転できます。

教材データ：3-042.jww

1 基準線を境に図を反転複写

● −45°に作図された点線を基準線として、Y芯上のカーテンウォールをX芯上に反転複写しましょう。

1. 「範囲」コマンドで、右図のようにカーテンウォールを囲み、終点を🖱。
   - ☑ 柱の一部も選択され、複写により重複しますが、データ整理をすることで1本に整理できるため、選択されたままで支障ありません。

2. 適当な位置から🖱✓AM7時 複写・移動 。
   → 2の位置を基準点として、「複写」または「移動」コマンドに移行する。

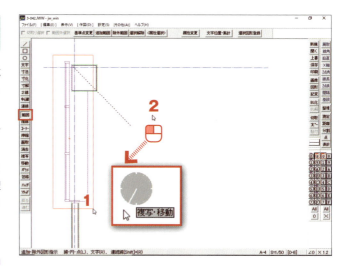

3. コントロールバー「複写」にチェックを付ける。
   - ☑ 1−3の操作の代わりに、「複写」コマンドでカーテンウォールを範囲選択して「選択確定」ボタンを🖱しても、同じ結果が得られます。

4. コントロールバー「反転」ボタンを🖱。

5. 反転の基準線を🖱。
   → 右図のように、反転複写される。

6. 「/」コマンドを選択し、「複写」コマンドを終了する。

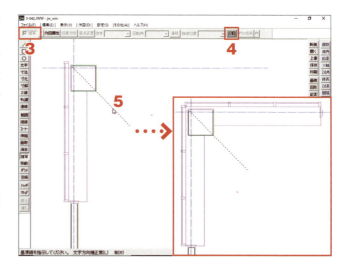

2 図を左右反転

● 左向きの自動車を、右向きに変更しましょう。

1 「範囲」コマンドで、右図のように自動車と寸法を囲み、終点を🖱️(文字を含む)。

☑ 寸法値が文字要素の可能性があるため、終点を🖱️しました。寸法図形の寸法値の場合は、終点を🖱️しても選択されます。

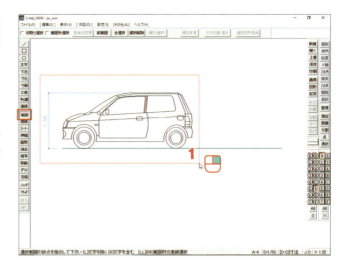

2 移動の基準点として水平線の左端点を🖱️✔AM7時 複写・移動 。

➡ 2の点を基準点として選択要素が確定し、「複写」または「移動」コマンドに移行する。

☑ 1−3の操作の代わりに、「移動」コマンドで自動車と寸法を範囲選択して、「基準点変更」ボタンを🖱️したあと、2の点を🖱️しても、同じ結果が得られます。

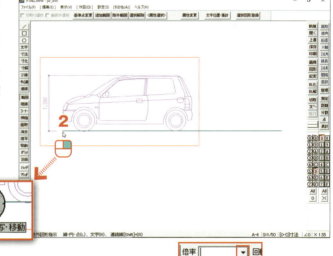

3 コントロールバー「複写」のチェックを外す。

4 コントロールバー「倍率」ボックスの▼を🖱️し、リストから「−1, 1」を🖱️で選択する。

☑ 「倍率」ボックスに、移動元の大きさを「1」とした倍率「X(横), Y(縦)」を入力することで、大きさを変更して移動できます。しかし、ここでは、大きさは変更せずに左右を反転するため、横方向の倍率を「−1」(マイナス値は反転)、縦方向の倍率を「1」とします。上下反転する場合は「1,−1」を指定します。

5 仮表示の図が左右反転したことを確認し、移動先の点として、水平線の右端点を🖱️。

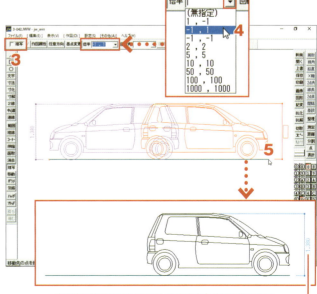

寸法値の位置は反転するが、文字要素自体は反転しない

TECHNIC 43

図の大きさを指定範囲に収まる大きさに変更する

「移動」コマンドの「倍率」ボックスに「横倍率,縦倍率」を指定することで、図全体の大きさを変更できます。その倍率が不明な場合は、「マウス倍率」を利用することで、任意の大きさに変更できます。

教材データ：3-043.jww

1 倍率指定による大きさ変更

「複写」「移動」コマンドのコントロールバー「倍率」ボックスに、「横倍率,縦倍率」を入力することで、選択した図の大きさを変更して複写または移動ができます。

大きさ変更の対象に寸法図形を含む場合、その寸法値は変更後の実際の長さに自動的に変更されます。

文字要素の大きさは、図寸で管理されているため変更されません。
文字要素の大きさも同時に変更するには、コントロールバー「作図属性」ボタンを🖱して開く「作図属性設定」ダイアログで、「文字も倍率」にチェックを付けたうえで、複写・移動の指示をしてください。文字要素の大きさも、「倍率」ボックスに指定の倍率で変更され、その文字種は「任意サイズ」になります。

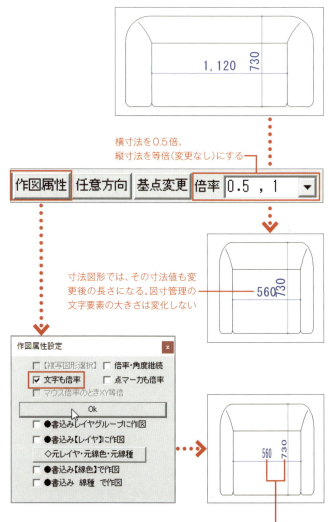

横寸法を0.5倍、縦寸法を等倍（変更なし）にする

寸法図形では、その寸法値も変更後の長さになる。図寸管理の文字要素の大きさは変化しない

「文字も倍率」を指定すると、文字も指定倍率（横0.5倍、縦1倍）に変化する

2 マウス操作で指定した範囲に収まる大きさに変更

◉ 木目の図が上の矩形に収まるよう、「マウス倍率」で、移動元の2点と、それに対応する移動先の2点を指示して、大きさを変更しましょう。

1 「範囲」コマンドで、木目全体を範囲選択する。

2 移動の基準点として、木目の左下角を🖱✓AM7時 複写・移動 。

☑ 1−2の操作の代わりに、「移動」コマンドを選択したあと、木目全体を選択し、2の点を🖱↑AM0時 確定 基点《Read》しても同じ結果が得られます。

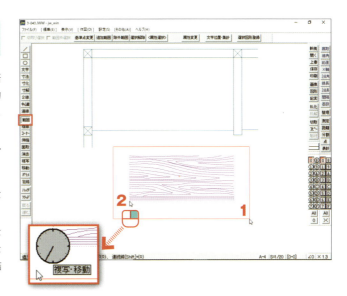

3 コントロールバー「複写」のチェックを外し、「マウス倍率」ボタンを🖱。

→ ステータスバーには「マウス倍率　元図形の対角位置を指示してください」と表示される。

4 元図形の対角位置として、移動元の右上角（2で指示した基準点の対角）を🖱。

→ ステータスバーには「移動先の点を指示してください」と表示される。

5 移動先の点として、2で指示した基準点に対応する左下角を🖱。

6 マウス倍率（指定範囲）の対角位置として、4で指示した対角位置に対応する右上角を🖱。

→ 移動元の大きさに対する5−6で指示した横と縦の倍率が自動計算され、1で選択した図（木目）が5−6を対角とする矩形にぴったり収まる大きさに変更される。

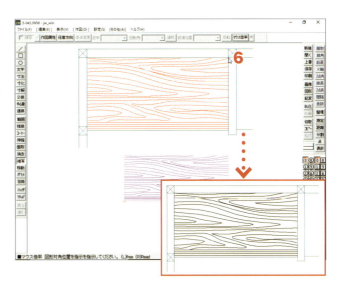

TECHNIC 44

複写された図からの距離を指定して連続複写する

「複写」コマンドで、「作図属性設定」をすることで、複写した図を次の複写元として、そこからの距離を指定して連続複写することができます。

教材データ：3-044.jww

1 複写された図からの距離を指定して連続複写

● 作図されている樹木を右側に、2.2ｍ、2.2ｍ、4.5ｍ、2.2ｍの間隔で複写しましょう。

1 「範囲」コマンドで、樹木を範囲選択する。

2 点要素のない位置から🖱️✍AM7時 複写・移動 。

→ 点がありません と表示され、1で自動的に決められた基準点のまま、「複写」または「移動」コマンドに移行する。

☑ 1－2の操作の代わりに、「複写」コマンドで樹木を範囲選択し、選択確定しても同じ結果が得られます。

3 コントロールバー「複写」にチェックを付ける。

4 コントロールバー「作図属性」ボタンを🖱️。

5 「作図属性設定」ダイアログで「【複写図形選択】」にチェックを付け「OK」ボタンを🖱️。

☑ 【複写図形選択】にチェックを付けることで、複写された図形が次の複写元になります。この設定は、Jw_cadを終了するまで有効です。

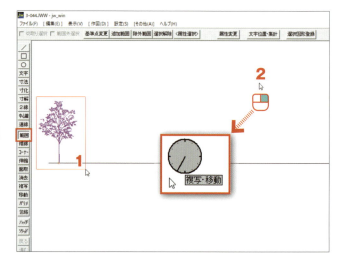

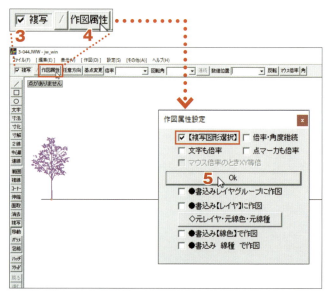

6 コントロールバー「数値位置」ボックスに「2200, 0」を入力し、Enterキーを押して確定する。

➡ 樹木が2200mm（2.2m）右に複写され、複写された樹木が次の複写元として選択色になる。

7 コントロールバー「連続」ボタンを🖱。

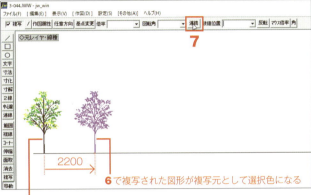

➡ 6で複写された樹木から、さらに2200mm右に樹木が複写され、複写された樹木が次の複写元として選択色になる。

8 コントロールバー「数値位置」ボックスに「4500, 0」を入力し、Enterキーで確定する。

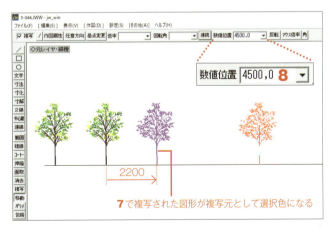

➡ 7で複写された樹木から4500mm右に樹木が複写され、複写された樹木が次の複写元として選択色になる。

9 コントロールバー「数値位置」ボックスに「2200, 0」を入力し、Enterキーを押して確定する。

➡ 8で複写された樹木から、さらに2200mm右に樹木が複写され、複写された樹木が次の複写元として選択色になる。

10 「／」コマンドを選択し、「複写」コマンドを終了する。

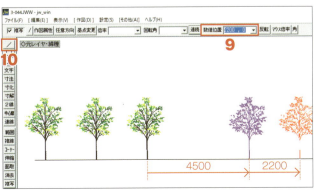

TECHNIC 45 他の図面ファイルから図を複写する

「コピー」&「貼付」を利用することで、他の図面ファイルの一部を、現在編集中の図面に実寸法を保持して複写できます。

教材データ：3-045.jww ／ 3-045A.jww

1 敷地図に他の図面ファイルから平面図をコピー

● 敷地図「3-045.jww」を開き、他の図面「3-045A.jww」から1階平面図をコピーしましょう。

1 敷地図「3-045.jww」を開き、平面図のコピー先として指示する点を作成（教材では2本の補助線による交点が作成済み）し、タイトルバー右上の（最小化）ボタンを🖱し、最小化する。

2 デスクトップのJw_cadのショートカットアイコンを🖱🖱し、Jw_cadをもう1つ起動する。

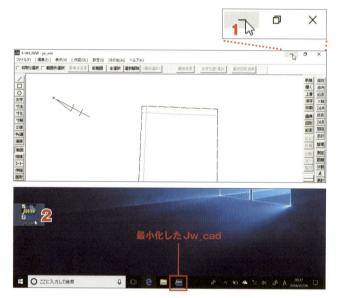

最小化したJw_cad

3 起動したもう1つのJw_cadで、「開く」コマンドを選択し、コピー元の平面図「3-045A.jww」を開く。

4 「範囲」コマンドで、右図のように1階平面図を囲み、終点を🖱（文字を含む）。

5 基準点として、平面図左上角を🖱✓AM 8時 コピー 。

☑ 「コピー」コマンドを選択することで、選択色の要素がWindowsのクリップボードにコピーされます。5では、コントロールバー「基準点変更」ボタンを🖱し、平面図の左上角を🖱したあと、「コピー」コマンドを選択する操作を1度の操作で行います。

6 タスクバーのJw_cadのアイコンを🖱し、表示されるリストから、敷地図「3-045.jww」を開いたJw_cadを🖱。

7 敷地図を開いたJw_cadで、「貼付」コマンドを🖱。

　☑ コピー元図面の実寸法を保持して貼り付けられるため、貼り付け先の図面の縮尺が異なる場合も実寸法は変わりません。ただし、図寸管理の文字要素の大きさを図と同じ割合で変更するには、以降で 9 の指定が必要です。また、作図ウィンドウ左上に ●書込レイヤに作図 と表示されるとき、コピー要素はすべて書込レイヤに貼り付けられます。コピー元と同じレイヤ分けで貼り付けるには、以下の 10 の指定が必要です。

8 コントロールバー「作図属性」ボタンを🖱。

9 「作図属性設定」ダイアログの「文字も倍率」にチェックを付ける。

10 「◆元レイヤに作図」にチェックを付ける。

11 「OK」ボタンを🖱。

12 貼り付け位置として、あらかじめ作成した点（教材では2本の補助線の交点）を🖱。

　➡ 🖱位置に、コピー元と同じレイヤ分けで平面図が貼り付けられる。

13 「／」コマンドを選択し、「貼付」コマンドを終了する。

　☑ ここでは、他の図面の一部をコピーするためにJw_cadを2つ起動しましたが、複数のJw_cadを起動して、他の図面を参照・測定することもできます。コピーや参照などのために起動したJw_cadは、作業終了後、最大化したうえで終了してください。

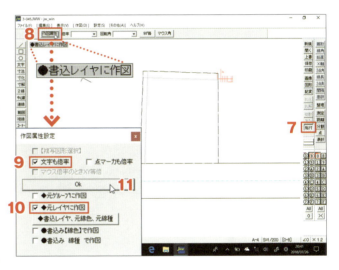

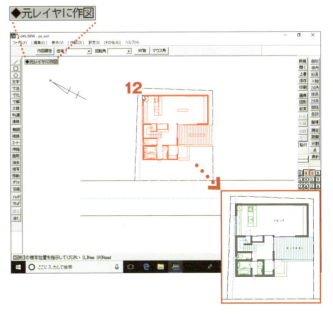

TECHNIC 46 登録図形の向き、線色・線種を変更して配置する

登録図形は通常、登録時の線色・線種で書込みレイヤに配置（作図）されます。配置時に、その向き、線色・線種を変更することができます。

教材データ：3-046.jww ／ 3-046A.jws

1 登録図形を左右反転して作図

● 図形「3-046A.jws」の向きを左右反転して、作図しましょう。

1 「図形」コマンド（メニューバー［その他］－「図形」）を選択する。

2 「ファイル選択」ダイアログの「jww-tech」フォルダーから「3-046A」を🖱🖱で選択する。

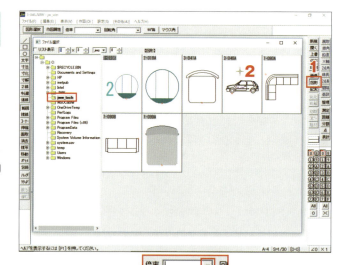

3 コントロールバー「倍率」ボックスの▼を🖱し、リストから「-1, 1」を🖱で選択する。

☑ 「倍率」ボックスに、登録図形を「1」とした倍率「X（横）, Y（縦）」を入力することで、大きさを変更できます。ここでは、大きさは変更せずに左右を反転するため、横方向の倍率を「-1」（マイナス値は反転）、縦方向の倍率を「1」とします。上下反転する場合は「1, -1」を指定します。

4 仮表示の図形が左右反転したことを確認し、配置位置として、水平線の右端点を🖱。

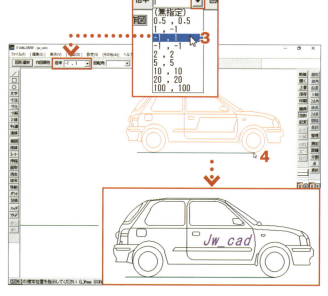

2 登録図形の線色・線種を変更して作図

● 続けて、同じ図形を「線色6・点線2」に変更して作図しましょう。

1 書込線色・線種を「線色6・点線2」にする。
2 コントロールバー「倍率」ボックスを「（無指定）」（または空白）にする。
3 コントロールバー「作図属性」ボタンを🖱。
4 「作図属性設定」ダイアログの「●書込み【線色】で作図」と「●書込み 線種 で作図」にチェックを付け、「OK」ボタンを🖱。
5 作図位置として、右図の線端点を🖱。

→ 1で指定した書込線色・線種で図形が作図される。

☑ 図形がブロック図形（☞ p.230）の場合は、線色・線種は変更されません。

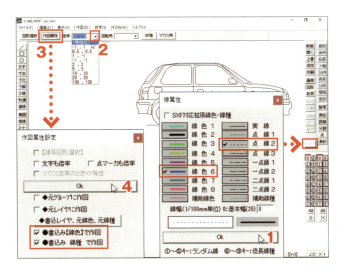

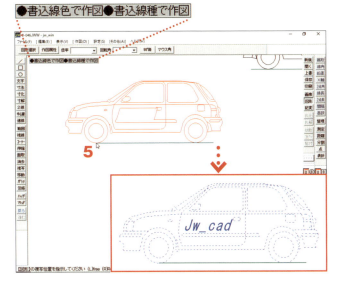

COLUMN 登録図形内の文字要素の大きさ

文字要素を含む図形を、倍率指定で大きさ変更した場合、文字要素の大きさ（図寸管理）は変更されません。また、図形を配置する図面の縮尺が図形登録時の縮尺と異なる場合にも、文字要素と他の要素のバランスが右図上のように崩れます。
図形登録時と同じバランスで作図するには、コントロールバー「作図属性」ボタンを🖱して開く「作図属性設定」ダイアログの「文字も倍率」にチェックを付けます。
ただし、この指定はJWS図形ファイルのみ有効で、DOS版JW_CADの図形データであるJWK図形ファイルには無効です。

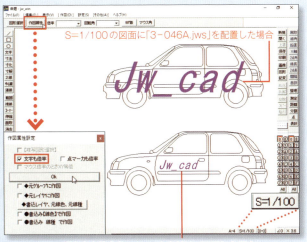

「文字も倍率」にチェックを付けて配置した場合。
大きさ変更された文字要素の文字種は「任意サイズ」になる

TECHNIC 47 目盛を表示して利用する

で読み取りできるが印刷はされない目盛を、指定間隔で表示できます。目盛間隔は図寸もしくは実寸のいずれでも設定できます。目盛は図寸で管理されているため、縮尺を変更しても目盛の位置は変更されません。

教材データ：3-047.jww

1 目盛の表示設定

● 作図途中の図面に、910mm間隔の目盛を表示しましょう。

1 ステータスバー「軸角」ボタンを。

2 「軸角・目盛・オフセット　設定」ダイアログの「実寸」にチェックを付け、「目盛間隔」ボックスに「910」を入力する。

☑ 「実寸」にチェックを付けない場合、目盛間隔は図寸での指定になります。「目盛間隔」ボックスに、「横, 縦」の間隔を「, 」(カンマ)で区切って入力します。横と縦が同じ数値の場合、1つの数値だけを入力して「, 」以降の入力は省略できます。

3 「1/2」を。

➡ ダイアログが閉じ、910mm間隔の黒の目盛と、それを2等分する水色の目盛が表示される。

☑ 作図ウィンドウの表示倍率によっては、目盛が表示されない場合があります。その場合は、ステータスバー「画面倍率」ボタン(メニューバー[設定]－「画面倍率・文字表示」)をして開く「画面倍率・文字表示設定」ダイアログで、「目盛　表示最小倍率」ボタンをしてください。作図ウィンドウの表示が、目盛の表示可能な最小倍率になります。

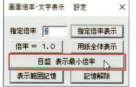

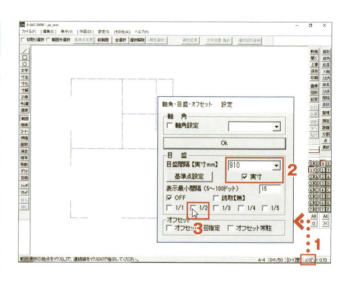

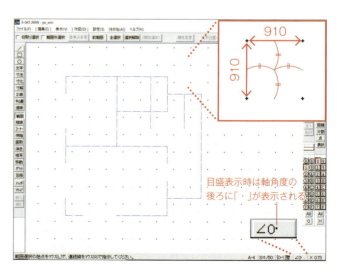

目盛表示時は軸角度の後ろに「・」が表示される

2 目盛位置の調整

● 作図済みの壁芯の角に合わせ、目盛の表示位置を調整しましょう。

1 ステータスバー「軸角」ボタンを🖱。
2 「軸角・目盛・オフセット 設定」ダイアログの「基準点設定」ボタンを🖱。
3 基準点として、壁芯の左下角を🖱。
→ 🖱位置に黒い目盛が位置するよう、目盛の表示位置が変更される。

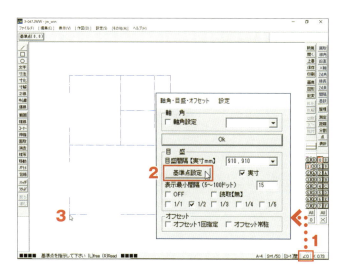

3 目盛を利用して部分消し

● 目盛を利用して、開口部になる壁芯部分を消去しましょう。

1 「消去」コマンドを選択し、部分消し対象の壁芯を🖱。
2 部分消しの始点として、右図の目盛を🖱。
3 部分消しの終点として、右図の水色の1/2目盛を🖱。

☑ 開口部分の壁芯を部分消ししたあと、p.90のTECHNIC 30を行うことで、壁を一括作図できます。

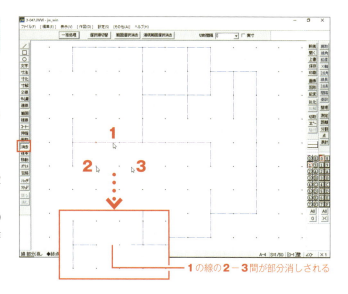

4 目盛の非表示化

1 ステータスバー「軸角」ボタンを🖱。
2 「軸角・目盛・オフセット 設定」ダイアログの「OFF」を🖱。
→ ダイアログが閉じ、目盛が非表示になる。

☑ 再度、「軸角・目盛・オフセット 設定」ダイアログを開いて、「1/1」〜「1/5」のいずれかを🖱することで、再び目盛が表示されます。目盛の設定は、図面ファイルに保存されます。

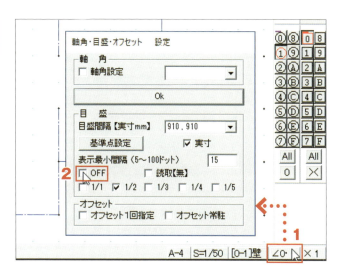

TECHNIC 48 距離を指定して線上や円周上に点を作図する

「距離指定点」コマンドで、線上や円周上の指定距離の位置に点を作図できます。また、「分割」コマンドで線上や円周上を指定距離で分割する点を作図できます。

教材データ：3-048.jww

1 円周上の指定距離の位置に点を作図

● 円弧上の実点から右に円周距離800mm離れた位置に実点を作図しましょう。

1. 「距離」コマンド（メニューバー[その他]－「距離指定点」）を選択する。
2. コントロールバー「距離」ボックスに指定距離「800」を入力する。
3. 始点として、円周上の点を🖱。
4. 対象とする円弧を🖱。
   - ☑ **4**では、**3**の点に対して点を作図する側で🖱してください。線や円・円弧を🖱することで、線上または円周上の指定距離の位置に点を作図します。また、**4**で既存の点を🖱すると、**3**の点から**4**の点へ向かう指定距離の位置に点を作図します。
   - ➡ **3**の点から右へ円周距離800mmの位置に、書込線色の実点が作図される。
   - ☑ コントロールバー「仮点」にチェックを付けた場合は、書込線色の仮点（編集・印刷対象にならない点）が作図されます。また、コントロールバー「連続」ボタンを🖱することで、作図された点からさらに「距離」ボックスで指定した位置に点を作図します。
5. コントロールバー「距離」ボックスに「500」を入力する。
6. コントロールバー「連続」ボタンを🖱。
   - ➡ **4**で作図した点から右へ円周距離500mmの位置に、実点が作図される。

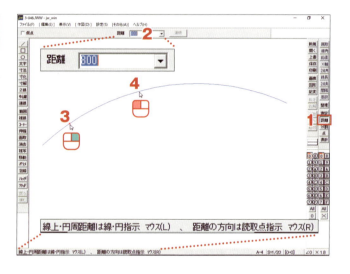

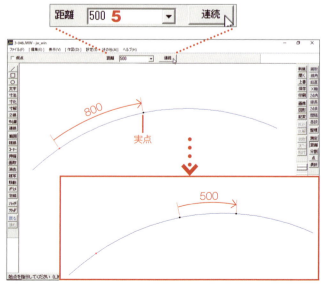

2 指定距離で分割する点を作図

● 「分割」コマンドで、楕円弧上の実点から左に、800mmごとに実点を作図しましょう。

1. 「分割」コマンド（メニューバー[編集]－「分割」）を選択する。
2. コントロールバー「等距離分割」を選択し、「割付」にチェックを付ける。
3. 「距離」ボックスに「800」を入力する。
   - ☑ 「割付」にチェックを付けることで、「分割数」ボックスが「距離」ボックスになり、指定距離で分割できます。また、コントロールバー「振分」にチェックを付けると、始点からではなく分割対象の中点から振り分けます。
4. 始点として、既存の実点を🖱。
5. 終点として、楕円弧の左端点を🖱。
6. 分割対象の楕円弧を🖱。
   - ☑ 4－5を結んだ直線上を分割する場合は、6で要素のない位置で🖱（2点間分割）します。

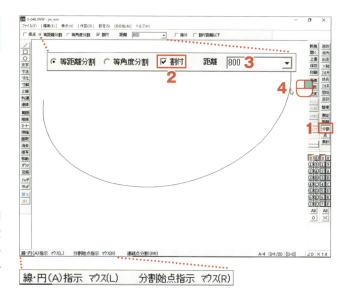

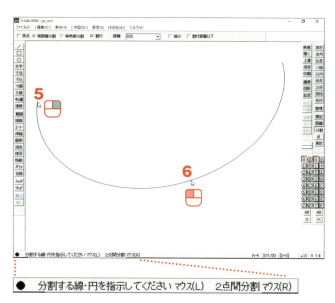

➡ 4の点から左へ円周距離800mmごとに、分割点（コントロールバー「仮点」のチェックが外れている場合、書込線色の実点）が作図される。

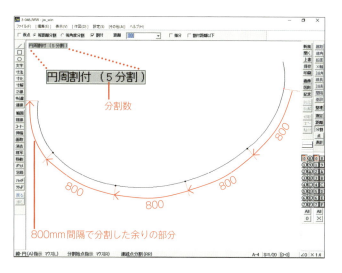

3 連続線を指定距離以下の最大距離で等分割

● 分割した1区分の距離が800mm以下の最大距離になるよう、連続線を等分割する実点を作図しましょう。

1. 「分割」コマンドのコントロールバー「等距離分割」が選択され、「割付」にチェックが付き、「距離」ボックスの数値が「800」であることを確認する。

2. コントロールバー「割付距離以下」にチェックを付ける。

3. 始点として、連続線の左端点を。

   ☑ 始点指示時に点をすることで、そのあとで順次指示する点を結んだ連続線上を分割する点を作図します。

4. 連続分割の次の点を🔲。

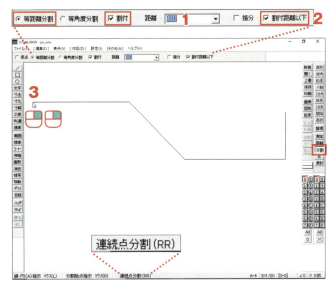

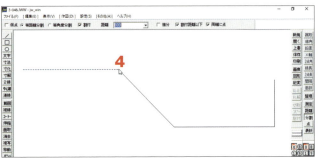

5. 次の点を🔲。

6. 次の点を🔲。

   ☑ コントロールバー「両点に点」にチェックが付いた状態で終点を指示すると、始点と終点にも点を作図します。

7. 連続分割の終点を。

   → 3〜7の連続線を、800mm以下の最大距離で等分割する点が作図される。作図ウィンドウ左上には、その分割数と分割した点間の距離が表示される。

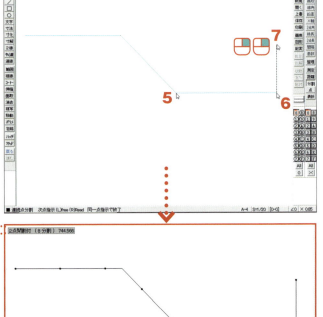

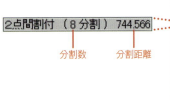

分割数　分割距離

CHAPTER 4

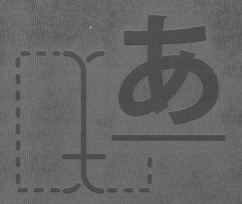

文字・寸法の神速テクニック

TECHNIC	49	記入済みの文字のサイズを確認する
TECHNIC	50	線・ソリッドと文字が重なる部分を白抜きにする
TECHNIC	51	引出線付きの文字を記入する
TECHNIC	52	○や□の囲み数字を記入する
TECHNIC	53	文字・寸法値の大きさを一括で変更する
TECHNIC	54	特定の文字種の文字要素を選択する
TECHNIC	55	特定の単語を含む文字要素を選択する
TECHNIC	56	単語を一括で置き換える
TECHNIC	57	傾いた文字を一括で水平に変更する
TECHNIC	58	数値を小数点位置で揃える
TECHNIC	59	縦書き文字の頭を揃える
TECHNIC	60	1行の文字数と行間を指定して文章を整列する
TECHNIC	61	複数行の文字を連続して記入する
TECHNIC	62	記入済みの文字列と同じ文字種、行間で行を追加する
TECHNIC	63	「表計算」コマンドで一括計算して結果を記入する
TECHNIC	64	範囲選択した数字の合計を記入する
TECHNIC	65	計算式を入力して、その計算結果を記入する
TECHNIC	66	寸法図形の特性を理解する
TECHNIC	67	寸法値の単位や表示形式を一括で変更する
TECHNIC	68	寸法値を移動・変更する
TECHNIC	69	記入済みの寸法を寸法図形にする
TECHNIC	70	寸法図形を解除する
TECHNIC	71	寸法を一括で記入する・寸法補助線（引出線）なしの寸法を記入する

TECHNIC 49 記入済みの文字のサイズを確認する

Jw_cad図面の文字サイズは、その文字種（文字種 [1]～[10]、任意サイズ）で管理されています。記入済みの文字要素を属性取得することで、その文字種（サイズ）を確認することや、同じサイズの文字を記入できます。

教材データ：4-049.jww

1 記入済みの文字と同じサイズの文字を記入

● 記入済みの文字「玄関」と同じサイズで文字「ホール」を記入しましょう。

1. 「文字」コマンドを選択する。
2. 属性取得の対象として、記入済みの文字「玄関」を🖱↓ AM6時 属性取得 。

   ☑ **2**では、「属取」コマンド（メニューバー［設定］-「属性取得」）を選択し、文字「玄関」を🖱する操作を1度の操作で行います。文字を大きく拡大表示していると、🖱↓開始位置によっては文字が認識されない場合があります。文字はその底辺部にマウスポインタ合わせ、🖱↓するようにしてください。

   ➡ **2**の文字が記入されているレイヤが書込レイヤになり、書込文字種が**2**の文字要素と同じ文字種になる。

3. 「文字入力」ダイアログに「ホール」を入力する。
4. 基点を「(中中)」にして、記入位置を🖱。

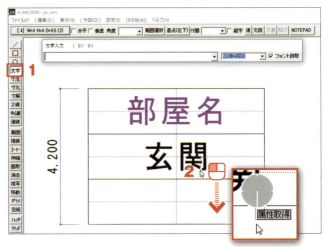

文字種のFreeは任意サイズ
Wは幅、Hは高さ、Dは間隔で（　）内は文字色

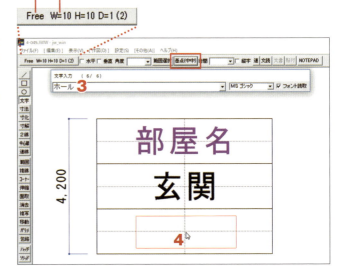

2 記入済みの文字のサイズを確認

● 「文字」コマンドを選択せずに、図面上の文字要素のサイズを確認できます。

1. 「文字」以外のコマンド（「範囲」コマンドなど）を選択する。
2. 「属取」コマンドを3回🖱。

    ☑ **2**の操作の代わりに Tab キーを3回押しても同じ結果が得られます。

    → 🖱のたびに、作図ウィンドウ左上に 属性取得 ⇒ レイヤ非表示化 ⇒ 属性取得 と表示される。

3. 属性取得の対象として、文字「部屋名」を🖱。

    → 作図ウィンドウ左上に、**3**の文字要素の記入内容、角度、文字種、サイズなどが表示される。

    ☑ 寸法図形（☞p.166）の寸法値を属性取得した場合は、寸法図形です ｜＝… と、寸法線の長さと角度が表示され、寸法値の文字サイズは確認できません。

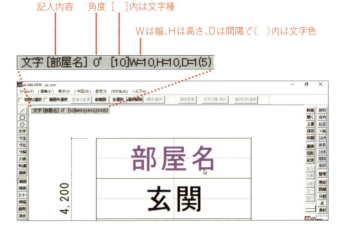

記入内容　角度　[　]内は文字種
Wは幅、Hは高さ、Dは間隔で（　）内は文字色

3 寸法図形の寸法値の文字サイズを確認

● 前項の方法では確認できない寸法図形の寸法値の文字サイズを、**1**と同じ方法で確認しましょう。

1. 「文字」コマンドを選択する。
2. 属性取得対象の寸法値またはその寸法線を🖱↓ AM6時 属性取得 。

    ☑ 寸法図形の寸法値はその寸法線を🖱↓することでも属性取得できます。

    → **2**の寸法値が記入されているレイヤが書込レイヤになり、コントロールバー「書込文字種」ボタンや「角度」入力ボックスが**2**の寸法値と同じ文字種、角度になる。

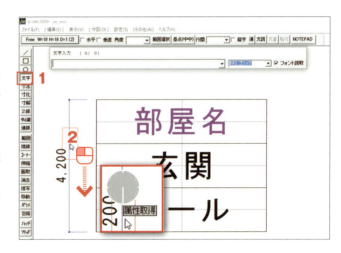

🖱↓した寸法値の文字種を取得
🖱↓した寸法値の角度を取得

TECHNIC 50 線・ソリッドと文字が重なる部分を白抜きにする

ハッチング（線）やソリッド（塗りつぶし）に文字が重なって見づらいとき、その部分を白抜きして文字を見やすくする方法「切り取り消去」と「文字の表示設定」があります。

教材データ：4-050.jww

1 文字に重なる線を切り取り消去

● 文字に重なる線を、「包絡」コマンドで切り取り消去しましょう。

1. 切り取り消去する範囲の左上から🖱→AM3時 包絡 。
2. 包絡範囲枠で文字を囲み、終点を🖱（範囲内消去）。

   ☑ 包絡範囲の終点を🖱することで、包絡範囲枠内の線要素を切り取り消去します。この方法は、線要素のみに有効で、円・円弧やソリッド要素は切り取り消去されません。

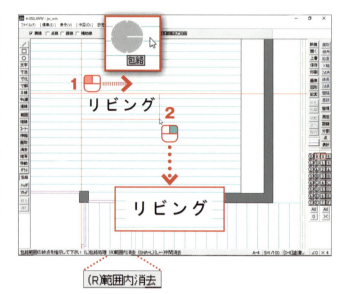

2 文字の背景を白抜きにする表示設定

● 文字に重なる線を消さずに、文字背景を白抜きするように表示設定をしましょう。

1. 「戻る」コマンドを🖱（または作図ウィンドウで🖱↘AM4時 戻る ）し、前項での線の切り取り消去を取り消す。
2. 「基設」コマンド（メニューバー［設定］－「基本設定」）を選択する。
3. 「文字」タブの「文字列範囲を背景色で描画」にチェックを付ける。
4. 「OK」ボタンを🖱。

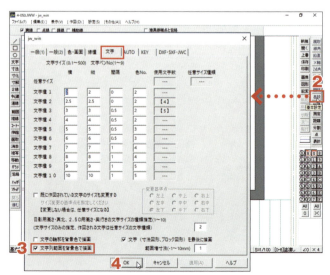

➡ すべての文字要素（寸法図形の寸法値は除く）の背景が、右図のように白抜き表示になる。

❓ **白抜き表示にならない** 👉 画面の表示倍率によっては白抜き表示が反映されません。平面図を拡大表示してみてください。

☑ 寸法図形の寸法値の背景は白抜きされません。この設定は、文字サイズなどと同様、図面ファイルに保存され、Jw_cad Version 4.05以降で機能します。それより前のバージョンのJw_cadや他のCADで図面を開いた場合は、機能しません。

● 白抜きで一部の図面の線が隠れてしまったので、白抜きの範囲の大きさを調整しましょう。

5 「基設」コマンド（メニューバー［設定］－「基本設定」）を選択する。

6 「文字」タブの「範囲増寸法(-1～10mm)」ボックスの数値を「0」に変更する。

7 「OK」ボタンを🖱。

☑ 白抜き範囲の大きさは、「文字」タブの「範囲増寸法」ボックスに「-1」～「10」mmを指定することで調整できます。

「1」（図寸1mm）を指定

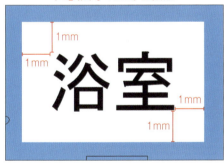

「0」を指定

白抜き範囲が広すぎて図面の線が隠れてしまう

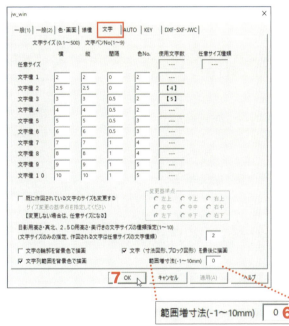

範囲増寸法(-1～10mm) 0 **6**

白抜き範囲が小さくなる

TECHNIC 51 引出線付きの文字を記入する

引出線付きの文字を記入するには、わざわざ「／」コマンドで引出線を作図して「文字」コマンドで文字を記入するよりも、「線記号変形」コマンドを利用するほうが簡便です。

教材データ：4-051.jww

1 線記号変形で引出線付きの文字を記入

● 「線記号変形」コマンドを利用して、付録の線記号データの引出線付き文字を記入しましょう。

1 「記変」コマンド（メニューバー[その他]－「線記号変形」）を選択する。

2 「ファイル選択」ダイアログで「jww_tech」フォルダーを🖱🖱し、その下に表示される「【線記号変形A】引出_文字種5」を🖱。

3 右の一覧で「＜-引出線240°」を🖱🖱。

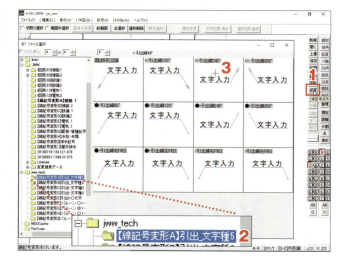

4 書込線を「線色6・実線」にする。

☑ ここで作図する引出線は書込線の線色・線種で作図されます。

5 引出線の指示先として、右図の位置にマウスポインタを合わせ、🖱↑AM0時 円周1/4点。

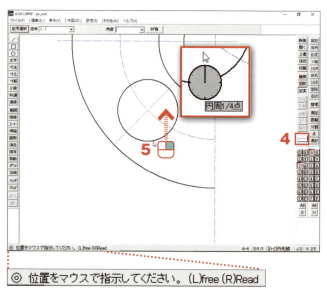

➡ **5**の円の🖱️↑近くの1/4位置が引出線の指示先に確定し、右図のように引出線と文字枠がマウスポインタまで仮表示される。引出線の角度は240°に固定されている。

6 文字の記入位置として、右図の位置で🖱️。

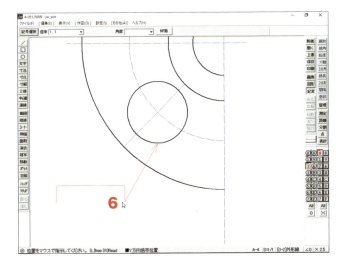

➡ 引出線の長さが確定し、「文字入力」ダイアログが開く。

7 「4x19」を入力し、Enterキーを押して確定する。

➡ 右図のように引出線と文字が記入される。

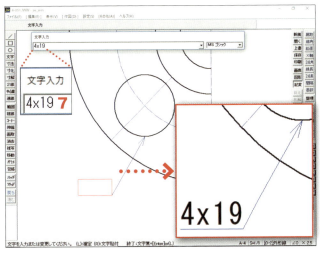

COLUMN 付録の線記号データ

付録の引出線付き文字の線記号データは、文字種や形状別に、【線記号変形A】〜【線記号変形E】が用意されています。

右図の一覧の2段目や4段目の線記号のように3行まで記入できるものもあります。この場合、1行目の入力をEnterキーで確定すると、2行目の入力になります。3行目を記入しない場合は、2行目の入力をEnterキーで確定したあと、再度、Enterキーを押して入力を完了してください。

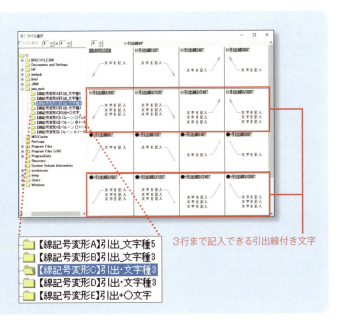

3行まで記入できる引出線付き文字

TECHNIC 52 ○や□の囲み数字を記入する

○や□の囲み数字は、「○」「□」コマンドと「文字」コマンドの組み合わせでも作図できますが、「線記号変形」コマンドを利用するほうが簡便です。

教材データ：4-052.jww

1 ○の囲み数字を連番で記入

● 「線記号変形」コマンドを利用して、点線の交点に○の囲み数字を連番で記入していきましょう。

1 書込線を「線色2・実線」にする。

2 「記変」コマンド（メニューバー[その他]－「線記号変形」）を選択する。

3 「ファイル選択」ダイアログで「jww_tech」フォルダー下に表示される「【線記号変形F】バルーン○1～32」を🖱。

4 右側に表示される記号一覧から「○1」を🖱🖱で選択する。

☑ 選択した記号から順次連番で記入します。例えば、「⑤」から記入を始めたい場合は、「○5」を選択してください。○や□は書込線の線色・線種で作図されます。

5 記号の作図位置として、右図の点線交点を🖱。

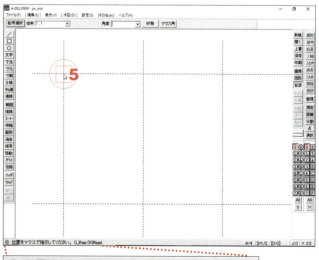

➡ **5**の位置に記号の円中心を合わせ、「①」が作図される。作図ウィンドウ左上には○2と表示される。

☑ 「【線記号変形F】バルーン○1～32」では、記号（「○1」）を作図後、自動的に次の記号（「○2」）が選択されます。

6 記号「○2」の作図位置として、右図の点線交点を🖱。

➡ **6**の位置に記号の円中心を合わせ、②が作図される。作図ウィンドウ左上には○3と表示される。

7 順次、作図位置を🖱し、○の囲み数字を連番で記入する。

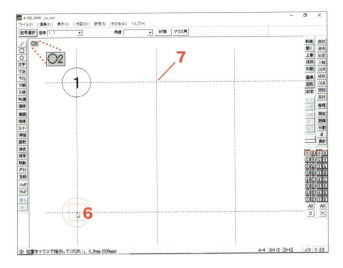

COLUMN ◎、□、△の囲み数字

付録の線記号データとして用意されている「【線記号変形G】」～「【線記号変形I】」を選択することで、◎、□、△の囲み数字をここで解説した手順と同様に作図できます。

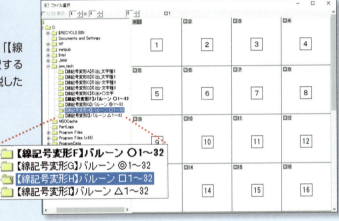

COLUMN 33以降の囲み数字の記入方法

● 「【線記号変形F】」～「【線記号変形I】」のいずれにも1～32が用意されています。「33」以降の囲み数字は、次の手順で記入します。

1 線記号「◎32 input」を選択し、記入位置を🖱。

➡ 「32」が入力された「文字入力」ダイアログが開く。
ここでEnterキーを押すと、「◎」が作図されます。

2 「文字入力」ダイアログの数字を変更（右図では「33」）して、Enterキーを押す。

➡ 「◎」が作図される。

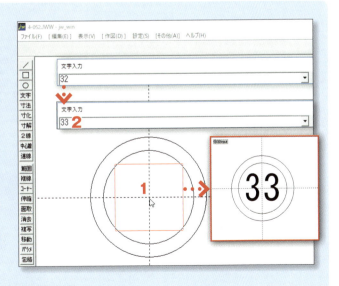

TECHNIC 53 文字・寸法値の大きさを一括で変更する

複数の文字・寸法値の大きさを一括変更する方法として、変更対象の文字種のサイズ設定を変更する方法と、変更対象の文字を選択して、それらの文字種を変更する方法があります。

教材データ：4-053.jww

1 文字種のサイズ設定を変更して寸法値の大きさを一括変更

● 寸法値の文字種 [3] のサイズ設定を変更して、寸法値の文字を大きくしましょう。

記入済みの寸法値の文字種の確認方法 ☞ p.133

1. 「基設」コマンド（メニューバー [設定] －「基本設定」）を選択する。

2. 「jw_win」ダイアログの「文字」タブを🖱。

   ☑ 「文字」タブでは、文字種1～10のサイズ、色No. を設定します。文字種ごとの「使用文字数」欄に、この図面ファイルで使用されている文字要素の数が表示されます。ただし、寸法図形（☞p.166）の寸法値の数はカウントされません。

3. 「文字種3」の「横」「縦」ボックスを「6.5」に変更する。

4. 「既に作図されている文字のサイズも変更する」にチェックを付ける。

5. 「変更基準点」として「中下」を🖱。

6. 「OK」ボタンを🖱。

   ☑ 4のチェックを付けない場合は、以降に記入する文字種3の大きさが、3で指定した大きさになります。既存の文字種3で記入されている文字要素の大きさは変更されずに、その文字種が任意サイズになります。

寸法値を含む、文字種3の文字の大きさが「中下」を基準として、6.5mm角に変更される

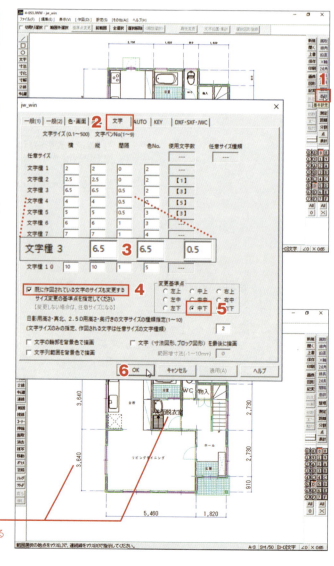

2 文字・寸法値を選択して文字種を一括変更

● 平面図の文字・寸法値の文字種を文字種[5]に変更しましょう。

1 「範囲」コマンドで、大きさ変更する文字要素（右図では図面全体）を囲み、終点を🖱️（文字を含む）。

☑ この段階で、選択した要素の中から、特定の文字種の文字や寸法値だけを選択して、それらの文字種を変更することもできます（☞p.142）。

2 コントロールバー「属性変更」ボタンを🖱️。

3 属性変更のダイアログで、「書込【文字種類】に変更」を🖱️。

4 「書込み文字種変更」ダイアログで変更後の文字種[5]を🖱️で選択する。

☑ 文字種1〜10にないサイズに変更する場合は、「任意サイズ」を選択し、「幅」「高さ」「間隔」と「色No.」を指定して「OK」ボタンを🖱️します。

● 文字サイズ変更のときに、文字の位置が大きくずれないよう、変更時の基準点を「中下」に指定したうえで変更しましょう。

5 属性変更のダイアログの「基点変更」ボタンを🖱️。

6 「文字基点設定」ダイアログで、「中下」を🖱️。

7 「書込【文字種類】に変更」にチェックが付いていることを確認し、「OK」ボタンを🖱️。

➡ 選択した文字・寸法値が、中下を基準として文字種5に変更される。文字種5の「色No.」は「3」に設定されているため、文字・寸法値の表示色も線色3の緑になる。

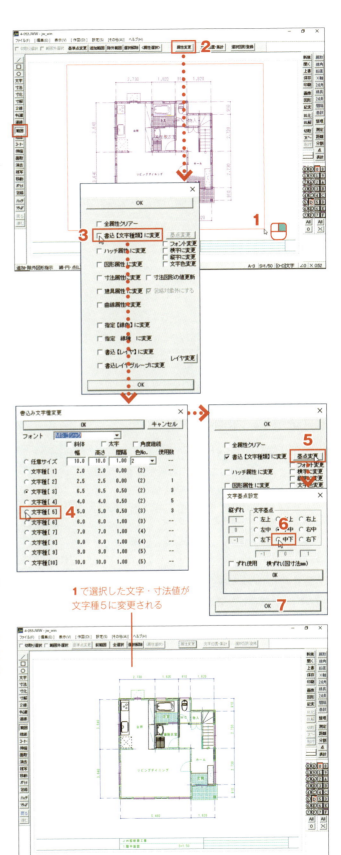

1で選択した文字・寸法値が文字種5に変更される

CHAPTER 4 文字・寸法の神速テクニック

TECHNIC 54 特定の文字種の文字要素を選択する

特定の文字種で記入されている文字要素だけを選択することができます。

教材データ：4-054.jww

1 記入済みの文字と同じ文字種の文字要素を選択

● 文字「台所」と同じ文字種の文字要素を選択しましょう。

1. 「文字」コマンドを選択する。
2. 文字「台所」を🖱↘PM5時 同一文字種選択 。
   PMメニューの表示方法 ☞ p.53

   ☑ 選択する文字種が1種類であれば、「文字」コマンド選択時の🖱↘PM5時 同一文字種選択 で選択できます。

   → 2の文字と同一文字種の文字要素が選択色になる。

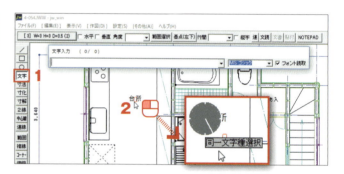

3. 「範囲」コマンドを選択する。

   → 選択が解除され、2で選択された文字要素が元の色に戻る。

2と同一文字種の文字要素が選択色になる

2と異なる文字種の文字要素は選択されない

4. コントロールバー「前範囲」ボタンを🖱。

   ☑ コントロールバー「前範囲」ボタンを🖱することで、1つ前に選択した要素（2で選択した要素）を、再度選択できます。

   → 2で選択された文字要素が再び選択される。

続けて、p.141の2〜7を行うことで、選択した文字要素のみ、大きさを変更することができます。

2 指定した文字種の文字要素を選択

● 複数の文字種の文字要素を選択するには、「属性選択」を利用します。図面全体から文字種3・4・10の文字要素を選択しましょう。

1. 「範囲」コマンドを選択し、コントロールバー「全選択」ボタンを🖱。
   → 選択可能なすべての要素が選択される。

2. コントロールバー「〈属性選択〉」ボタンを🖱。

3. 属性選択のダイアログで「(文字種類指定)」を🖱。
   ☑ 「(文字種類指定)」が有効なのは文字要素だけです。寸法図形の寸法値は対象になりません。

4. 「文字種選択」ダイアログで、選択する「文字種[3]」「文字種[4]」と「文字種[10]」にチェックを付ける。
   ☑ 複数の文字種を指定できます。選択したい文字種が「任意サイズ」の場合、「任意サイズ」にチェックを付け、「全部」(任意サイズの文字すべて)か、選択条件として「幅」または「高さ」を選択して「数値」ボックスにその文字の「幅」または「高さ」を入力します。

5. 「OK」ボタンを🖱。

6. 「文字指定」「(文字種類指定)」と「【指定属性選択】」にチェックが付いていることを確認し、「OK」ボタンを🖱。
   → 1 で選択した要素の中から、4 で指定した文字種の文字要素だけが選択される。

続けて、p.141の2〜7を行うことで、選択した文字要素のみ、大きさを変更することができます。
また、「移動」「複写」「消去」コマンドなどを選択することで、選択した文字要素を移動、複写、消去することもできます。

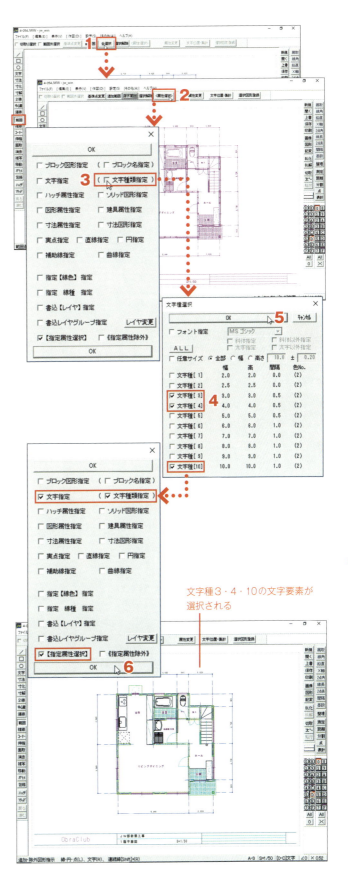

文字種3・4・10の文字要素が選択される

TECHNIC 55 特定の単語を含む文字要素を選択する

「範囲」コマンドの「文字検索」を利用することで、特定の単語を含む文字要素だけを選択できます。

教材データ：4-055.jww

1 特定の単語を含む文字要素を選択

● 単語「室」を含む文字要素を選択しましょう。

1 「範囲」コマンドを選択し、コントロールバー「全選択」ボタンを🖱。

2 コントロールバー「文字位置・集計」ボタンを🖱。

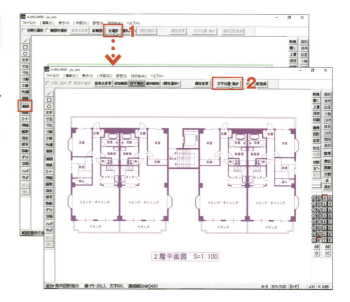

➡ 1 で選択した中から、文字要素だけが選択され、選択色になる。

3 コントロールバー「文字検索」ボタンを🖱。

4 「文字検索」ダイアログの「検索文字入力」ボックスに指定する単語「室」を入力し、「OK」ボタンを🖱。

☑ 半角/全角キーを押すことで、日本語入力の有効⇔無効が切り替えできます。

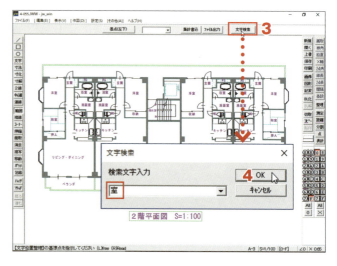

➡ **4**の単語を含む文字要素だけが選択色になる。

4の条件に該当する文字要素の数が表示される

5　「範囲」コマンドを再度選択する。

➡ 選択が解除され、**4**で選択された文字要素は元の色に戻る。

6　コントロールバー「前範囲」ボタンを🖱。

☑ コントロールバー「前範囲」ボタンを🖱することで、1つ前に選択した要素（**4**で選択した要素）を、再度選択できます。

➡ **4**で選択された文字要素が再び選択される。

続けて、p.141の**2**～**7**を行うことで、選択した文字要素（特定の単語を含む要素）の大きさを変更できます。
また、「移動」「複写」「消去」コマンドなどを選択することで、選択した文字要素（特定の単語を含む要素）を移動・複写、消去することもできます。

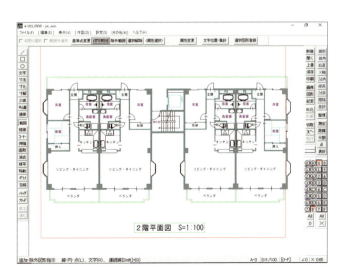

TECHNIC 56 単語を一括で置き換える

Jw_cad自体には単語の置換機能はありませんが、テキストエディタを利用することで、特定の単語を他の単語に一括して置き換えできます。

教材データ：4-056.jww

1 図面内の単語を一括置換

● 部屋名「キッチン」を「台所」に一括置換しましょう。

1 「文字」コマンドを選択し、コントロールバー「基点」を「(中中)」にする。
  - ☑ 現在の基点を基準に文字が書き換えられます。部屋名変更後に文字の位置が大きくずれないよう、ここでは「(中中)」を基点とします。

2 コントロールバー「NOTEPAD」ボタンを🖱。
  - ☑ 基本設定の「一般(1)」タブの「外部エディタ」で指定しているエディタ名がボタンに表示されます。初期設定では「NOTEPAD」(メモ帳)が表示されます。

3 選択範囲枠で図面全体を囲み、終点を🖱。
  - ➡ 範囲枠内の文字要素だけが選択色になる。

4 作図ウィンドウで🖱↑AMO時 選択確定 。
  - ☑ 4の操作の代わりにコントロールバー「選択確定」ボタンを🖱しても同じ結果が得られます。

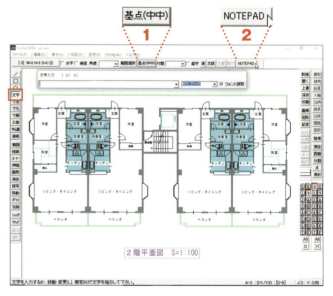

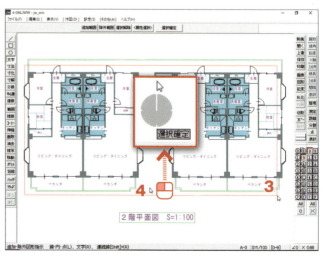

➡ **4**で、選択確定した文字が記入された「NOTEPAD」(メモ帳)が開く。

5 メニューバー[編集]−「置換」を選択する。

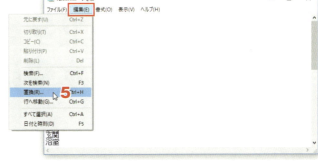

6 「置換」ダイアログで、「検索する文字列」ボックスに置き換え前の文字「キッチン」を入力する。

☑ 半角/全角キーを押すことで、日本語入力の無効⇔有効の切り替えができます。既存の文字が全角で記入されている場合は全角文字で、半角で記入されている場合は半角文字で入力します。全角、半角が異なると別の文字として認識され、置き換えされません。

7 「置換後の文字列」ボックスに、置き換え後の文字「台所」を入力する。

8 「すべて置換」ボタンを🖱。

➡ 「NOTEPAD」上の「キッチン」がすべて「台所」に置き換えられる。

9 「置換」ダイアログ右上の×を🖱して閉じる。

10 メニューバー[ファイル]−「上書き保存」を選択する。

11 メモ帳のタイトルバー右上の×を🖱して閉じる。

➡ メモ帳が閉じ、**1**で設定した基点「(中中)」で、すべての文字「キッチン」が「台所」に変更される。

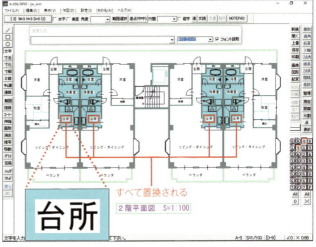

TECHNIC 57 傾いた文字を一括で水平に変更する

図面を90°回転したときに一緒に回転してしまった文字を、一括して水平に変更できます。

教材データ：4-057.jww

1 文字の角度を一括で水平に変更

● 角度-90°で回転移動したことで傾いた平面図の文字を、一括で水平に変更しましょう。

1 「範囲」コマンドで、水平にする文字要素（右図では平面図）を囲み、終点を🖱（文字を含む）。

2 「整理」コマンド（メニューバー［編集］－「データ整理」）を選択する。

☑ このあとの操作は文字のみを操作対象とするため、この段階で文字以外の要素が選択されていても問題ありません。

3 ステータスバーで、現在の軸角が「∠0」であることを確認する。

☑ 次の操作「文字角度整理」は、選択している文字を、一括で現在の軸角の角度に変更します。ここでは、-90°で記入されている文字を水平（0°）にするため、軸角が「∠0」であることを確認します。「∠0」以外になっている場合は、「軸角」ボタンを🖱し、軸角設定を解除（☞p.111）してください。

4 コントロールバー「文字角度整理」ボタンを🖱。

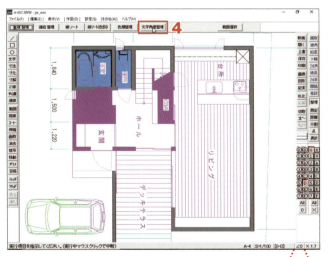

➡ −90°で記入されている複数の文字が、一括して水平(現在の軸角「0°」)に変更される。

☑ 教材データの図面の寸法値は、寸法図形のため、1で寸法部分も含めて範囲選択しても、寸法値は角度変更されません。寸法値が寸法図形でない(文字要素)場合は、その寸法値の角度も軸角の角度に変更されるので注意してください。

COLUMN 縦書き⇔横書きの変更

● 縦書きで記入されている「洗面室」を、横書きに変更しましょう。

1 「文字」コマンドを選択する。
2 縦書きの文字「洗面室」を🖱(変更・移動)。
3 コントロールバー「縦字」のチェックを外す。
4 Enter キーを押して確定する。
   ➡ 現在の基点で、横書きに変更される。

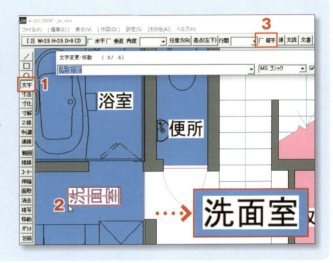

COLUMN 寸法値の向きを調整

● 回転移動で向きが逆になった寸法値は、「移動」コマンドの「反転」(☞p.116)を利用して、正しい向きに調整します。

1 「範囲」コマンドで、寸法値(寸法図形の場合は寸法値とその寸法線)を範囲選択する。
2 「移動」コマンドを選択し、コントロールバー「反転」ボタンを🖱。
3 反転の基準線として、その寸法線を🖱(文字方向補正有)。
   ➡ 寸法値が右図のように反転移動される。

☑ 反転基準線を🖱(文字方向補正有)すると、対象とした文字要素が逆向きに記入されている場合に限り、その方向を補正して反転します。

TECHNIC 58
数値を小数点位置で揃える

「範囲」コマンドの「文字位置・集計」では、複数行の文字要素を、先頭・中央・末尾のいずれかで揃えることができます。文字要素が数値の場合、その小数点位置で揃えることもできます。

教材データ：4-058.jww

1 文字の位置揃えの基本

「範囲」コマンドの「文字位置・集計」では、選択した複数行の文字要素を、先頭・中央・末尾のいずれかを基準に揃えます。
揃える位置に合わせて、文字の基点を指定したうえで、基準点位置（揃える位置）を指示します。

　　先頭揃え－（左上）（左中）（左下）
　　中央揃え－（中上）（中中）（中下）
　　末尾揃え－（右上）（右中）（右下）

コントロールバー「行間」ボックスが空白の場合は、文字要素の上下の位置は変更せずに、左右の位置を、指示した基準点位置に揃えます。

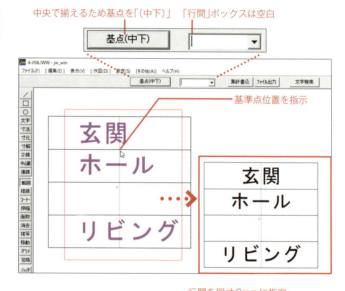

コントロールバー「行間」ボックスに行間を指定（図寸指定）した場合は、指示した基準点位置を1行目の文字要素の基点に合わせ、指定した行間で文字列が整列されます。

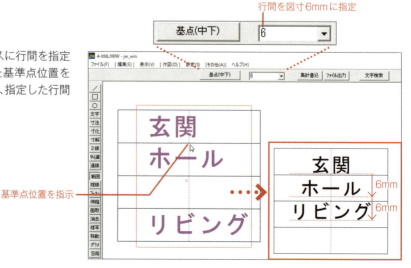

2 数値を小数点位置で揃えて整列

● 文字要素が数値の場合、その小数点位置で揃えることができます。表の数値を小数点位置で揃えましょう。

1 「範囲」コマンドで、整列対象の文字（数値）を選択範囲枠で囲み、終点を🖱（文字を含む）。

  ☑ この段階で、文字以外の要素が選択色になっても問題ありません。

2 コントロールバー「文字位置・集計」ボタンを🖱。

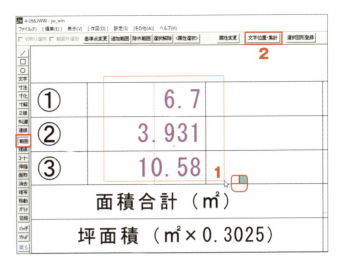

3 コントロールバー「行間」ボックスを空白または「(無指定)」にする。

4 コントロールバー「基点」ボタンを、Shiftキーを押したまま🖱。

  ☑ Shiftキーを押したままコントロールバー「基点」ボタンを🖱することで、「基点 [.]」になり、小数点位置が整列時の文字の基点になります。

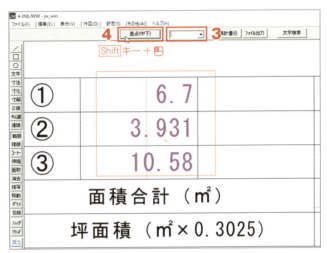

5 文字を整列する基準点位置として、補助線と横の罫線との交点を🖱。

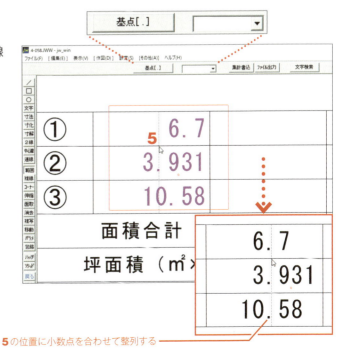

5の位置に小数点を合わせて整列する

TECHNIC 59 縦書き文字の頭を揃える

縦書き文字の頭を揃えるには、軸角を-90°に設定したうえで、文字の整列を行います。

教材データ：4-059.jww

1 軸角設定の基本

● 軸角を30°に設定しましょう。

1 ステータスバーの「軸角」ボタンを🖱。
2 「軸角・目盛・オフセット　設定」ダイアログの「軸角入力」ボックスに「30」を入力する。
3 「Ok」ボタンを🖱。

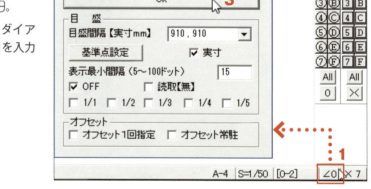

→ ステータスバーの「軸角」欄の表記が、「∠0」から「∠30」に切り替わる。

軸角を30°に設定したため、本来30°の角度が作図上の0°になります。
そのため、「／」コマンドのコントロールバー「水平・垂直」にチェックを付けると、30°（水平）と120°（垂直）の線が作図されます。
また、選択範囲枠や包絡範囲枠も、軸角の角度（30°）で表示されます。

軸角の解除は、「軸角・目盛・オフセット　設定」ダイアログを開き、チェックの付いた「軸角設定」を🖱します（☞次ページ）。

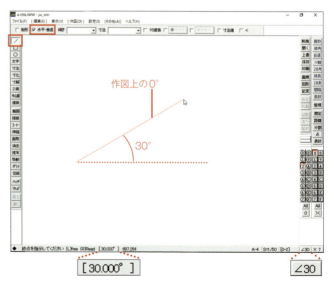

2 縦書き文字の頭を揃えて整列

● 軸角を-90°に設定したうえで、縦書き文字を頭で揃えましょう。

1 ステータスバーの「軸角」ボタンを🖱。

2 「軸角・目盛・オフセット 設定」ダイアログで「軸角入力」ボックスに「-90」を入力し、「Ok」ボタンを🖱。

3 「範囲」コマンドで、整列の対象とする文字要素を囲み、終点を🖱(文字を含む)。

4 コントロールバー「文字位置・集計」ボタンを🖱。

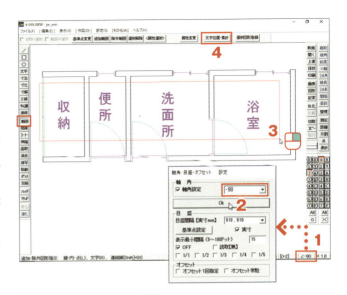

5 コントロールバー「基点」を「(左下)」にする。

   ☑ 縦書き文字は、横書きの文字を-90°回転させた状態と考えます。基点は文字の上側(文頭)が「左」、下側(文末)が「右」になります。ここでは、文字の頭を揃えるため、「左下」を指定しましたが、「左中」や「左上」を指定しても同じ結果が得られます。

6 コントロールバーの「数値入力」ボックスを空白または「(無指定)」にする。

7 文字を整列する基準点位置として、文字「洗面所」の左上(基点(左下)に相当)を🖱。

   ☑ 文字要素の「左下」と「右下」は、🖱で読み取りできます。

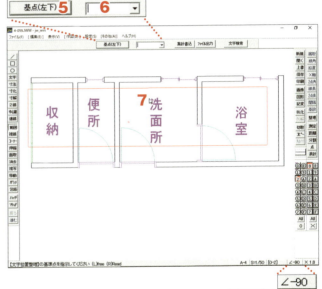

➡ 3で選択した文字の頭が7の位置に揃う。

● 軸角を解除しましょう。

8 ステータスバーの「軸角」ボタンを🖱。

9 「軸角・目盛・オフセット 設定」ダイアログのチェックの付いた「軸角設定」を🖱。

   ➡ ダイアログが閉じ、軸角が解除され、ステータスバーの「軸角」ボタンの表記も「∠0」になる。

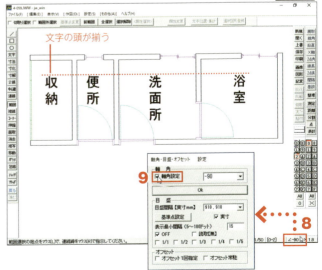

TECHNIC 60 1行の文字数と行間を指定して文章を整列する

「範囲」コマンドの「文字位置・集計」で、1行あたりの文字数と行間を指定して、文章（複数行の文字列）を整列できます。

教材データ：4-060.jww

1 1行あたりの文字数と行間を指定して整列

● ランダムに記入されている複数行の文字列を、1行あたりの文字数を24文字、行間を5mmに指定して整列しましょう。

1　「範囲」コマンドで、整列の対象の文字要素を選択範囲枠で囲み、終点を🖱（文字を含む）。

2　コントロールバー「文字位置・集計」ボタンを🖱。
　→ 1で選択したうちの文字要素のみが選択色になる。

3　コントロールバー「基点」ボタンを🖱。

4　「文字基点設定」ダイアログで、「ずれ使用」にチェックを付ける。

5　文字基点として「左上」を🖱。
　☑「ずれ使用」にチェックを付け、基点を「左上」にすることで、基点（左上）から1mm左（横ずれ「-1」）、1mm上（縦ずれ「1」）が、基準点の指示位置になります。

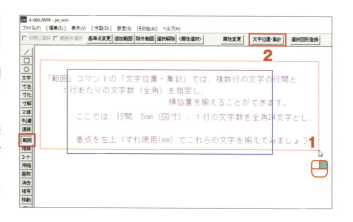

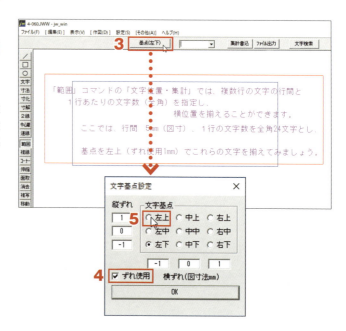

6 コントロールバーの「数値入力」ボックスに「5,24」を入力する。

☑ 「数値入力」ボックスに、「行間（図寸mm単位）」と「1行の文字数（全角換算）」を「,」（カンマ）で区切って入力することで、選択した複数行の文字要素を、指定の行間と1行の文字数で位置を揃えて整列できます。

7 文字を整列する基準点位置として、枠の左上角を🖱。

➡ 指示点から右と下に1mmの位置に1行目の文字の左上を合わせ、選択した文字要素が文頭で揃い、行間5mm・1文字列24文字で整列される。

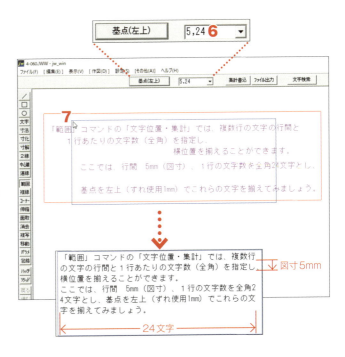

COLUMN 強制改行の指示

7の結果、3行目の文字要素が指定文字数24文字に満たない状態で改行されています。これは、3行目の文字要素「…できます。」の後ろに強制改行を指示する記号「^m」が入力されているためです。

強制的に改行したい個所に「^m」を半角小文字で入力しておくと、文字の整列のとき、その部分で確実に改行されます。

記号の「^m」は、通常、表示・印刷されません。画面上で表示・確認するには、「画面倍率」ボタンを🖱して開く「画面倍率・文字表示設定」ダイアログで、「文字のスペースを表示する」にチェックを付けてください。これにより、文字要素内のスペース（空白）を「⊷」として表示するほか、強制改行指示の記号の「^m」も表示されます。

この設定はJw_cadを終了後も有効です。

TECHNIC 61 複数行の文字を連続して記入する

「文字」コマンドのコントロールバー「行間」ボックスに数値を入力することで、その間隔で複数行の文字を連続して記入できます。

教材データ：4-061.jww

1 複数行の文字を連続記入

● 枠右下角から左に5mm、上に1mm（図寸）の位置に、文字の末尾（右下）を合わせ、各段の数値を連続記入しましょう。はじめに、文字基点を設定します。

1. 「文字」コマンドを選択し、「書込文字種」を文字種［5］にする。
2. コントロールバー「基点」ボタンを🖱。
3. 「文字基点設定」ダイアログの「ずれ使用」にチェックを付ける。
4. 横ずれ右のボックスの数値を「5」にする。
5. 文字基点「右下」を🖱。

● コントロールバー「行間」ボックスに、表1段の高さ（間隔）を取得しましょう。

6. 「間隔」コマンド（メニューバー［設定］－「長さ取得」－「間隔取得」）を選択する。
   - ☑ 「間隔取得」では、🖱した線・円・円弧（基準線）と、次に🖱する線・円・円弧（または🖱する点）の間隔をコントロールバーの「数値入力」ボックスに取得します。
7. 基準線として横の罫線を🖱。
8. 間隔取得の対象として、その上の罫線を🖱。

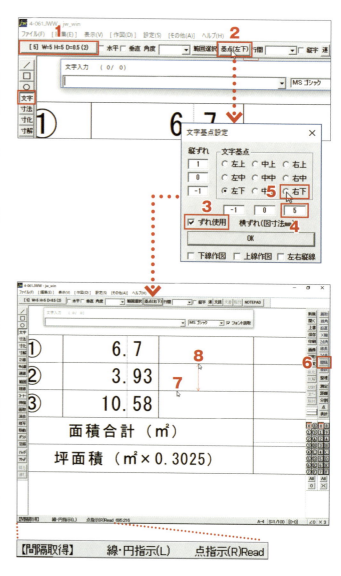

➡ 作図ウィンドウ左上に **7**−**8** の実寸間隔が表示され、コントロールバー「行間」ボックスには **7**−**8** の図寸間隔が取得される。

☑ 「行間」ボックスに数値を入力すると、複数行の文字を連続して記入できます。

9 「文字入力」ダイアログに1段目の文字「10.2」を入力する。

10 文字の記入位置として、1段目の右下角を🖱。

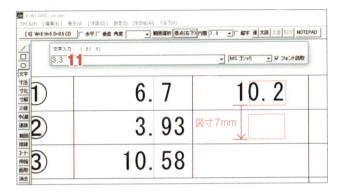

➡ **10** から左に5mm、上に1mmの位置に文字の右下を合わせ、文字「10.2」が記入される。記入位置から下に7mm（図寸）の位置に文字枠が仮表示され、「文字入力」ダイアログには入力待ちのポインタが点滅する。

11 「文字入力」ダイアログに2段目の文字「3.3」を入力し、Enterキーを押す。

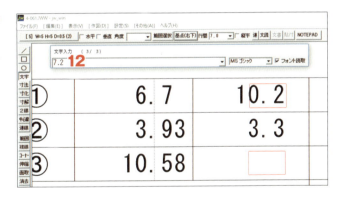

➡ 2段目の文字が記入され、記入位置から下に7mm（図寸）の位置に3段目の文字枠が仮表示される。

12 「文字入力」ダイアログに3段目の文字「7.2」を入力し、Enterキーを押す。

➡ 3段目の文字が記入され、記入位置から下に7mm（図寸）の位置に4段目の文字枠が仮表示される。

13 「文字」コマンドを🖱し、連続記入を終了する。

TECHNIC 62 記入済みの文字列と同じ文字種、行間で行を追加する

「属性取得して同じレイヤと書込文字種にし、既存の行間を測定して…」という手間をかけずとも、簡単に同じ文字種、行間で行を追加記入する方法があります。

教材データ：4-062.jww

1 複数行の文字に1行追加

● 記入済みの複数行の文字に、同じ文字種、行間で、もう1行追加記入しましょう。

1 「文字」コマンドを選択し、コントロールバー「基点」を「(左下)」にする。
　☑ 追加対象の複数行の文字が頭揃えのため、基点を「(左下)」「(左中)」「(左上)」のいずれかに設定します。

2 「NOTEPAD」ボタンを🖱。

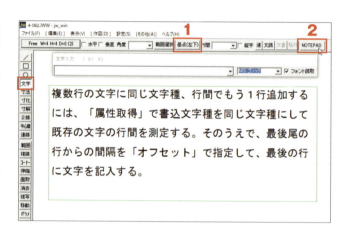

3 選択範囲枠で複数行の文字要素を囲み、終点を🖱。
　☑ 「NOTEPAD」での選択範囲枠の終点指示は、🖱、🖱のいずれでも文字要素が選択されます。

4 作図ウィンドウで🖱↑AMO時 選択確定 。
　☑ 4の操作の代わりにコントロールバー「選択確定」ボタンを🖱しても、同じ結果が得られます。また、1～4の操作の代わりに「範囲」コマンドで複数行の文字要素を選択したあと、「文字」コマンドを選択してコントロールバー「NOTEPAD」ボタンを🖱しても、同じ結果が得られます。

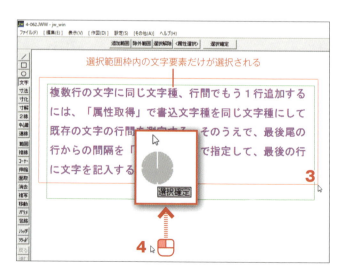

➡ 選択した文字要素が、1行目から順に記入された「メモ帳」が開く。

5 文字を追加する行（ここでは最後尾の行）を🖱し、入力ポインタを移動する。
　☑ ここでは、最後尾に1行追加しますが、途中の行を🖱して、行の間に追加することもできます。

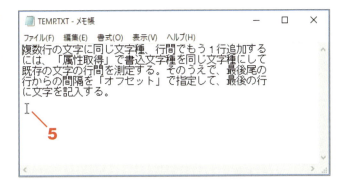

6 半角／全角キーを押し、日本語入力を有効にする。
　☑ 半角／全角キーを押すことで、日本語入力の有効⇔無効の切り替えができます。

7 追加する文字（右図では「なんてことはしなくとも「NOTEPAD」なら簡単！」）を入力する。

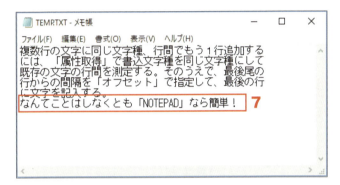

8 メニューバー［ファイル］−「上書き保存」を🖱。

9 タイトルバー右の×を🖱し、「メモ帳」を終了する。

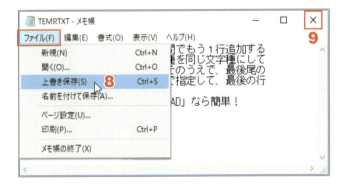

➡ 7で追加した文字が、記入済みの文字要素と同じ文字種、同じ行間で、最後尾の行に追加される。

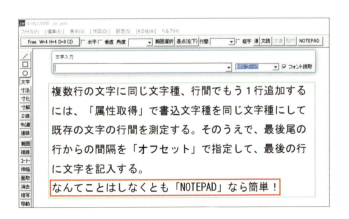

TECHNIC 63
「表計算」コマンドで一括計算して結果を記入する

Jw_cadには簡単な表計算機能があります。例えば、「表計算」コマンドの「A群×B群」で、指定した「A群」の数値と「B群」の数値どうしの掛け算を行い、その計算結果を指定位置に記入できます。

教材データ：4-063.jww

1 A群×B群の計算結果を記入

● 表の2列目の数値と3列目の数値を行ごとに掛け算して、その計算結果を4列目に記入しましょう。はじめに、計算結果の文字種や記入方法を指定しましょう。

1 「表計」コマンド（メニューバー[その他]－「表計算」）を選択する。

2 コントロールバー「小数桁」ボタンを何度か押し、「小数桁2」にする。

3 コントロールバー「書込設定」ボタンを押す。

4 コントロールバー「文字種」ボタンを何度か押し、記入済みの数値と同じ文字種の「文字5」にする。
　　記入済みの文字の文字種の確認 ☞ p.133

5 「四捨五入」ボタンを押して「切り捨て」にする。

6 「OK」ボタンを押す。

7 コントロールバー「A群×B群」ボタンを押す。

8 A群として2列目の数値を範囲選択するため、その始点を押す。

9 表示される選択範囲枠で2列目の3つの数字を囲み、終点を押す（選択確定）。

☑ 9では、選択範囲枠の終点を押し、コントロールバー「選択確定」ボタンを押す操作を1度の操作で行います。追加、除外する文字要素がある場合は、9で終点を押し、追加・除外要素を押で指示したあと、コントロールバー「選択確定」ボタンを押してください。

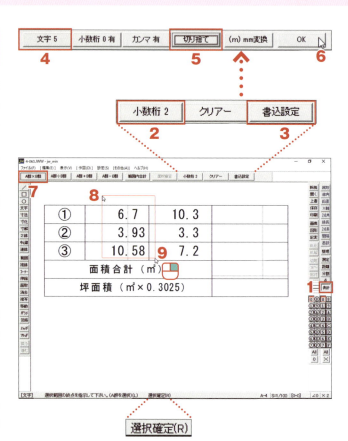

→ 選択範囲枠内の数値が選択色になり、A群として選択確定される。

10 B群として3列目の数値を範囲選択するための始点を🖱。

11 表示される選択範囲枠で3列目の3つの数字を囲み、終点を🖱(選択確定)。

→ 選択範囲枠内の数字が選択色になり、B群として選択確定される。

12 計算結果の小数点位置として、右図の4列目の補助線と横の罫線との交点を🖱。

→ 🖱位置に小数点位置を合わせ、各行の計算結果が **2〜6**で設定したように記入される。

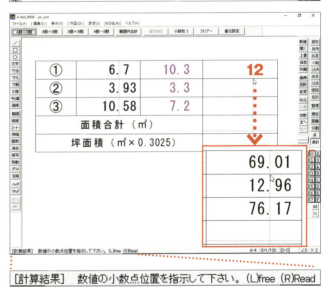

COLUMN　A群とB群の四則演算

7で、コントロールバーのボタン選択により、ほぼ同じ手順で「A群÷B群」「A群＋B群」「A群－B群」などの四則演算が行えます。
また、右図のようにA群とB群で選択した数字の個数が異なる場合、多いほうの残りの数字は、少ないほうの最後の数値と計算されます。

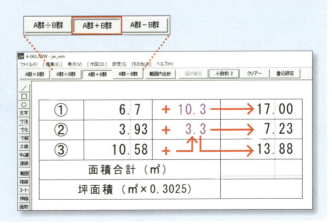

TECHNIC 64 範囲選択した数字の合計を記入する

「表計算」コマンドの「範囲内合計」では、指定した範囲内の数字を合計し、その計算結果を記入します。

教材データ：4-064.jww

1 範囲選択した数字の合計を記入

● 4列目の数字の合計を、その下の「面積合計」の行に記入しましょう。

1. 「表計」コマンド（メニューバー［その他］－「表計算」）を選択する。
2. コントロールバー「範囲内合計」ボタンを🖱。
3. 計算対象として4列目の3つの数字を選択範囲枠で囲み、終点を🖱（選択確定）。
   - ☑ 3では、選択範囲枠の終点を🖱し、コントロールバー「選択確定」ボタンを🖱する操作を1度の操作で行います。

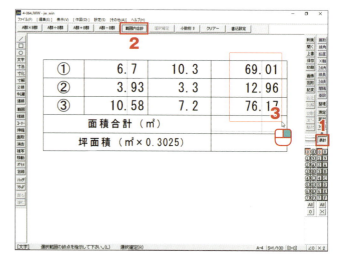

4. コントロールバー「小数桁」ボタンを🖱し、「小数桁2」にする。
5. コントロールバー「書込設定」ボタンを🖱。
6. 書込文字種を「文字5」、計算方法を「切り捨て」に設定し、「OK」ボタンを🖱。
7. 計算結果の小数点位置として、右図の補助線交点を🖱。
   - ➡ 🖱位置に小数点位置を合わせ、合計が記入される。3で選択した文字要素は選択色のままである。
   - ☑ 続けて、記入位置を指示することで、計算結果を他の位置にも記入できます。他の計算を行うには、コントロールバー「クリアー」ボタンを🖱します。

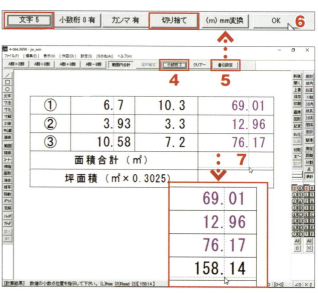

COLUMN 単位付きの数字の場合

「表計算」コマンドでは、基本的に、数字のみの文字要素を対象とします。寸法図形の寸法値や、「60㎡」「60坪」のように数字以外の文字を含む文字要素は対象になりません。ただし、単位「m」と「mm」は例外で、「50m」「50mm」と記入された文字は表計算対象になります。

● mとmmが混在する場合

コントロールバー「書込設定」ボタンを🖱し、「(m) mm変換」(🖱することで「(m) 無変換」と切り替わる)としたうえで、表計算操作を行ってください。
m単位の数値をmmに換算して計算します。

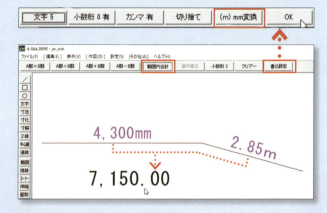

● ㎡や坪などの単位が付く場合

数値にm、mm以外の単位などが付いていると、表計算の対象になりません。
ただし、「測定」コマンドの「面積測定」で測定結果を記入した「○○㎡」に限り、表計算の対象になります。
これは測定結果の「㎡」が、Jw_cadの特殊文字「m^u2」により記入されているためです。

● 他の単位や文字が付いた数字を表計算の対象にするには、その文字要素が数字だけになるよう、以下の手順で数字と単位の間を切断したうえで、表計算を行ってください。

1 「文字」コマンドのコントロールバー「連」ボタンを🖱。
2 文字要素の切断する位置を🖱(切断)。
  → 🖱位置で文字が切断され、数字と単位に分かれる。

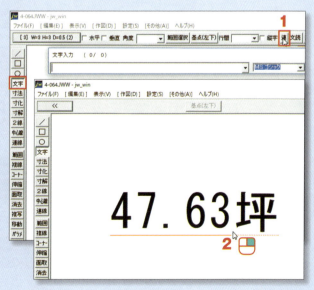

TECHNIC 65 計算式を入力して、その計算結果を記入する

「文字」コマンドの「文字入力」ダイアログに計算式を入力し、その計算結果を文字要素として記入できます。

教材データ：4-065.jww

1 計算式を入力してその計算結果を記入

● 「文字入力」ダイアログに計算式を入力し、その計算結果を記入しましょう。

1. 「文字」コマンドを選択し、「文字入力」ダイアログに「(930＋25×3)÷2」を入力する。

2. Ctrlキーを押したまま記入位置を🖱。

   ☑ Ctrlキーを押したまま記入位置を🖱（または🖱）することで、「文字入力」ダイアログに入力した計算結果を記入します。「×」は「かける」と入力して変換、「÷」は「わる」と入力して変換してください。「×」の代わりに「*」、「÷」の代わりに「/」を入力しても計算されます。計算式を全角文字で入力すると答えは全角文字で、半角文字で入力すると答えは半角文字で記入されます。

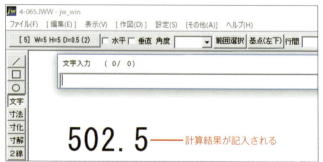

計算結果が記入される

計算記号	入力方法
＋	＋
－	－
×	×または＊
÷	÷または／
√	√

計算記号	入力方法
べき乗	^数値　例：3^2は「3^2」と入力
arctan	//数値
cos	C 角度(度)
sin	S 角度(度)
π(3.141593)	π

2 入力した計算式と計算結果を記入

● **1**と同じ計算式を入力し、計算式とその計算結果を記入しましょう。

1. 「文字入力」ダイアログに「(930+25×3)÷2=」を入力する。
2. Ctrlキーを押したまま記入位置を🖱。

   ☑ 計算式に続けて「＝」を入力したうえで、Ctrlキーを押したまま記入位置を🖱(または🖱)することで、その計算式と計算結果が記入されます。「＝」が全角文字の場合は計算結果も全角文字で、半角文字の場合は計算結果も半角文字で記入されます。

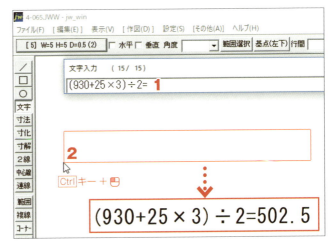

3 面積を坪に換算して記入

● 文字入力時の計算機能を利用して、既存の㎡単位の面積を坪単位に換算して記入しましょう。

1. 「文字」コマンドを選択し、書込文字種5、基点(「右下」「ずれ使用」にチェックを入れる)を設定する。
2. 面積合計の数字「158.14」を🖱↑ AM0時 文字貼付。

   ➡「文字入力」ダイアログの入力ポインタ位置に**2**の文字が貼り付けられる。

3. 「文字入力」ダイアログの「158.14」の後ろを🖱し、「＊0.3025」を入力する。
4. 記入位置として、Ctrlキーを押したまま枠の右下角を🖱。

   ➡ **4**の角から左に3mm、上に1mmの位置に右下を合わせ、「158.14×0.3025」の計算結果が記入される。

   ☑ 計算結果の小数点以下の桁数を指定することはできません。計算結果を記入後、文字を🖱(文字変更)し、小数点以下の不要な数値を消去してください。

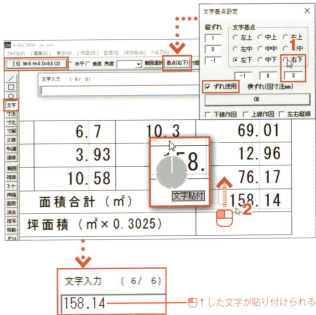

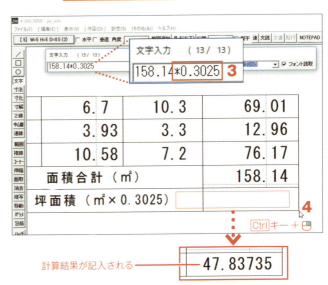

TECHNIC 66 寸法図形の特性を理解する

寸法線とその寸法値を1セットとして扱う「寸法図形」の特性を理解しましょう。

教材データ：4-066.jww

1 寸法図形とは

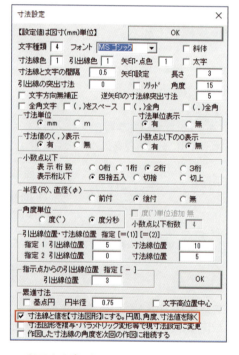

右図の「寸法設定」ダイアログの「寸法線と値を【寸法図形】にする」にチェックを付けた設定で記入した寸法は、寸法線（線要素）と寸法値（文字要素）が1セットとなった「寸法図形」になります（下図左）。ただし、角度寸法、円周寸法は、寸法図形にはなりません。

この設定をせずに作図した寸法の寸法線と寸法値は、個別の線要素と文字要素です。

また、SXFファイルの直線寸法の寸法線、引出線、端部の点（または矢印）も1セットの寸法図形になります。これを本書では「SXFタイプの寸法図形」と呼びます（下図右）。

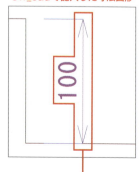

Jw_cadで記入した寸法図形

寸法線とその寸法値（図の選択色部分）が1セット 端部矢印（実点）、寸法補助線は含まない

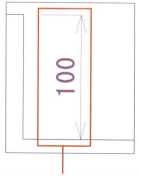

SXFタイプの寸法図形

寸法線と寸法値に加え、端部矢印（実点）、寸法補助線（図の選択色部分）が1セット

2 寸法図形の特性

● 寸法線と寸法値は1セット

寸法線と寸法値は1セットです。そのため、どちらか一方だけを消去することはできません。

1 「消去」コマンドで、寸法図形の寸法線を🖱。

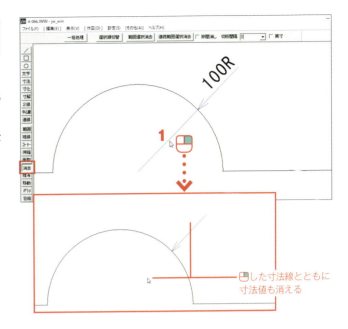

🖱した寸法線とともに寸法値も消える

● 寸法値は常に寸法線の実寸法を表示

寸法図形の寸法値は常にその寸法線の実寸法を表示します。そのため、寸法線を伸縮すると、それに伴い寸法値も変更されます。

1 「伸縮」コマンドで、「150」の寸法線を🖱。
2 伸縮点として左上角を🖱。

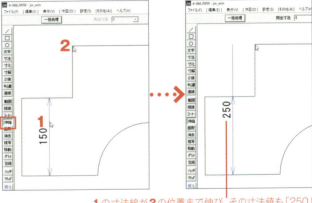

1の寸法線が**2**の位置まで伸び、その寸法値も「250」に自動変更され、伸びた寸法線の中央に移動される

● 線要素、文字要素と同じ扱いはできない

寸法図形の寸法値は文字要素として扱えないため、「文字」コマンドでの移動や数値の変更はできません（右図左）。寸法値の移動や変更は「寸法」コマンドの「寸法値」で行います（☞ p.170）。
寸法図形の寸法線は線要素として扱えないため、「コーナー」コマンドでの編集や線色・線種の変更はできません（右図右）。
また、寸法線の線色や寸法値の文字色を変更するには、寸法図形を解除する必要があります（☞ p.174）。

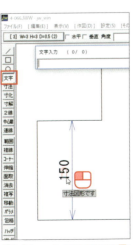

「文字」コマンドで寸法値を🖱しても編集対象にならない

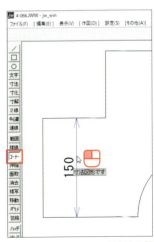

「コーナー」コマンドで寸法線を🖱しても編集対象にならない

● 寸法単位などの一括変更が可能

記入済みの寸法単位や小数点以下桁数、「,」（桁区切り）などの有無の表示形式を一括変更できます（☞ p.168）。

TECHNIC 67 寸法値の単位や表示形式を一括で変更する

寸法図形の寸法値であれば、「属性変更」の「寸法値の値更新」で、単位や表示形式を一括変更できます。

教材データ：4-067.jww

1 「寸法値の値更新」で変更できる設定項目

「範囲」コマンドの「属性変更」の「寸法値の値更新」を利用することで、記入されている寸法図形の寸法値の単位や全角／半角などの表示形式を、「寸法設定」ダイアログの設定に一括で変更できます。
一括変更できるのは、「寸法設定」ダイアログの設定項目のうち、右図の枠囲み内の指定です。

- 寸法値を全角（チェックなしでは半角）
- 桁区切りの「,」の代わりに半角スペースを記入
- 桁区切りの「,」を全角文字で記入
- 小数点の「.」を全角文字で記入
- 寸法単位の有無

- 寸法単位：mm／m
- 桁区切りの有無：有（例：1,000）／無（例：1000）
- 小数点以下の表示桁数とその処理
- 半径Rと直径φの表示：前付（例：R50）／後付（例：50R）／無（例：50）
- 小数点以下の0の有無：有（例：2.10）／無（例：2.1）

2 寸法値をmm単位からm単位に一括変更

● mm単位で記入されている寸法値を、m単位に一括変更しましょう。

1 「寸法」コマンドのコントロールバー「設定」（メニューバー［設定］－「寸法設定」）を選択する。

2 「寸法設定」ダイアログで、「寸法単位」を「m」、「寸法単位表示」を「有」、「小数点以下」の「表示桁数」を「2桁」、「表示桁以下」を「四捨五入」に指定する。

3 「寸法図形を複写・パラメトリック変形等で現寸法設定に変更」にチェックを付ける。

4 「OK」ボタンを🖱。

5 「範囲」コマンドで、変更対象とする寸法図形（ここでは図面全体）を選択範囲枠で囲み、終点を🖱。

6 コントロールバー「属性変更」ボタンを🖱。

7 「寸法図形の値更新」にチェックを付け、「OK」ボタンを🖱。

➡ 5で選択した要素のうちの寸法図形の寸法値が、現在の「寸法設定」ダイアログでの設定内容（m単位、単位表示あり、小数点以下2桁で、3桁目を四捨五入）に書き換えられる。

☑ ここで解説した手順で変更できる寸法値は、寸法図形の寸法値に限ります。変更対象の寸法値が寸法図形でない場合は、寸法図形にしてください（👉p.172）。

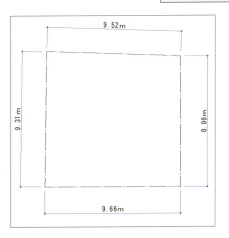

TECHNIC 68 寸法値を移動・変更する

寸法図形の寸法値はもちろん、寸法図形でない寸法値も、「寸法」コマンドの「寸法値」で移動・変更できます。

教材データ：4-068.jww

1 寸法値の移動

● 寸法値「25」を、寸法線の延長上（外側）に移動しましょう。

1 「寸法」コマンドを選択する。

2 移動対象の寸法値「25」（またはその寸法線）を🖱↗AM1時 寸法値 移動 。

☑ **2** は「寸法」コマンド特有のクロックメニューです。コントロールバー「寸法値」ボタンを🖱し、寸法値「25」を🖱する操作を1度の操作で行います。

3 コントロールバー「基点」ボタンを🖱。

4 「文字基点設定」ダイアログの「文字横方向」にチェックを付け、「OK」ボタンを🖱。

☑ 寸法値の移動方向を固定します。横方向、縦方向は、画面に対する横と縦ではなく、寸法値に対しての横と縦です。**2**の操作の代わりに、「寸法値」ボタンを🖱して寸法値を🖱した場合は、コントロールバー「任意方向」ボタンを🖱して「－横－方向」に切り替えてください。

➡ 寸法値の外形枠の移動方向が寸法値に対する横方向に固定される。

5 移動先として寸法線の外側で🖱。

6 コントロールバー「リセット」ボタンを🖱。

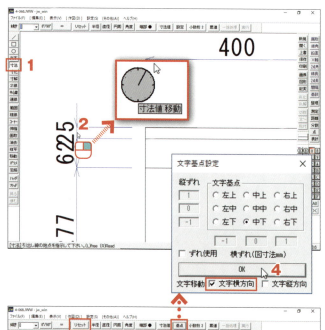

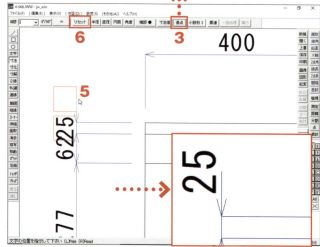

2 寸法値の変更

● 机の幅の寸法値「1,000」を「750～1,500」に書き換えましょう。

1. 「寸法」コマンドを選択した状態で、変更対象の寸法値「1,000」（またはその寸法線）を🖱↗AM2時 寸法値【変更】。

   ☑ **1** は「寸法」コマンド特有のクロックメニューです。コントロールバー「寸法値」ボタンを🖱し、寸法値「1,000」を🖱🖱する操作を1度の操作で行います。

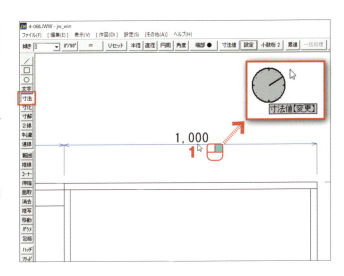

2. 「寸法図形を解除する」にチェックを付ける。

   ☑ 寸法図形の寸法値を変更する場合、必ず「寸法図形を解除する」にチェックを付けます。チェックを付けずに変更した寸法値は、移動時などに寸法線の実寸法の寸法値に書き換えられるためです。また、「寸法設定内容に変更」にチェックを付けた場合、変更後の寸法値は現在の「寸法設定」ダイアログの設定内容（文字種、寸法線の線色、カンマの有無など）が適用されます。

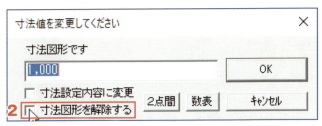

3. 「数値入力」ボックスの「1,000」を「750～1,500」に変更する。

   ☑ 半角／全角キーを押すことで、日本語入力の有効⇔無効を切り替えできます。

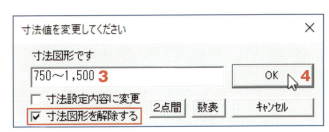

4. 「OK」ボタンを🖱。

   ➡ 作図ウィンドウ左上に 750～1,500 寸法図形解除 と表示され、寸法値「1,000」が「750～1,500」に変更される。変更後の寸法値「750～1,500」と寸法線の寸法図形は解除され、文字要素と線要素に分解される。

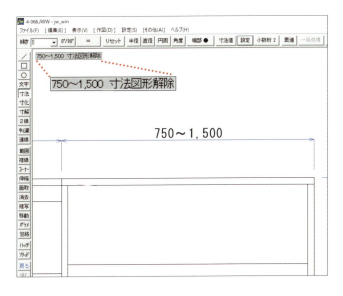

TECHNIC 69 記入済みの寸法を寸法図形にする

「寸法図形化」コマンドで、記入済みの寸法値（文字要素）と寸法線（線要素）を1セットの寸法図形にできます。

教材データ：4-069.jww

1 図面内の寸法図形の有無を確認

● 開いた教材図面内に寸法図形があるかを確認しましょう。

1 「基設」コマンド（メニューバー[設定]－「基本設定」）を選択する。

2 「jw_win」ダイアログで、「一般(1)」タブの最下行の「寸法」ボックスの数値を確認する。

☑ 最下行は、図面内の各要素の数を表示します。「寸法」ボックスは寸法図形の数を示します。「0」の場合、この図面に寸法図形はありません。

2 一括して寸法図形化

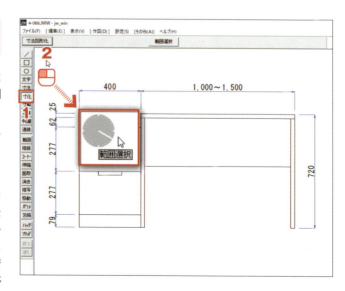

● 図面上のすべての寸法の寸法値（文字要素）と寸法線（線要素）を、一括で1セットの寸法図形にしましょう。

1 「寸化」コマンド（メニューバー[その他]－「寸法図形化」）を選択する。

2 図の左上から🖱↘AM4時 範囲選択 。

☑ 2では、コントロールバー「範囲選択」ボタンを🖱し、範囲選択の始点を🖱する操作を1度の操作で行います。コントロールバーに範囲選択指示のボタンがある状態では、🖱↘AM4時 範囲選択 は、「範囲」コマンドではなく、選択コマンドの範囲選択指示に移行します。

3 選択範囲枠で寸法図形化の対象となる図を囲み、終点を🖱（文字を含む）。

- ☑ 図面内のすべての寸法を寸法図形化する場合は、**2**の操作の代わりにコントロールバー「範囲選択」ボタンを🖱し、「全選択」ボタンを🖱して図面全体を選択しても結構です。この段階で寸法線と寸法値以外の要素が選択されていても問題ありません。

4 作図ウィンドウで🖱↑AM0時 選択確定 。

- ☑ **4**の操作の代わりにコントロールバー「選択確定」ボタンを🖱しても同じ結果が得られます。

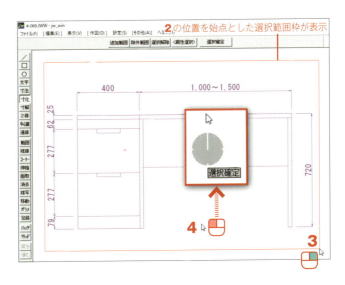

→ 作図ウィンドウ左上に 寸法図形化 [6] と、寸法図形化された数が表示され、寸法図形化された要素が選択色で表示される。

- ☑ この方法では、寸法線と寸法値の位置が一定距離以上離れている場合や、寸法線の長さと寸法値の値が異なる場合には、寸法図形化されません。寸法図形化されない要素は、次項の手順で個別に寸法図形化します。

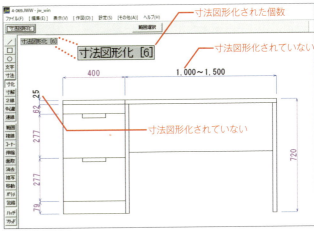

3 個別に寸法図形化

● 机の幅の寸法値「1,000～1,500」とその寸法線を寸法図形化しましょう。

1 「寸化」コマンドで、寸法図形化する対象の寸法線を🖱。

→ 🖱した寸法線が選択色になり、ステータスバーには寸法値指示を促すメッセージが表示される。

2 寸法値「1,000～1,500」を🖱。

→ 寸法値が**1**の線の実寸法と異なる場合、右図のメッセージウィンドウが開く。

3 「はい」ボタンを🖱。

→ 作図ウィンドウ左上に 寸法図形化 と表示される。指示した寸法線と寸法値が寸法図形化され、寸法値は寸法線の実寸法である「1,000」に変更される。

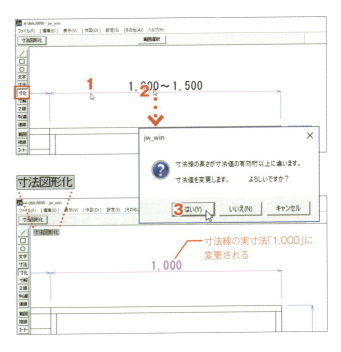

TECHNIC 70　寸法図形を解除する

寸法図形の寸法線の線色や寸法値の文字色は、そのままでは変更できません。変更するには、寸法図形を解除して、線要素（寸法線）と文字要素（寸法値）に分解する必要があります。

教材データ：4-070.jww ／ 4-070A.jwf

1　寸法図形を判別できるように表示する設定

● 環境設定ファイル「4-070A.jwf」を読み込み、寸法図形の寸法値と寸法図形でない寸法値（文字要素）が一目でわかるようにしましょう。

1　メニューバー［設定］－「環境設定ファイル」－「読込み」を選択する。

2　「開く」ダイアログのフォルダツリーで「jww_tech」フォルダーを選択する。

3　「4-070A.jwf」を🖱で選択する。

4　「開く」ボタンを🖱。

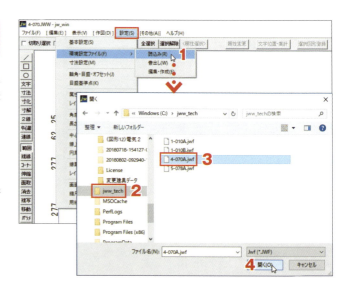

☑ 寸法図形の寸法値と文字要素の寸法値を区別するための環境設定ファイル「4-070A.jwf」を読み込むと、寸法図形の寸法値の表示色が補助線色になります。印刷は、元の線色での指定色で印刷されます。寸法図形の寸法値を補助線色で表示するこの設定は、Jw_cadを終了するまで有効です。

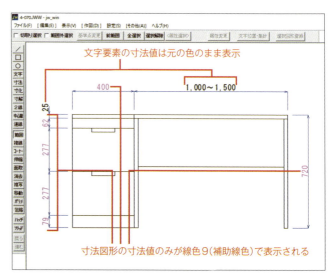

2 個別に寸法図形を解除

● 寸法値「400」の寸法図形を解除しましょう。

1 「寸解」コマンド(メニューバー[その他]-「寸法図形解除」)を選択する。

2 解除対象の寸法線(または寸法値)を🖱。

　➡ 作図ウィンドウ左上に 寸法図形解除 と表示され、寸法図形が解除され、線要素(寸法線)と文字要素(寸法値)に分解される。

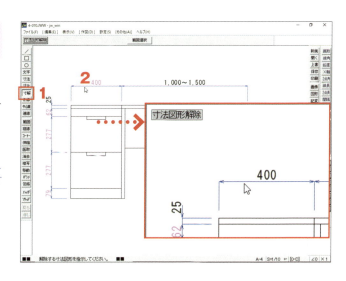

3 一括で寸法図形を解除

● 範囲選択した寸法図形すべてを、一括で解除しましょう。

1 「寸解」コマンドで、図の左上から🖱↘AM4時 範囲選択 。

　☑ 1では、コントロールバー「範囲選択」ボタンを🖱し、範囲選択の始点を🖱する操作を1度の操作で行います。コントロールバーに範囲選択指示のボタンがある状態では、🖱↘AM4時 範囲選択 は、「範囲」コマンドではなく、選択コマンドの範囲選択指示に移行します。

2 選択範囲枠で解除対象の寸法図形を囲み、終点を🖱。

　☑ この段階で寸法線と寸法値以外の要素が選択されていても問題ありません。図面内のすべての寸法図形を解除する場合は、1の操作の代わりにコントロールバー「範囲選択」ボタンを🖱し、「全選択」ボタンを🖱して図面全体を選択します。

3 作図ウィンドウで🖱↑AM0時 選択確定 。

　☑ 3の操作の代わりにコントロールバー「選択確定」ボタンを🖱しても同じ結果が得られます。

　➡ 選択した寸法図形が解除され、作図ウィンドウ左上に、寸法図形解除 に続けて解除した寸法図形の数が表示される。

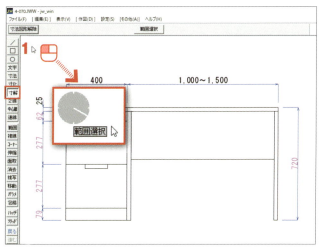

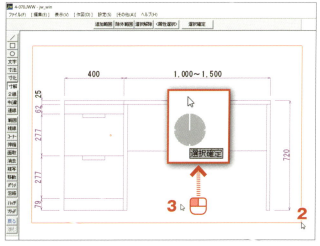

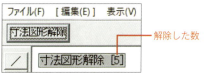

解除した数

TECHNIC 71 寸法を一括で記入する・寸法補助線（引出線）なしの寸法を記入する

「寸法」コマンドの一括処理では、複数の線間の寸法を一括で記入できます。また、「／」コマンドで寸法補助線（引出線）なしの寸法を記入できます。

教材データ：4-071.jww

1 寸法を一括記入

● 壁芯間の寸法を一括で記入しましょう。

1 「寸法」コマンドを選択し、コントロールバー引出線タイプボタンを「－」にする。

2 寸法線の記入位置として、右図の壁芯端点を🖱。

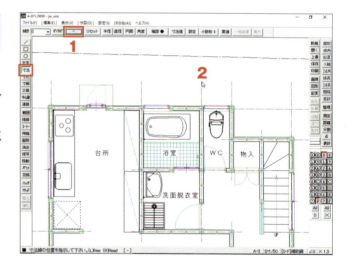

3 コントロールバー「一括処理」ボタンを🖱。

☑ 「一括処理」では始線と終線を指示することで、寸法記入の対象線を指定します。始線を指示した位置からマウスポインタまで赤い点線が表示され、終線指示時に赤い点線と交差する線が寸法一括処理の対象になります。

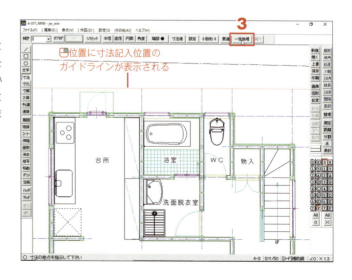

🖱位置に寸法記入位置のガイドラインが表示される

4　一括処理の始線として左端の壁芯を🖱。

5　一括処理の終線として右端の壁芯を🖱(同一線種選)。

- ☑ 終線を🖱(同一線種選)することで、赤い点線に交差する線のうち、終線として🖱した線と同一属性(線色・線種・レイヤ)の線のみを一括処理の対象とします。他の線は、赤い点線に交差しても選択されません。

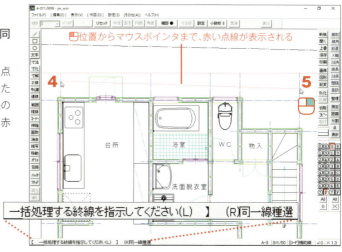

➡ 赤い点線に交差した壁芯(線色6・一点鎖2・レイヤ0)だけが選択色になる。

- ☑ この段階で線を🖱することで、対象に追加または対象から除外できます。

6　コントロールバー「実行」ボタンを🖱。

- ☑ 6の操作の代わりに作図ウィンドウで🖱↑AMO時 処理実行 しても、同じ結果が得られます。

➡ 壁芯間の寸法が一括記入される。

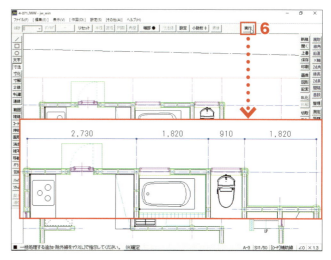

2　寸法補助線なしの寸法を記入

● 線色2・実線で両端点に矢印の付いた、寸法補助線(引出線)のない寸法(道路幅員)を記入しましょう。

1　「／」コマンドを選択し、コントロールバー「寸法値」と「＜－－－」にチェックを付ける。

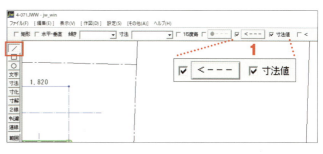

2　「＜－－－」ボタンを2回🖱し、「＜－－＞」(両端点に矢印)にする。

- ☑ コントロールバー「寸法値」にチェックを付けることで寸法値付きの線を作図できます。「＜－－－」(始点に矢印)にチェックを付け、「＜－－－」ボタンを🖱すると、「－－＞」(終点に矢印)⇒「＜－－＞」(両点に矢印)に切り替わり、両端部に矢印の付いた線を作図できます。

3 始点として、道路境界線を🖱↑AM0時 鉛直・円周点 。

- ☑ 「／」コマンドでは、始点指示時に線を🖱↑AM0時 鉛直・円周点 （コントロールバー「水平・垂直」にチェックがある場合は🖱↑AM0時 鉛直・円1/4点 ）することで、🖱↑した線上を始点として、その線に垂直な線を作図します。

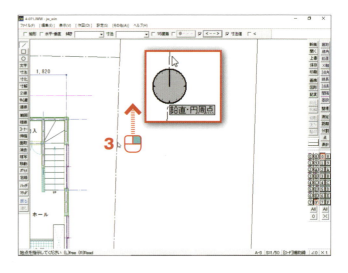

4 終点として、道路線を🖱←AM9時 線上点・交点 。

- ☑ 点指示時に線を🖱←AM9時 線上点・交点 し、次に線上の位置をクリックすることで、線上の任意の位置を指示できます（☞p.64）。

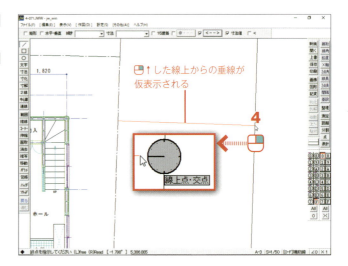

5 線上点として、道路幅員を作図する位置を🖱。

- ☑ 寸法値は、始点⇒終点に対して左側に記入されます。作図される矢印の大きさ・角度・寸法値の文字種や、寸法図形になるか否かは、「寸法設定」ダイアログでの設定どおりとなります。

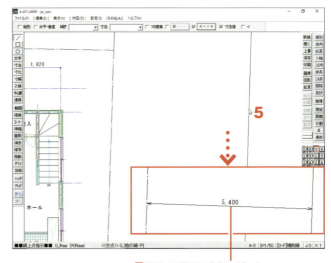

🖱位置に両端点に矢印の付いた寸法値付きの線が作図される

CHAPTER **5**

レイヤの神速テクニック

TECHNIC	72	レイヤバーとレイヤ一覧の基本を理解する
TECHNIC	73	レイヤの状態を変更する
TECHNIC	74	作図済みの要素と同じレイヤを書込レイヤにする
TECHNIC	75	指定の要素が作図されているレイヤを非表示にする
TECHNIC	76	レイヤの要素を編集できなくする指定のプロテクトレイヤを理解する
TECHNIC	77	「レイヤー覧」ウィンドウでレイヤ名を設定・変更する
TECHNIC	78	環境設定ファイルでレイヤごとの書込線色・線種などの設定を行う
TECHNIC	79	環境設定ファイルを編集する
TECHNIC	80	作図済みの図面要素のレイヤを変更する
TECHNIC	81	特定の線色・線種の要素のみをレイヤ変更する
TECHNIC	82	ハッチング要素のみをレイヤ変更する
TECHNIC	83	レイヤ整理ファイルでレイヤを一括して変更する
TECHNIC	84	レイヤ整理ファイルを編集する

TECHNIC 72 レイヤバーとレイヤ一覧の基本を理解する

レイヤバーで各レイヤの表示状態の確認やコントロールを行います。開いた図面がどのようなレイヤ分けで作図されているかは、「レイヤ一覧」ウィンドウで確認できます。

教材データ：5-072.jww

1 レイヤとは

基準線や外形線、寸法、文字など各部分を複数の透明なシートに分けて作図し、そのシートを重ね合わせて1枚の図面にできます。その透明なシートに相当するのが「レイヤ」です。
Jw_cadには、レイヤ番号0～9、A～Fまでの16枚のレイヤが用意されています。

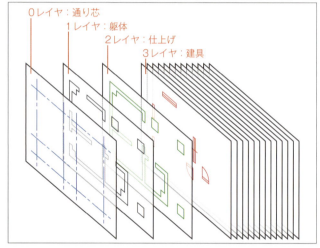

2 レイヤボタンの表示とレイヤ状態

レイヤバーの0～9、A～Fの16個のボタンは、各レイヤの状態を示します。

- 凹状態、赤い〇付き番号：書込レイヤ
- 黒〇付き番号：編集可能レイヤ
- 番号のみ：表示のみレイヤ
- 番号なし：非表示レイヤ

各レイヤ状態の性質・切り替え方法 ☞ p.182

各レイヤボタンの上のピンクのバーは、そのレイヤに要素が作図されていることを示します。

左半分のバー：文字以外の要素の存在を示す
右半分のバー：文字要素の存在を示す

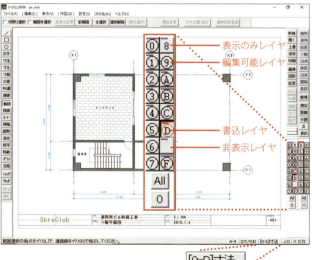

3 「レイヤ一覧」ウィンドウでの表示とズーム操作

● 図面のレイヤ分けを確認するため、「レイヤ一覧」ウィンドウを開きましょう。

1 レイヤバーの書込レイヤ（凹状態のボタン）「D」を🖱。

　➡「レイヤ一覧」ウィンドウが開き、0〜9、A〜Fの16枚のレイヤに作図されている要素が一覧表示される。

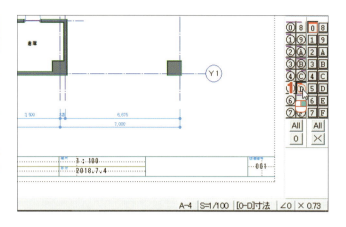

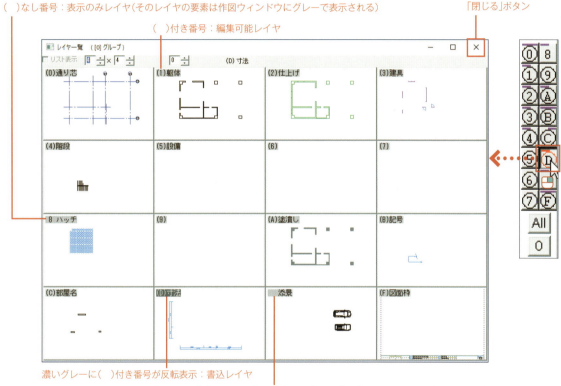

（　）なし番号：表示のみレイヤ（そのレイヤの要素は作図ウィンドウにグレーで表示される）
（　）付き番号：編集可能レイヤ
「閉じる」ボタン
濃いグレーに（　）付き番号が反転表示：書込レイヤ
番号なし：非表示レイヤ（そのレイヤの作図要素は作図ウィンドウに表示されない）

レイヤ名の設定・変更 ☞ p.190　　レイヤ状態の変更 ☞ p.191

● 「(4)階段」レイヤに作図されている要素を拡大表示しましょう。

2 「4」レイヤ枠内で🖱↘拡大し、拡大表示する要素を囲んで、マウスボタンをはなす。

　☑ 各レイヤの枠内では、作図ウィンドウと同様の両ボタンドラッグによるズーム操作ができます。

3 拡大表示されたことを確認したら、「4」レイヤ枠内で🖱↗全体し、用紙全体表示にする。

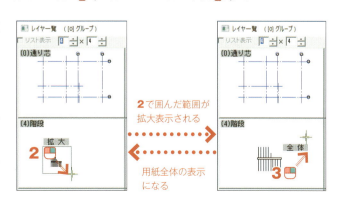

2で囲んだ範囲が拡大表示される

用紙全体の表示になる

TECHNIC 73 レイヤの状態を変更する

書込レイヤ、非表示レイヤ、表示のみレイヤ、編集可能レイヤの各レイヤ状態とその特性、および変更方法を理解しましょう。

教材データ：5-073.jww

1 書込レイヤに変更

● 「0」レイヤを書込レイヤにしましょう。

1　レイヤバーの「0」レイヤボタンを🖱。

☑ レイヤバーのレイヤ番号ボタンを🖱すると、レイヤボタンが凹状態の書込レイヤになります。要素はすべて、書込レイヤに作図されます。

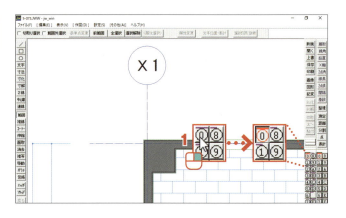

2 書込レイヤ以外のレイヤ状態を変更

● 「8」レイヤの状態を変更しましょう。

1　「8」レイヤボタンを🖱。

☑ 書込レイヤ以外のレイヤ番号を🖱するたびに、非表示⇒表示のみ⇒編集可能に切り替わります。レイヤバーでの操作後、作図ウィンドウにマウスポインタを移動することで、操作結果が作図ウィンドウに反映されます。

➡ 番号が消え、非表示レイヤになる。

2　「8」レイヤボタンを🖱。

➡ 番号だけが表示され、表示のみレイヤになる。

3　「8」レイヤボタンを🖱。

➡ 番号に〇が付き、編集可能レイヤになる。

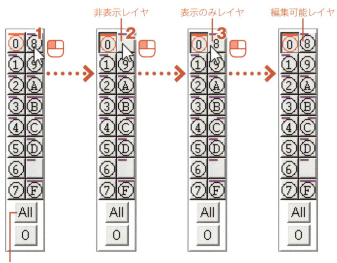

「ALL」ボタン
🖱すると、書込レイヤ以外がすべて編集可能レイヤになる
🖱すると、書込レイヤ以外のすべてのレイヤが 非表示レイヤ⇒表示のみレイヤ⇒編集可能レイヤと切り替わる

非表示レイヤ

編集可能レイヤボタンを🖱すると、レイヤ番号が消え、非表示レイヤになります。
非表示レイヤに作図されている要素は作図ウィンドウに表示されず、印刷や消去・複写などの編集操作の対象になりません。

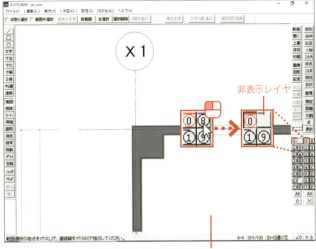

「8」レイヤに作図されているハッチングが非表示になる

表示のみレイヤ

非表示レイヤボタンを🖱すると、番号が表示され、表示のみレイヤになります。
表示のみレイヤに作図されている要素は作図ウィンドウでグレー表示され、印刷はされますが、消去・複写などの編集操作の対象にはなりません。
「縮尺」ボタンを🖱で開く「縮尺・読取　設定」ダイアログの指定により、表示のみレイヤに作図されている線・円・円弧を複線の基準線として指示することや、端点・交点を読み取ることができます。

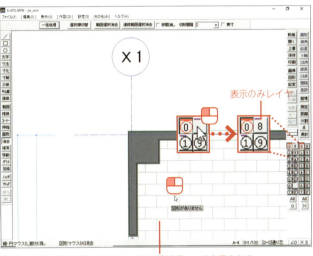

「8」レイヤに作図されているハッチングがグレーで表示される
グレー表示のハッチングを「消去」コマンドで🖱すると、図形がありませんと表示され、消去されない

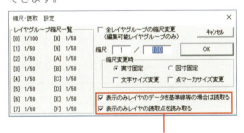

チェックを外すと読取不可になる

編集可能レイヤ

表示のみレイヤボタンを🖱すると、番号に○が付き、編集可能レイヤになります。
編集可能レイヤに作図されている要素は書込レイヤの要素と同様に作図時の線色で表示され、消去・複写などすべての編集操作の対象になります。

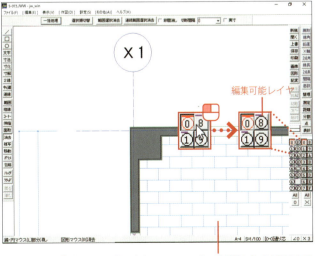

「8」レイヤに作図されているハッチングが元の色で表示される

TECHNIC 74 作図済みの要素と同じレイヤを書込レイヤにする

「作図済みの要素が作図されているレイヤを知りたい」「作図済みの要素と同じ線色・線種で同じレイヤに作図したい」という場合は、属性取得を利用します。

教材データ：5-074.jww

1 属性取得とは

線・円・円弧要素の線色と線種（点要素では線色、文字要素では文字種）および要素が作図されているレイヤを「属性」と呼びます。
「属性取得」は、書込線（線色・線種）と書込レイヤを、指示した要素の属性と同じ設定にする機能です。
作図済みの要素と同じレイヤに、同じ線色・線種の線・円・円弧要素（または同じ文字種の文字要素）を作図したい場合や、単にその要素が作図されているレイヤを知りたい場合にも利用できます。

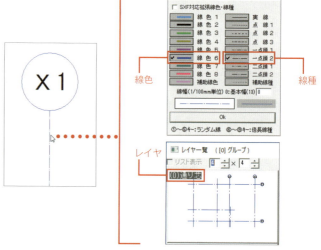

2 作図済みの線要素を属性取得

● 通り芯と同じレイヤに同じ線色・線種で壁芯を作図するため、作図済みの通り芯を属性取得しましょう。

1 「属取」コマンド（メニューバー［設定］－「属性取得」）を選択する。

☑ 1の操作の代わりに Tab キーを押すことでも属性取得になります。

2 属性取得の対象として、通り芯を🖱。

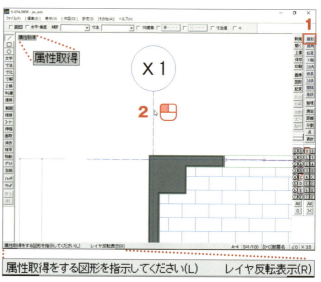

→ 🖱した通り芯が作図されている「0」レイヤが書込レイヤになり、書込線が通り芯と同じ線色・線種になる。

☑ 「属性取得」の操作結果は、「戻る」コマンドで元に戻すことはできません。誤った対象を属性取得した場合、再度、正しい対象を属性取得するか、レイヤバーや「線属性」ダイアログの操作で書込レイヤ、書込線の設定を変更してください。

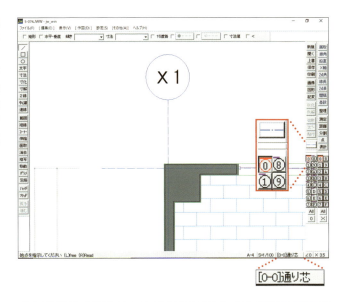

[0-0]通り芯

3 クロックメニューで属性取得

● 属性取得は、クロックメニューでもできます。ハッチングを属性取得しましょう。

1 ハッチングにマウスポインタを合わせ、🖱↓ AM6時 属性取得 。

→ 🖱↓したハッチングが作図されている「8」レイヤが書込レイヤになり、書込線がハッチングと同じ線色・線種になる。

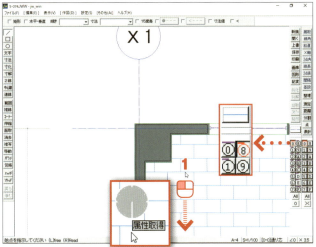

COLUMN 表示のみレイヤの要素を属性取得する設定

● Jw_cadの初期設定では、表示のみレイヤの要素は 図形がありません と表示され、属性取得できません。次の設定をすることで、表示のみレイヤの要素を属性取得できるようになります。

1 「基設」コマンド（メニューバー[設定]－「基本設定」）を選択する。

2 「一般(1)」タブの「表示のみレイヤも属性取得」にチェックを付ける。

3 「OK」ボタンを🖱。

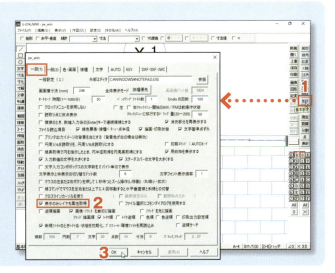

TECHNIC 75 指定の要素が作図されている レイヤを非表示にする

非表示にしたい要素がどのレイヤに作図されているのかわからなくても、「レイヤ非表示化」を利用することで、その作図レイヤを非表示にできます。

教材データ：5-075.jww

1 指定要素が作図されている レイヤを非表示化

● ハッチングの作図レイヤを非表示にしましょう。

1 「属取」コマンドを2回🖱。

☑ 「属取」コマンドを2回🖱（または Tab キーを2回押す）ことで、メニューバー［設定］－「レイヤ非表示化」を選択した場合と同じ「レイヤ非表示化」コマンドになります。

2 レイヤ非表示化の対象として、ハッチングを🖱。

→ 2で🖱したハッチングが作図されている「8」レイヤが非表示レイヤになり、作図ウィンドウからハッチングが消える。

☑ 2で🖱した要素が書込レイヤの要素の場合は、作図ウィンドウ左上に 書込レイヤです と表示され、非表示レイヤにはなりません。

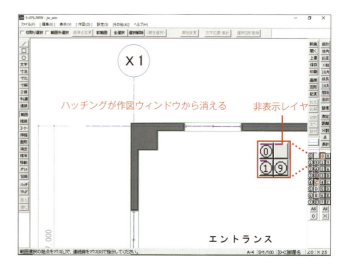

2 クロックメニューでレイヤ非表示化

● 少し煩雑な操作になりますが、🖱↓によるクロックメニューでもレイヤを非表示にできます。通り芯のレイヤを非表示にしましょう。

1. 通り芯を🖱↓し、AM6時 属性取得 が表示されたら、マウスポインタを上下に移動する。

2. AM6時が レイヤ非表示化 に切り替わったらマウスボタンをはなす。
    → 通り芯が作図された「0」レイヤが非表示になる。

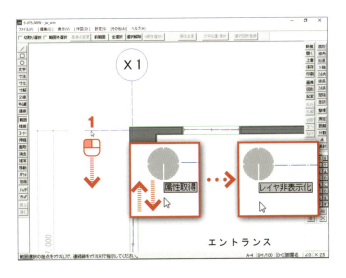

COLUMN 「レイヤ非表示化」指示を「表示のみレイヤ化」指示にする設定

● 次の設定をすることにより、レイヤ非表示化と同じ操作で、指示した要素のレイヤを表示のみレイヤにできます。

1. 「基設」コマンド（メニューバー[設定]－[基本設定]）を選択する。

2. 「一般(2)」タブの「[レイヤ非表示化]を[表示のみレイヤ化]にする」にチェックを付け、「OK」ボタンを🖱。

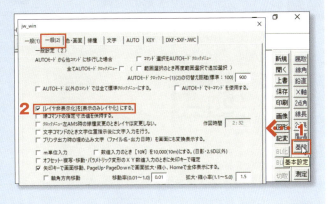

「属取」コマンドを2回🖱したとき、表示されるメッセージは レイヤ非表示化 のままですが、指示した要素が作図されているレイヤが、表示のみレイヤになり、グレー表示となります。

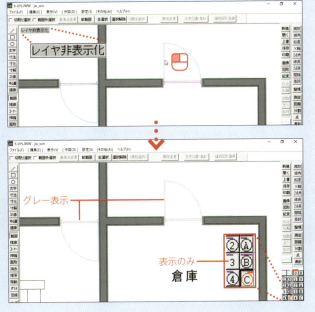

TECHNIC 76 レイヤの要素を編集できなくする 指定のプロテクトレイヤを理解する

プロテクトレイヤに指定することで、そのレイヤに作図されている要素を編集することや、そのレイヤに要素を作図することができなくなります。

教材データ：5-076.jww

1 プロテクトレイヤとその性質

レイヤバーのレイヤ番号に／や×の付いたレイヤを「プロテクトレイヤ」と呼びます。

レイヤをプロテクトレイヤに指定することで、そのレイヤの要素を編集したり、そのレイヤに新たに要素を作図することができなくなります。書込レイヤはプロテクトレイヤに指定できません。

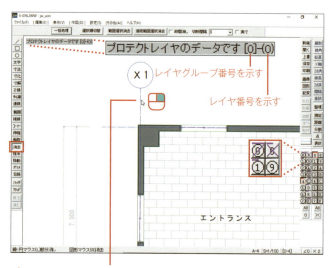

プロテクトレイヤの要素は、「消去」コマンドで🖱️しても プロテクトレイヤのデータです と表示され、消去されない

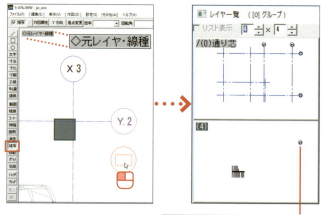

プロテクトレイヤの作図要素を ◇元レイヤ・線種 の指定で複写すると プロテクトレイヤには作図できないため、書込レイヤに複写される

- ／と×が付くプロテクトレイヤの違いを確認しましょう。

1 レイヤバー「All」ボタンを🖱。

- ☑ 「All」ボタンを🖱するたびに、書込レイヤ以外のレイヤが一括して、非表示⇒表示のみ⇒編集可能に切り替わります。ただし、番号に×が付くプロテクトレイヤの状態は変更されません。

／付：レイヤの表示状態は変更可能

×付：レイヤの表示状態は変更不可

書込レイヤ以外が一括で非表示になるが×プロテクトの「8」レイヤは表示のみのまま

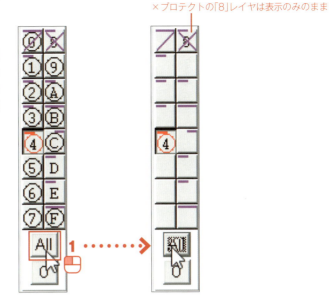

2 プロテクトレイヤを解除

- 「0」と「8」のプロテクトレイヤを解除しましょう。

1 Ctrlキーを押したまま「0」レイヤボタンを🖱。

2 Ctrlキーを押したまま「8」レイヤボタンを🖱。

- ☑ プロテクトレイヤの種類（／もしくは×）に関わらず、Ctrlキーを押したままプロテクトレイヤを🖱することで解除できます。

／が消え、解除される　　×が消え、解除される

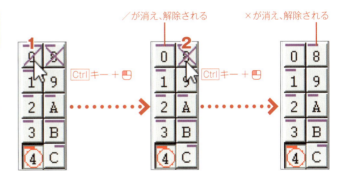

3 プロテクトレイヤの指定

- 「0」と「8」レイヤを、元と同じプロテクトレイヤに指定しましょう。

1 Ctrlキーを押したまま「0」レイヤボタンを🖱。

2 CtrlキーとShiftキーを押したまま「8」レイヤボタンを🖱。

- ☑ ／付きのプロテクトレイヤはCtrlキーを押したままレイヤ番号ボタンを🖱、×付きのプロテクトレイヤはCtrlキーとShiftキーの両方を押したままレイヤ番号ボタンを🖱することで指定できます。

／付きのプロテクトレイヤになる　　×付きのプロテクトレイヤになる

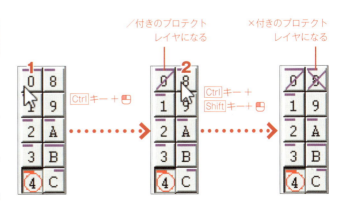

TECHNIC 77 「レイヤ一覧」ウィンドウでレイヤ名を設定・変更する

各レイヤのレイヤ名は、「レイヤ一覧」ウィンドウで設定・変更できます。

教材データ：5-077.jww

1 レイヤ名の設定・変更

● 「レイヤ一覧」ウィンドウを開き、「4」レイヤのレイヤ名「階段」を設定しましょう。

1 レイヤバーで書込レイヤ「C」を🖱。
   → 「レイヤ一覧」ウィンドウが開く。

2 「4」レイヤの番号部分を🖱。

3 「レイヤ名設定」ダイアログの「レイヤ名」ボックスに「階段」を入力し、「OK」ボタンを🖱。

● 「8：ハッチ」レイヤのレイヤ名を「床タイル」に変更しましょう。

4 「8」レイヤの番号およびレイヤ名部分を🖱。

5 「レイヤ名」ボックスの「ハッチ」を「床タイル」に変更し、「OK」ボタンを🖱。
   → [8]レイヤのレイヤ名が「床タイル」に変更される。

6 右上の×を🖱し、「レイヤ一覧」ウィンドウを閉じる。

   ☑ 16レイヤすべてのレイヤ名を一括して設定・変更する方法もあります（☞p.192）。

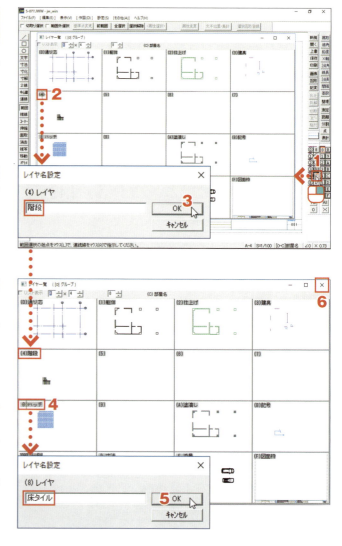

COLUMN レイヤ番号・レイヤ名の表示サイズ変更

「レイヤ一覧」ウィンドウで表示される各レイヤのレイヤ番号・レイヤ名は、「文字サイズ」ボックスの▲を🖱️して数値を大きくすることで、表示サイズを大きくすることができます。「文字サイズ」ボックスの数値は、最小「-3」～最大「3」まで変更できます。

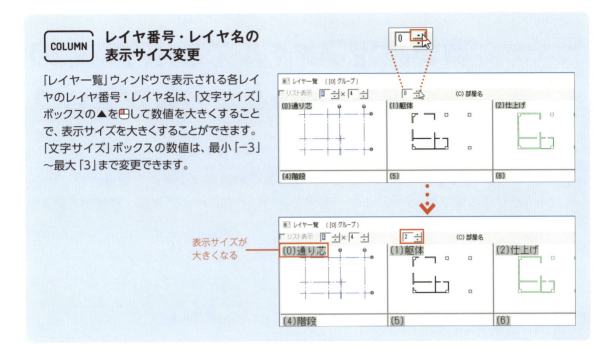

表示サイズが大きくなる

COLUMN 「レイヤ一覧」ウィンドウでのレイヤ状態の変更

「レイヤ一覧」ウィンドウが開いているときは、レイヤバーでレイヤ状態を変更できないので、「レイヤ一覧」ウィンドウで行います。変更の操作方法は、レイヤバーの場合と同じです。

🖱️：書込レイヤに変更

🖱️：書込レイヤ以外の状態を非表示⇒表示のみ⇒編集可能に切り替え

[Ctrl]キー＋🖱️：
／プロテクトレイヤに設定またはプロテクトレイヤの解除

[Ctrl]キー＋[Shift]キー＋🖱️：
×プロテクトレイヤに設定

☑ レイヤ状態の変更指示は、レイヤ枠内のレイヤ番号・レイヤ名以外の位置で🖱️してください。

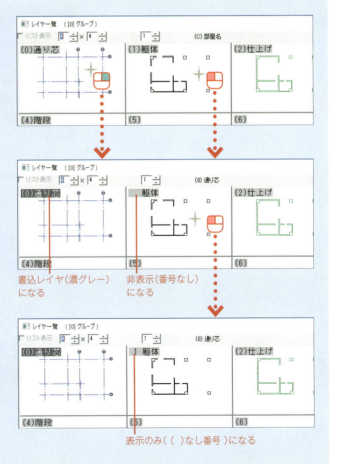

書込レイヤ（濃グレー）になる　　非表示（番号なし）になる

表示のみ（( )なし番号）になる

TECHNIC 78 環境設定ファイルでレイヤごとの書込線色・線種などの設定を行う

レイヤごとのレイヤ名と書込線色・線種を指定した環境設定ファイルを読み込むことで、レイヤ名が一括で設定され、書込レイヤの変更と同時に自動的に書込線色・線種が変更されるようになります。

教材データ：5-078.jww ／ 5-078A.jwf

1 環境設定ファイルの読込

適切な線色・線種、レイヤを指定して作図するには、「属性取得」（→p.184）の利用が有効です。ここで紹介する環境設定ファイルを利用すると、書込レイヤを変更するだけで、書込線も自動的に変更できます。
また、「寸法」や「文字」コマンドの選択時に、自動的に特定のレイヤを書込レイヤに変更できるようになります。

● 環境設定ファイル「5-078A.jwf」

環境設定ファイル「5-078A.jwf」では、レイヤごとに、以下のレイヤ名と書込線色・線種と「建具平面」「文字」「寸法」コマンド選択時の書込レイヤを指定しています。

0	基準線	線色8・一点鎖2	8	躯体塗潰	―
1	躯体	線色2・実線	9		
2	仕上	線色3・実線	A	インテリア	
3	建具	―	B		
4	階段	線色2・実線	C		
5	設備	線色2・実線	D		
6	文字	― ・実線	E		
7	寸法	― ・実線	F	作図補助	線色2・補助線

「建具平面」コマンド選択時は「3」レイヤ、「文字」コマンド選択時は「6」レイヤ、「寸法」コマンド選択時は「7」レイヤが書込レイヤとなる

● 図面枠のみが作図され、レイヤ名も設定されていない図面「5-078.jww」を開いたうえで、以下の手順で環境設定ファイル「5-078A.jwf」を読み込みましょう。

1. メニューバー［設定］－「環境設定ファイル」－「読込み」を選択する。
2. 「開く」ダイアログのフォルダツリーで、「jww_tech」フォルダを選択する。
3. 「5-078A.jwf」を🖱で選択する。
4. 「開く」ボタンを🖱。
   ➡ 3で選択した環境設定ファイルが読み込まれる。

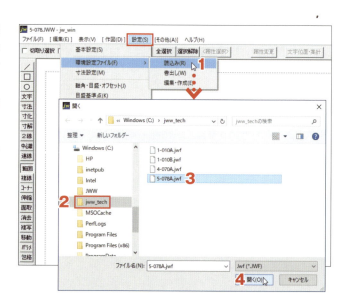

2 各レイヤ名を確認

● 各レイヤのレイヤ名を確認しましょう。

1 書込レイヤを🖱し、「レイヤ一覧」ウィンドウを開く。

☑ 環境設定ファイルを読むことで、環境設定ファイルで指定したレイヤ名に一括設定（一括変更）できます。ただし、プロテクトレイヤ（☞p.188）があった場合、そのレイヤ名は変更されません。

2 「レイヤ一覧」ウィンドウを閉じる。

各レイヤにレイヤ名が設定される

3 レイヤごとの書込線を確認

● 書込レイヤの変更により、書込線色・線種がどう変化するかを確認しましょう。

1 レイヤバーの「0」レイヤボタンを🖱し、書込レイヤにする。

☑ 環境設定ファイルでは、レイヤごとの書込線色・線種を指定できます。線色・線種を指定したレイヤを書込レイヤにすると、連動して書込線が指定の線色・線種に変更されます。この設定は、Jw_cadを終了するまで有効です（図面ファイルには保存されない）。

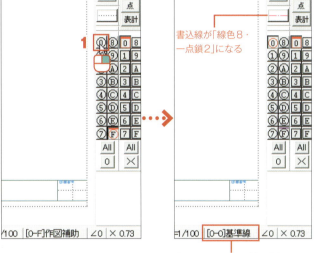

書込線が「線色8・一点鎖2」になる

書込レイヤが「0：基準線」になる

4 コマンド選択時の書込レイヤを確認

● 「寸法」「文字」コマンドを選択したとき、書込レイヤが自動的に変更されることを確認しましょう。

1 「寸法」コマンドを選択する。

☑ 環境設定ファイルでは、コマンドごとに書込レイヤを指定できます。環境設定ファイルで設定したコマンドを選択すると、連動して指定レイヤが書込レイヤになります。この設定はJw_cadを終了するまで有効です（図面ファイルには保存されない）。

2 「文字」コマンドを選択し、書込レイヤが「6：文字」になることを確認する。

自動的に書込レイヤが「7：寸法」レイヤになる

TECHNIC 79 環境設定ファイルを編集する

環境設定ファイルは、作図する図面に適したものを独自に作成できます。ここでは、TECHNIC 78で読み込みした環境設定ファイルをもとに、別の指定の環境設定ファイルを作成してみます。

教材データ：5-078A.jwf

【課題の概要】

TECHNIC 78で読み込みした環境設定ファイル「5-078A.jwf」では、各レイヤ名、レイヤごとの書込線色・線種、「建具平面」「寸法」「文字」コマンド選択時の書込レイヤを、下左表のように指定しています。この「5-078A.jwf」の一部を変更して、下右表のように指定した環境設定ファイルを作成しましょう（赤字が変更箇所）。

0	基準線	線色8・一点鎖2	8	躯体塗潰	―
1	躯体	線色2・実線	9		
2	仕上	線色3・実線	A	インテリア	―
3	建具	―	B		
4	階段	線色2・実線	C		
5	設備	線色2・実線	D		
6	文字	―・実線	E		
7	寸法	―・実線	F	作図補助	線色2・補助線

「建具平面」コマンド選択時は「3」レイヤ、「文字」コマンド選択時は「6」レイヤ、「寸法」コマンド選択時は「7」レイヤが書込レイヤとなる

→

0	通り芯	線色6・一点鎖2	8	ハッチ	線色1・実線
1	躯体	線色2・実線	9		
2	仕上	線色3・実線	A	塗潰し	―
3	建具	―	B	記号	線色1・実線
4	階段	線色2・実線	C	部屋名	
5	設備	線色2・実線	D	寸法	
6	―		E	添景	
7	―		F	図面枠	―

「建具平面」コマンド選択時は「3」レイヤ、「寸法」コマンド選択時は「D」レイヤ、「文字」コマンド⇒「C」レイヤ、「ハッチ」コマンド選択時は「8」レイヤが書込レイヤとなる

1 環境設定ファイルを編集

● TECHNIC 78で読み込みした環境設定ファイル「5-078A.jwf」を編集しましょう。

1. メニューバー［設定］－「環境設定ファイル」－「編集・作成」を選択する。
2. 「jww_tech」フォルダーの「5-078A.jwf」を選択する。
3. 「開く」ボタンを🖱。
   → 「5-078A.jwf」を開いたエディタが起動する。
   ☑ 「jw_win」ダイアログの「一般（1）」タブの「外部エディタ」で指定のエディタ（初期値「メモ帳」）が起動します。

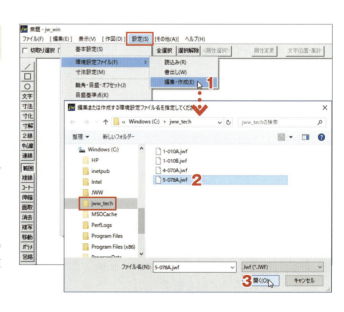

環境設定ファイルでは、レイヤ名、レイヤごとの書込線色・線種のほかにも、多岐にわたる設定を行えます。ここで開いた「5-078A.jwf」には、レイヤを使い分けるうえで必要な指定の命令文のみが記入されています。
先頭に「#」のない行が命令行で、「=」以降が指定を行う文字列です。「=」以降を書き直すことで、指定内容の変更ができます。
命令行は、レイヤ名を除き、すべて半角文字で記入します（スペースも半角文字で記入）。
「#」で始まる行は、注釈などの記入に使います。
「メモ帳」でのポインタの移動は、マウス操作または矢印キーで行い、Enterキーで改行しないよう注意してください。

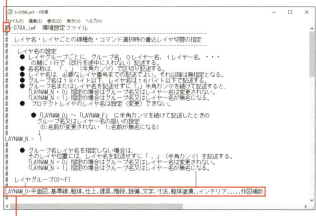

● レイヤ名の指定を変更しましょう

各レイヤ名の設定は、「LAYNAM_0=」の命令行に、「0レイヤグループ名,0レイヤ名,1レイヤ名…」の順に、「，」(カンマ)で区切り、記入します。半角/全角キーを押し、日本語入力を有効にしたうえで、レイヤ名の変更・記入を行ってください。

4　「LAYNAM_0=」行の0レイヤのレイヤ名「基準線」を「通り芯」に変更する。

5　6、7レイヤのレイヤ名「文字」「寸法」を消去し、8レイヤのレイヤ名「躯体塗潰」を「ハッチ」に、Aレイヤのレイヤ名「インテリア」を「塗潰し」に変更する。

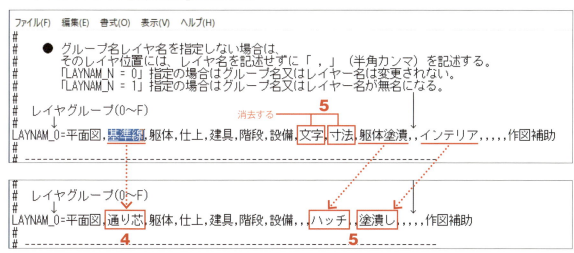

6　B〜Eレイヤのレイヤ名「記号」「部屋名」「寸法」「添景」を各半角カンマ「，」の間に記入する。

7　Fレイヤのレイヤ名「作図補助」を「図面枠」に変更する。

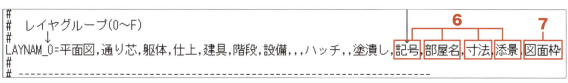

☑　「，」(カンマ)は各レイヤの区切りを意味します。「，」(カンマ)を消去することのないよう注意してください。誤って消去した場合は、半角文字で「，」(カンマ)を記入してください。

◉ レイヤごとの書込線色・書込線種の指定を変更しましょう。

レイヤごとの書込線色は「LAYCOL_0=」の命令行に「0レイヤ、1レイヤ…」の順で間に半角スペースを空けて線色番号（1〜9、0：変更無）を記入します。レイヤごとの書込線種は「LAYTYP_0=」の命令行に「0レイヤ、1レイヤ…」の順で間に半角スペースを空けて、線種番号（1〜9、11〜19、0：変更無）を記入します。半角/全角キーを押し、日本語入力を無効にしたうえで、番号の変更を行ってください。

8　「LAYCOL_0=」行の0列（0レイヤ）の線色「8」を「6」に、8列とB列の「0」（変更しない）を「1」に変更する。

9　「LAYTYP_0=」行の8列（8レイヤ）とB列の「0」を「1」（実線）に、6列と7列の「1」とF列の「9」を「0」（変更しない）に変更する。

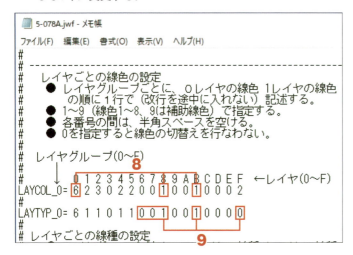

◉ コマンドごとの書込レイヤの指定を変更しましょう。

コマンドごとの書込レイヤは、「COM_LAY00＝」〜「COM_LAY41＝」の命令行で指定します。記入する2つの文字のうち左はレイヤグループ（☞ p.212）、右はレイヤを意味します。また、「0」はレイヤ変更を行わないことを意味します（「00」と記入しているコマンドの選択時には書込レイヤは変更されない）。

10　「COM_LAY01＝」行の「文字」の「06」を「0C」に、「寸法」の「07」を「0D」に変更する。

11　「COM_LAY31＝」行の「ハッチ」の「00」を「08」に変更する。

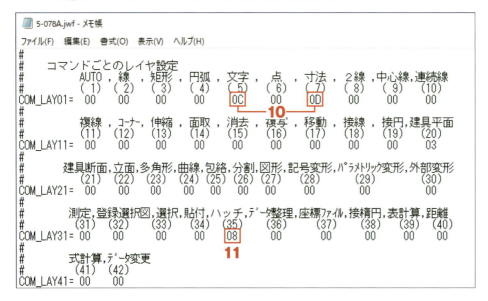

- 編集した環境設定ファイルを、「jww_tech」フォルダーに、別の名前「5-079.jwf」として保存しましょう。

12 メニューバー[ファイル]ー「名前を付けて保存」を選択する。

13 「名前を付けて保存」ダイアログのフォルダツリーで保存先として、「jww_tech」フォルダーを選択する。

14 「ファイルの種類」ボックスの▼を🖱し、表示されるリストから「すべてのファイル」を🖱で選択する。

15 「ファイル名」を「5-079.jwf」に変更する。

16 「保存」ボタンを🖱。

17 タイトルバー右上の×ボタンを🖱し、メモ帳を閉じる。

以上で完了です。

図面「5-078.jww」を開いたあと、p.192と同様の手順で作成した「5-079.jwf」を読み込み、各レイヤ名や、書込レイヤにしたときに書込線が **8**、**9** で指定した線色・線種に自動的に変更されること、「寸法」「ハッチ」コマンド選択時に、書込レイヤが **10**、**11** で指定したレイヤに変更されることを確認しましょう。

「5-079.jwf」読み込み後のレイヤ一覧

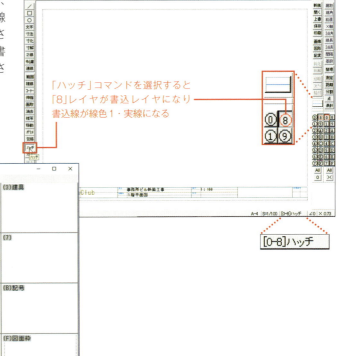

TECHNIC 80 作図済みの図面要素のレイヤを変更する

作図済みの図面要素のレイヤを変更するには、「範囲」コマンドでレイヤを変更する要素を選択し、「属性変更」で書込レイヤに変更します。

教材データ：5-080.jww

1 選択要素のレイヤを変更

● 階段部分を「4」レイヤに変更しましょう。

1 「範囲」コマンドで、範囲選択の始点として、右図の位置で🖱。

2 選択範囲枠で右図のように囲み、終点を🖱🖱（範囲枠交差線選択）。

☑ 範囲選択の終点をダブルクリックすることで、選択範囲枠に全体が入る要素と選択範囲枠に交差する線・円・円弧要素が選択されます（☞p.81）。

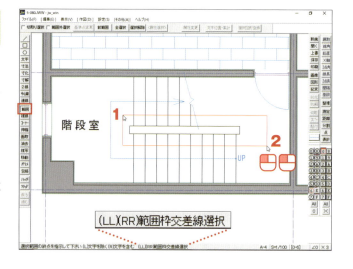

➡ 選択範囲枠に全体が入る手すりの線、および選択範囲枠に交差する階段線と切断記号の一部が選択色になる。

3 選択色になった切断記号の線を🖱し、対象から除外する。

☑ この段階で選択色の要素を🖱すると、対象から除外され、元の色になります。逆に、選択されていない要素を🖱すると、対象に追加され、選択色になります。

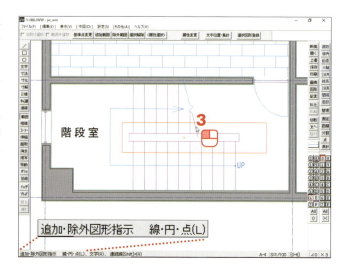

4 レイヤバーの「4」レイヤボタンを🖱し、書込レイヤにする。

5 コントロールバー「属性変更」ボタンを🖱。

6 属性変更のダイアログの「書込【レイヤ】に変更」を🖱し、チェックを付ける。

7 「OK」ボタンを🖱。
   ➡ 選択色の階段が、書込レイヤ「4」に変更される。

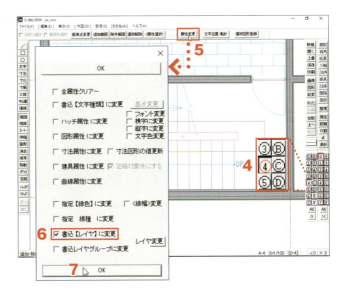

8 「レイヤ一覧」ウィンドウを開き、階段が書込レイヤ「4」に変更されたことを確認する。

> **COLUMN　属性変更のダイアログで書込レイヤを変更する方法**
>
> ● 属性変更のダイアログを開いた状態では、レイヤバーでの操作はできません。書込レイヤを変更するには、以下の操作を行います。
>
> 1　属性変更ダイアログの「レイヤ変更」ボタンを🖱。
>
> 2　「レイヤ設定」ダイアログの「レイヤ状態」欄で、書込レイヤにしたいレイヤ（ここでは「4」）を🖱。
>
> 3　「レイヤ設定」ダイアログの「OK」ボタンを🖱。

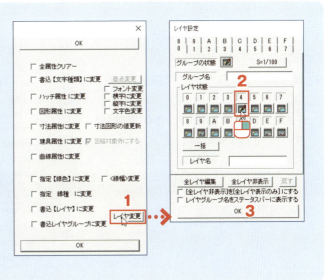

TECHNIC 81 特定の線色・線種の要素のみをレイヤ変更する

「属性選択」を利用することで、選択した要素の中から特定の線色・線種の要素のみを選択し、そのレイヤを変更することができます。

教材データ：5-081.jww

1 特定の線色・線種の要素のみ「0」レイヤに変更

● 図面全体から「線色6・一点鎖2」の要素（通り芯、壁芯）のみを選択しましょう。

1 通り芯を↓ AM6時 属性取得 し、書込線を「線色6・一点鎖2」にする。

2 「範囲」コマンドを選択し、コントロールバー「全選択」ボタンを🖱。

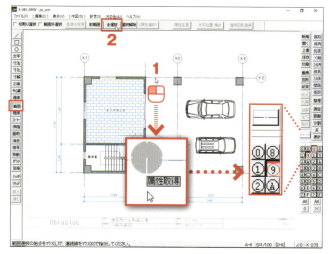

➡ 編集可能なすべての要素が対象として選択色になる。

3 コントロールバー「〈属性選択〉」ボタンを🖱。

4 属性選択のダイアログで、「指定【線色】指定」を🖱。

5 「線属性」ダイアログで「線色6」が選択されていることを確認し、「Ok」ボタンを🖱。

☑ 1の操作により、1で🖱↓した要素と同じ線色が、書込線として選択された状態になっています。

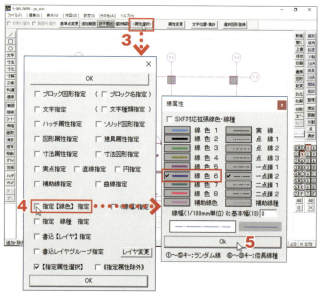

6 属性選択のダイアログで、「指定　線種指定」を🖱。

7 「線属性」ダイアログで「一点鎖2」が選択されていることを確認し、「Ok」ボタンを🖱。

☑ 1の操作により、1で🖱↓した要素と同じ線種が、書込線として選択された状態になっています。

8 属性選択のダイアログで、「指定【線色】指定」「指定　線種　指定」「【指定属性選択】」の3カ所にチェックが付いていることを確認し、「OK」ボタンを🖱。

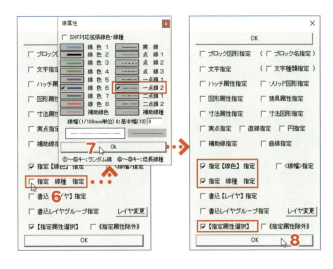

➡ 2で選択した要素の中から「線色6」かつ「一点鎖2」の要素だけが選択色になり、他の要素は対象から除外され、元の色になる。

● 変更先の「0」を書込レイヤにし、レイヤ変更しましょう。

9 レイヤバーの「0」レイヤボタンを🖱。

10 コントロールバー「属性変更」ボタンを🖱。

11 属性変更のダイアログの「書込【レイヤ】に変更」にチェックを付け、「OK」ボタンを🖱。

➡ 選択要素が、書込レイヤ「0」に変更される。

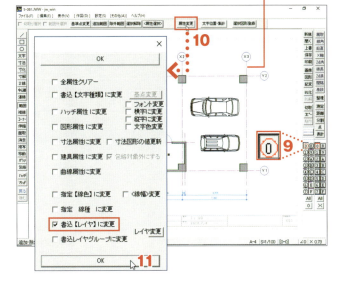

「線色6」かつ「一点鎖2」の要素だけが選択色になる

12 「レイヤ一覧」ウィンドウを開き、「線色6」かつ「一点鎖2」の要素が、「0」レイヤに変更されたことを確認する。

TECHNIC 82 ハッチング要素のみをレイヤ変更する

Jw_cadの「ハッチ」コマンドで作図したハッチング要素は、「ハッチ属性」と呼ばれる属性を持っています。その属性を利用することで、図面全体からハッチング要素のみを選択してレイヤ変更できます。

教材データ：5-082.jww

1 ハッチング要素のみを「8」レイヤに変更

● 図面全体から、ハッチング要素を選択しましょう。

1 「範囲」コマンドを選択し、コントロールバー「全選択」ボタンを🖱。

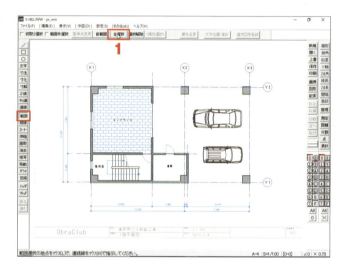

➡ 編集可能なすべての要素が対象として選択色になる。

2 コントロールバー「〈属性選択〉」ボタンを🖱。

3 属性選択のダイアログで、「ハッチ属性指定」を🖱。

4 「ハッチ属性指定」と「【指定属性選択】」にチェックが付いていることを確認し、「OK」ボタンを🖱。

➡ 1で選択した要素の中からハッチ属性を持つ要素だけが選択色になり、他の要素は対象から除外され、元の色になる。

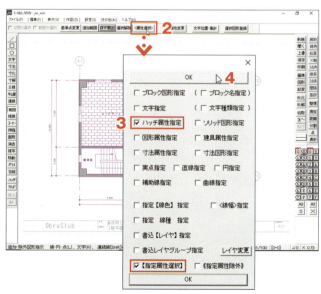

● 変更先の「8」を書込レイヤにし、レイヤ変更しましょう。

5 レイヤバーの「8」レイヤボタンを🖱。

6 コントロールバー「属性変更」ボタンを🖱。

7 属性変更のダイアログの「書込【レイヤ】に変更」にチェックを付け、「OK」ボタンを🖱。
　→ 選択要素が書込レイヤ「8」に変更される。

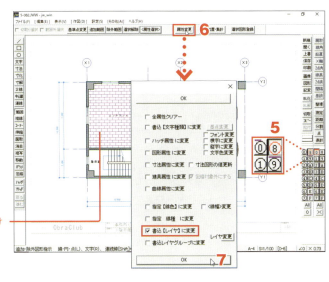

1 で選択した要素の中から、ハッチング要素だけが選択色になる

8 「レイヤ一覧」ウィンドウを開き、ハッチング要素が「8」レイヤに変更されたことを確認する。

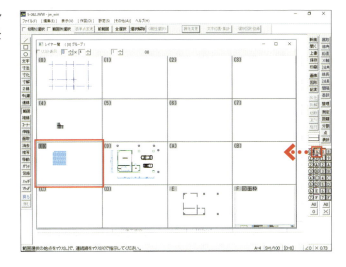

COLUMN 属性選択のダイアログで指定できる属性

下記の項目から2項目以上を選択した場合、いずれかの項目に該当するものすべてが対象となります（OR条件）。

①ブロック図形（☞p.230）
②文字要素
③「ハッチ」コマンドで作図したハッチング
④「図形」コマンドで作図した図形
⑤「寸法」コマンドで作図した寸法部
　（引出線、寸法線、寸法値、端部実点または矢印）
⑥実点
⑦補助線種の要素
⑧線
⑨指定した名前のブロック図形（☞p.238）
⑩指定した文字種（☞p.143）
⑪ソリッド（塗りつぶし部）
⑫「建具平面」「建具断面」「建具立面」コマンドで作図した要素
⑬寸法図形（☞p.166）
⑭円、円弧、楕円、楕円弧
⑮「曲線」コマンドで作図した要素
　「日影図」コマンドで作図した日影線
　など曲線属性を持つ要素（☞p.224）

TECHNIC
83

レイヤ整理ファイルで
レイヤを一括して変更する

レイヤごとのレイヤ名、また、そのレイヤにどのような線色・線種や属性の要素を振り分けるかなどを指定したレイヤ整理ファイルを読み込むことで、既存図面の各要素を一括でレイヤ変更できます。

教材データ：5-083.jww ／ 5-083A.jwl

1 レイヤ整理ファイルを読み込む

● 教材図面「5-083.jww」は、右図のように、「E」と「F：図面枠」レイヤの要素以外は、すべて「9」レイヤに作図されています。レイヤ整理ファイル「5-083A.jwl」を読み込むことで、線色・線種や属性ごとに、図面要素が各レイヤに振り分けられることを確認しましょう。

1 「レイヤ一覧」ウィンドウを開き、「F」レイヤの枠内で、Ctrlキーを押したまま🖱し、プロテクトレイヤにする。

　　　　　　　　　　プロテクトレイヤ ☞ p.188

2 「レイヤ一覧」ウィンドウを閉じる。

　☑ 「F」レイヤの図面枠はレイヤ変更しないため、プロテクトレイヤにします。ここで読み込むレイヤ整理ファイルでは、プロテクトレイヤの要素はレイヤ整理の対象になりません。

3 メニューバー[設定]－「環境設定ファイル」－「読込み」を選択する。

4 「開く」ダイアログで、「ファイルの種類」ボックスの▼を🖱し、リストから「JwL（*.JWL）」を🖱で選択する。

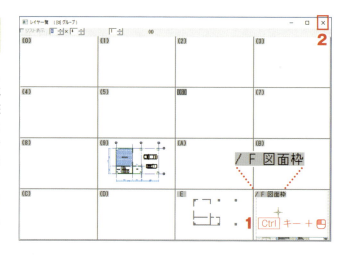

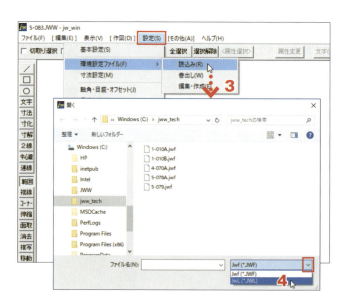

5 「jww_tech」フォルダの「5-083A.jwl」を🖱で選択する。

6 「開く」ボタンを🖱。

→ レイヤ整理ファイル「5-083A.jwl」が読み込まれ、その指定内容に従い、レイヤが変更される。

2 レイヤ整理ファイルを読み込んだ結果を確認

◉ 「レイヤ一覧」ウィンドウを開き、結果を確認しましょう。

1 レイヤバーの書込レイヤを🖱し、「レイヤ一覧」ウィンドウを開く。

各レイヤにレイヤ名が付き、下図のように作図要素のレイヤが振り分けられ、レイヤ状態も変更されました。

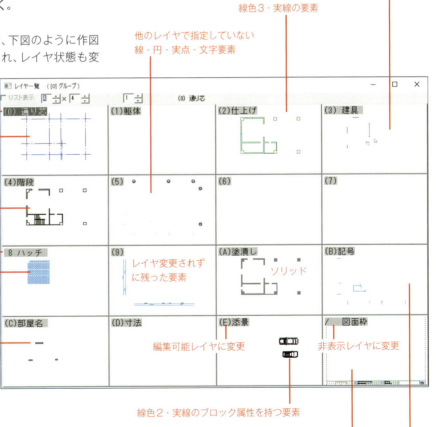

- 書込レイヤに変更
- 線色6・一点鎖2の要素
- 線色2・実線の要素
- 表示のみレイヤに変更
- 線色1・実線のハッチング要素
- 文字種3の文字要素
- 線色1と線色5の図形属性を持つ要素と建具属性を持つ要素
- 線色3・実線の要素
- 他のレイヤで指定していない線・円・実点・文字要素
- 編集可能レイヤに変更
- 非表示レイヤに変更
- 線色2・実線のブロック属性を持つ要素
- プロテクトレイヤのため、このレイヤの要素はレイヤ変更されない
- 線色1の線・実点要素、文字種1の文字要素

TECHNIC 84 レイヤ整理ファイルを編集する

レイヤ整理ファイルは、図面に合わせて独自に作成することや変更することができます。

教材データ：5-083A.jwl

1 TECHNIC 83の結果を検証

TECHNIC 83で読み込んだレイヤ整理ファイル「5-083A.jwl」では、各レイヤの状態、レイヤ名とレイヤごとに振り分ける要素を、下表のように指定しています。
「5-083A.jwl」を読み込んだ結果は、右下図のレイヤ一覧のようになり、①～④の課題が残りました。

「5-083A.jwl」での指定内容

	状態	レイヤ名	線色・線種	属性
0	書込	通り芯	線色6・一点鎖2	―
1	編集可	躯体	線色2・実線	―
2	編集可	仕上げ	線色3・実線	―
3	編集可	建具	線色1・実線	図形
			線色5・実線	図形
			線色5・実線	建具平面
4	編集可	階段	線色2・実線	―
5	編集可	―	残りの線・円・実点・文字	
6	編集可	―	―	
7	編集可	―	―	
8	表示のみ	ハッチ	線色1・実線	ハッチ
9	編集可	―	―	
A	編集可	塗潰し	―	ソリッド
B	編集可	記号	線色1・実線	
			線色1・実点	
			文字種1	
C	編集可	部屋名	文字種3	
D	編集可	寸法	―	
E	編集可	添景	線色2・実線	ブロック
F	非表示			

●「5-083A.jwl」を読み込んだ結果

課題①「線色2・実線」の躯体線を「1：躯体」レイヤに変更したい
「1：躯体」「4：階段」の2つのレイヤでまったく同じ条件（線色2・実線）の要素を指定しています（左下表の青文字）。しかし、「1：躯体」レイヤには要素が振り分けられていません。これは、まったく同じ指定を複数のレイヤで行った場合、レイヤ整理ファイルで、より後ろに記入した指定が有効になるためです。
ここは、「1：躯体」レイヤに線色2・実線を振り分け、レイヤ整理後、階段をp.198の方法で「4：階段」レイヤに変更することで対処しましょう。

課題② 通り符号の円と文字を「0：通り芯」レイヤに変更したい

課題③「9」レイヤに残っている寸法部を「D：寸法」レイヤに変更したい

課題④「F」レイヤを表示のみとし他のレイヤは編集可能にしたい

2 レイヤ整理ファイルを編集

● 「5-083A.jwl」を変更し、前ページの課題①～④を改善したレイヤ整理ファイルにしましょう。はじめに、「5-083A.jwl」をエディタで開きましょう。

1. メニューバー［設定］-「環境設定ファイル」-「編集・作成」を選択する。
2. 「ファイルの種類」ボックスを「JwL（*.JWL）」にする。
3. 「5-083A.jwl」を🖱で選択する。
4. 「開く」ボタンを🖱。
   ➡ 「5-083A.jwl」を開いたエディタが起動する。
   ☑ 「jw_win」ダイアログの「一般（1）」タブの「外部エディタ」で指定のエディタ（初期値：メモ帳）が起動します。

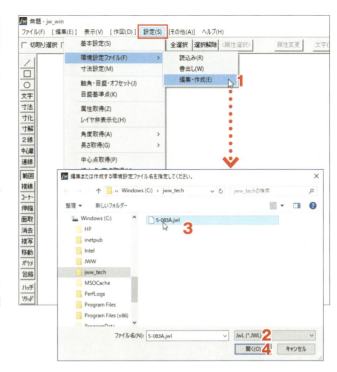

● レイヤ整理ファイルの記述の基本ルールを学習しましょう。

先頭に「#」のない行が命令行で、「＝」以降が指定を行う文字列です。「＝」以降を書き直すことで、指定内容の変更ができます。
命令文は、レイヤ名を除き、すべて半角文字で記入します（スペースも半角文字で記入）。
「#」で始まる行は、注釈などの記入に用います。メモ帳でのポインタの移動は、マウス操作または矢印キーで行い、Enterキーで改行しないよう注意してください。

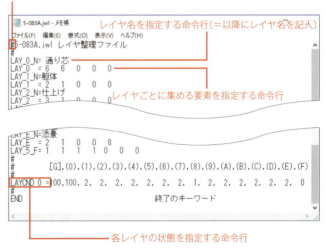

● レイヤ名の指定方法を見てみましょう。
「LAY_*_N＝」の後ろに、レイヤ名を記入します。

- レイヤに振り分ける要素の指定方法を見てみましょう。「LAY_*=」の後ろに、以下の順番で、半角スペースを空けて、レイヤに振り分ける要素の性質を番号で記入します。

  ① 線色　0(指定しない)、1〜8
  ② 線種　0(指定しない)、1〜9(標準)、
  　　　　11〜19(拡張線種)
  ③ 点色　0(振り分けない)、1〜9
  ④ 文字種　0(振り分けない)
  　　　　　1〜11(11は任意サイズ)

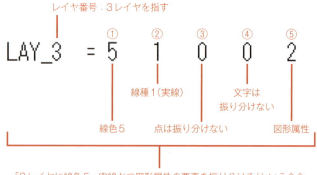

  ⑤ 属性
  　0：指定しない
  　1：ハッチ属性－「ハッチ」コマンドで作図したハッチング
  　2：図形属性－「図形」コマンドで作図した要素
  　3：寸法属性－「寸法」コマンドで作図した寸法部
  　4：建具属性－「建具平面」「建具立面」「建具断面」コマンドで作図した要素
  　5：曲線属性（☞ p.224）
  　6：寸法図形（☞ p.166）
  　7：ソリッド(塗りつぶし)
  　8：ブロック（☞ p.230）

- 「0：通り芯」レイヤに、通り芯符号の円(線色6・実線)と文字種4の文字要素を集めるための命令文を追加記入しましょう。1つのレイヤに複数の種類の要素を振り分けるには、「LAY_*=」の命令文を振り分ける要素の種類ごとに記入します。

5 「LAY_0_N=通り芯」の行の末尾を🖱し、Enterキーを押して改行する。

　➡ 5の行の下に空白行が追加される。

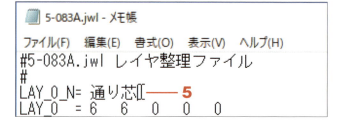

6 日本語入力が無効になっていることを確認し、線色6・実線をレイヤ0に振り分ける命令文「LAY_0＝ 6 1 0 0 0」を記入し、Enterキーを押して改行する。

　☑ 日本語入力の有効⇔無効は、半角/全角キーを押すことで切り替えできます。「_」(アンダーバー)は、Shiftキーを押したままろキーを押すことで入力できます。区切りの半角スペースは、何文字分入れても問題ありません。

7 次の行に、文字種4をレイヤ0に振り分ける命令文「LAY_0＝　０　０　０　４　０」を記入する。

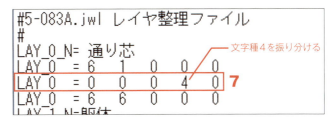

文字種4を振り分ける

- 「1：躯体」レイヤに線色2・実線を振り分けるため、「4」レイヤに線色2・実線を振り分ける指定を無効にしましょう。

8 「LAY_4＝…」の行の先頭を🖱し、「#」を入力する。

　　☑ 指定行の先頭に「#」を入力することで、その行の指定が無効になります。

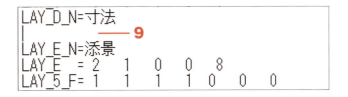

- 「D：寸法」レイヤに寸法部を振り分けるための命令文を記入しましょう。Jw_cadの「寸法」コマンドで作図した要素を振り分けるには、最後の数値に「3」（寸法属性）を記入します。

9 「LAY_D_N=寸法」行の末尾を🖱し、Enterキーを押し、改行することで、下に空白行を追加する。

10 寸法属性要素をレイヤ「D」に集める命令文「LAY_D＝　０　０　０　０　３」を記入する。

　　☑ レイヤ番号のアルファベットは、大文字、小文字のいずれでもかまいません。

寸法属性要素を振り分ける

- 他で指定をしていない要素を振り分ける指定方法を見てみましょう。

レイヤ整理ファイルの他の行で指定をしていない要素を1つのレイヤに振り分けるには、「LAY_＊_F＝」行で指定します。

①～⑦の要素順に「1：振り分ける／0：振り分けない」を記入します。

①　線
②　円・円弧
③　実点
④　文字
⑤　寸法図形
⑥　ソリッド
⑦　ブロック

レイヤ番号

レイヤ番号の後に「_F」を追加する

「5レイヤに他で指定していない線・円・円弧・実点・文字を振り分ける」という命令

● 0レイヤグループの各レイヤの表示状態を変更する指定を見てみましょう。

「LAYCND_0＝」の後ろに、グループの状態, 0レイヤの状態, 1レイヤの状態, ……の順に「,（カンマ）」で区切って、レイヤ状態を示す番号を記述します（番号の意味は下記のとおり）。

100：書込　　2：編集可能　　1：表示のみ　　0：非表示

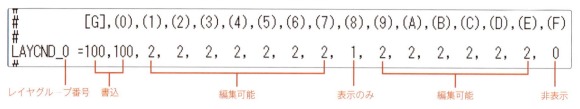

※レイヤ整理ファイルでは、上記以外に、プロテクトレイヤの指定なども可能です。レイヤ整理ファイルの記述内容について詳しくは、「jww」フォルダーに収録された「sample.jwl」をp.207の操作で開き、ご参照ください。

● Fレイヤを表示のみ、他のレイヤが編集可能になるよう、命令文を変更しましょう。

11 命令文「LAYCND_0＝」行の8レイヤの番号「1」を「2」（編集可能）に、Fレイヤの番号「0」を「1」（表示のみ）に変更する。

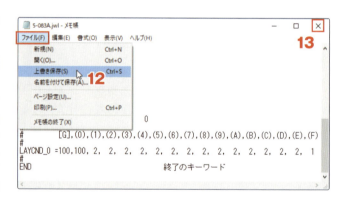

● 変更したレイヤ整理ファイルを、上書き保存しましょう。

12 メニューバー［ファイル］－「上書き保存」を🖱。

☑ 修正したレイヤ整理ファイルを別のファイルとして保存する場合は、p.197の環境設定ファイルの保存と同様に、メニューバー［ファイル］－「名前を付けて保存」を選択して、「ファイルの種類」を「すべてのファイル」としたうえで、「5-084.jwl」（例）のようにファイル名を入力して保存してください。

13 タイトルバー右上の×ボタンを🖱し、「メモ帳」を閉じる。

➡「メモ帳」が閉じ、Jw_cadの作図ウィンドウに戻る。

教材図面「5-083.jww」を開いたうえで、p.204と同様の手順で、ここで変更したレイヤ整理ファイルを読み込み、結果を確認しましょう。

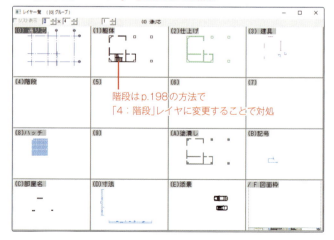

▼ 上書きした「5-083A.jwl」を読み込んだ結果

CHAPTER 6

異縮尺図面の神速テクニック

- TECHNIC 85　レイヤグループの基本を理解する
- TECHNIC 86　「レイヤ設定」ダイアログでレイヤグループ名と縮尺を設定する
- TECHNIC 87　異縮尺のレイヤグループに図面の一部を切り取りコピーする
- TECHNIC 88　異縮尺図面では書込レイヤグループに留意する
- TECHNIC 89　異縮尺ごとの表示範囲と書込レイヤグループを切り替える

TECHNIC 85 レイヤグループの基本を理解する

異縮尺図面を扱うには、0〜Fの16枚のレイヤを1セットとした「レイヤグループ」を使用します。レイヤグループは0〜Fの16セットあり、レイヤグループごとに縮尺を設定できます。

教材データ：6-085.jww

1 レイヤグループの概念

16枚のレイヤを束ねたものがレイヤグループです。Jw_cadには16のレイヤグループがあり、レイヤグループごとに縮尺を設定できます。
縮尺の異なる図を1枚の用紙に作図するには、このレイヤグループを利用します。

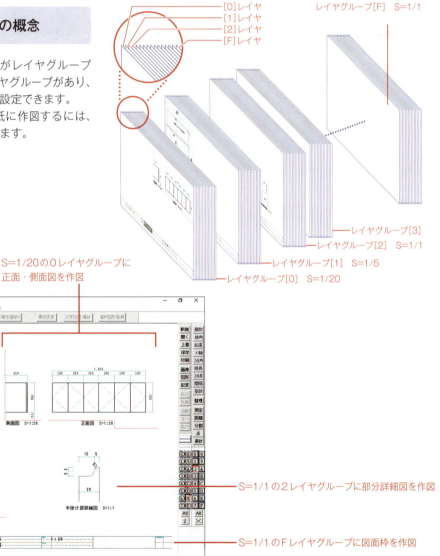

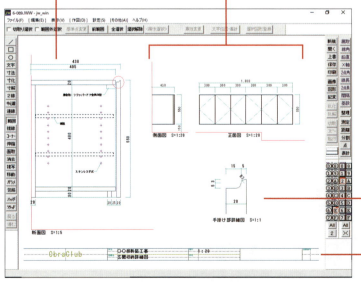

2 レイヤグループバーと「レイヤグループ一覧」ウィンドウ

レイヤグループバーの0～9、A～Fの16のボタンは、各レイヤグループの状態を示します。各状態の性質や状態の変更方法は、レイヤの場合と同じです。

- [0] 凹状態　　　：書込レイヤグループ
- [1] □付き番号：編集可能レイヤグループ
- [2] □なし番号：表示のみレイヤグループ
- [ ] 番号なし　　：非表示レイヤグループ

1 レイヤグループバーの書込レイヤグループ「0」ボタンを🖱。
  → 「レイヤグループ一覧」ウィンドウが開く。

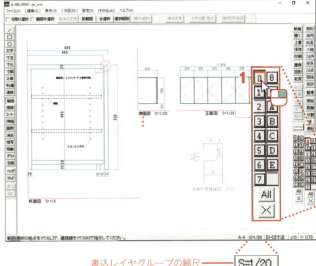

書込レイヤグループの縮尺 ── S=1/20

「レイヤグループ一覧」ウィンドウでの、各レイヤグループの状態変更や、レイヤグループ名の設定・変更操作は、「レイヤ一覧」ウィンドウでの操作と同じです。

🖱(左)：書込レイヤグループに変更
🖱(右)：レイヤグループの状態を非表示⇒表示のみ⇒編集可能に変更
Ctrlキー＋🖱：／プロテクトレイヤグループに指定または解除
Ctrlキー＋Shiftキー＋🖱：状態変更も不可な×プロテクトレイヤグループに指定

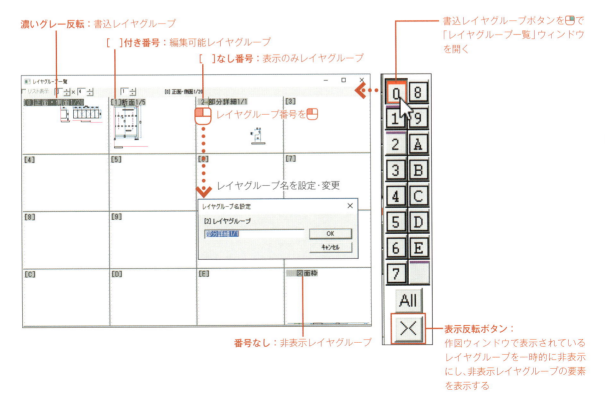

濃いグレー反転：書込レイヤグループ
[ ]付き番号：編集可能レイヤグループ
[ ]なし番号：表示のみレイヤグループ
番号なし：非表示レイヤグループ
レイヤグループ番号を🖱(右)
レイヤグループ名を設定・変更
書込レイヤグループボタンを🖱で「レイヤグループ一覧」ウィンドウを開く

表示反転ボタン：作図ウィンドウで表示されているレイヤグループを一時的に非表示にし、非表示レイヤグループの要素を表示する

TECHNIC 86 「レイヤ設定」ダイアログでレイヤグループ名と縮尺を設定する

「レイヤ設定」ダイアログで、レイヤグループ名の設定・変更と、各レイヤグループの縮尺設定が行えます。

教材データ：6-086.jww

1 「レイヤ設定」ダイアログの各部名称と役割

ステータスバー「書込レイヤ」ボタン（メニューバー［設定］－［レイヤ］）を🖱️して開く「レイヤ設定」ダイアログの、各部名称とその役割を確認しましょう。

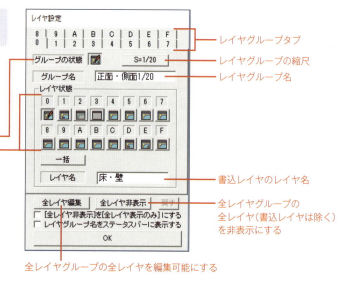

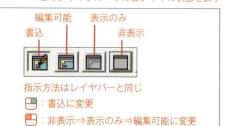

2 縮尺とレイヤグループ名の設定

● 「レイヤ設定」ダイアログを開き、「2」レイヤグループに、レイヤグループ名「部分詳細1/1」と、縮尺1/1を設定しましょう。

1. ステータスバーの「書込レイヤ」ボタンを🖱️。
2. 「レイヤ設定」ダイアログの「2」レイヤグループタブを🖱️。

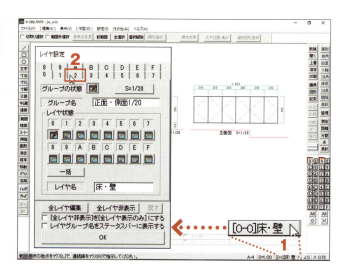

214　Jw_cadで神速に図面をかくための100のテクニック

3 「グループ名」ボックスを🖱し、「部分詳細1/1」を入力する。

4 「縮尺」ボタンを🖱。

5 「縮尺・読取　設定」ダイアログの縮尺を「1／1」に設定し、「OK」ボタンを🖱。

➡「レイヤ設定」ダイアログで、[2] レイヤグループタブの「縮尺」ボタンの表記が「S=1/1」になる。

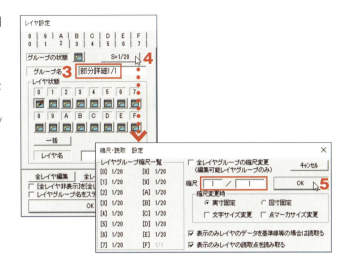

● 「1」レイヤグループにグループ名「断面1/5」と縮尺1/5を設定し、書込レイヤグループにしましょう。

6 「1」レイヤグループタブを🖱。

7 「グループ名」を「断面1/5」にする。

8 縮尺を「1/5」にする。

9 「グループの状態」ボタンを🖱し、書込レイヤグループにする。

10 「レイヤグループ名をステータスバーに表示する」にチェックを付け、「OK」ボタンを🖱。

☑ このチェックを付けることにより、ステータスバーの「書込レイヤ」ボタンに書込レイヤグループの名称も表示されます。

➡「1」レイヤグループが書込レイヤグループになり、ステータスバーの「縮尺」ボタンの表記も、「1」レイヤグループの縮尺「S=1/5」になる。

この状態で作図操作を行うことで、S=1/5の「1」レイヤグループに図面（ここでは断面図）を作図できます。

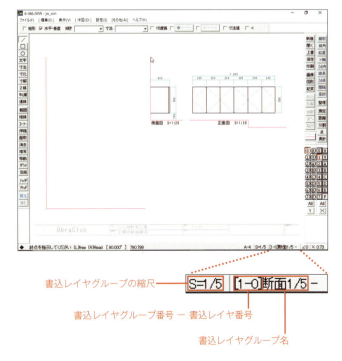

書込レイヤグループの縮尺　S=1/5
書込レイヤグループ番号 － 書込レイヤ番号
書込レイヤグループ名

TECHNIC 87 異縮尺のレイヤグループに図面の一部を切り取りコピーする

異なる縮尺のレイヤグループ間で、実寸法を保ったまま図の一部を複写（移動）するには、「コピー」（「切取」）＆「貼付」を利用します。

教材データ：6-087.jww

1 S=1/5図面の一部を切り取りS=1/1のレイヤグループにコピー

● 断面図の扉手掛け部分（○囲み部）を切り取りコピーし、レイヤグループ[2：部分詳細1/1]に貼り付けましょう。

1. レイヤグループバーの「2」レイヤグループボタンを🖰し、書込レイヤグループにする。
2. 「範囲」コマンドを選択し、コントロールバー「切取り選択」にチェックを付ける。
3. 切取り範囲の始点として、右図の位置で🖰。
4. 表示される選択範囲枠で右図のように囲み、終点を🖰。

   ➡ 選択範囲枠に全体が入る要素が選択色になり、選択範囲枠と交差する線が切り取りの対象として選択色の点線表示になる。

5. 扉の右上角を🖰✓ AM8時 コピー 。

   ☑ 5では、コントロールバー「基準点変更」ボタンを🖰し、右上角を🖰し、さらに「コピー」コマンドを🖰するという操作を1度の操作で行います。

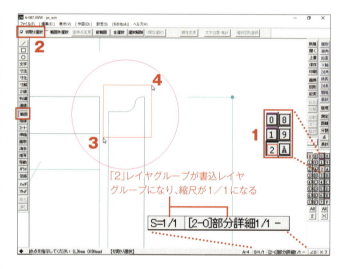

「2」レイヤグループが書込レイヤグループになり、縮尺が1/1になる

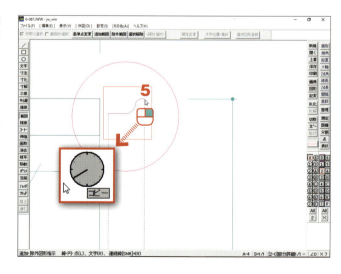

➡ 作図ウィンドウ左上に コピー と表示され、選択要素がクリップボードにコピーされる。

● コピーした要素を書込レイヤグループ［2：部分詳細1/1］の右下に貼り付けましょう。

6 「貼付」コマンドを選択する。

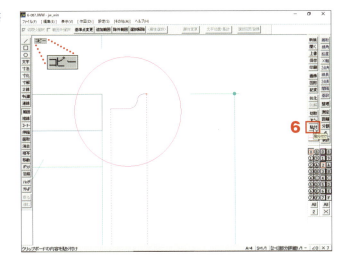

➡ 作図ウィンドウ左上に ●書込レイヤに作図 と表示され、書込レイヤグループ［2：部分詳細1/1］の縮尺1/1に準じた大きさで、貼付要素がマウスポインタに仮表示される。

> ☑ ●書込レイヤに作図 は、これから貼り付け位置を指示する要素が書込レイヤグループの書込レイヤ（ここでは2レイヤグループの0レイヤ）に作図されることを意味します。

7 貼り付け位置を🖱。

8 「／」コマンドを選択し、「貼付」コマンドを終了する。

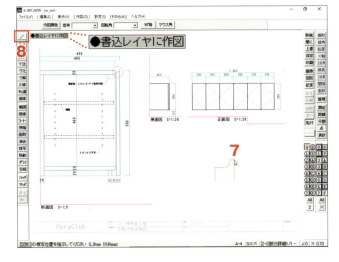

COLUMN 「複写」コマンドとの違い

5 で🖱 ✓AM7時 複写・移動 として、「複写」コマンドの「作図属性設定」ダイアログで「●書込みレイヤグループに作図」を指示することで、選択した要素を書込レイヤグループ「2」（S=1/1）に複写できます（右図）。
ただし、「複写」コマンドで縮尺の異なるレイヤグループに複写する場合、実寸法ではなく、用紙に対する大きさ（図寸）を保って複写します。そのため、正しい実寸法では複写されず、貼り付けるときに右図のような警告メッセージが表示されます。
実寸法を保って複写する場合には、**5**〜**7**で行った「コピー」＆「貼付」を利用してください。

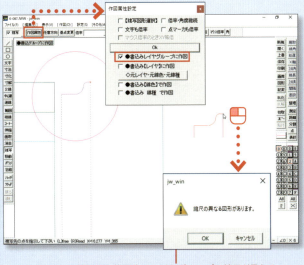

複写元と複写先のレイヤグループの縮尺が異なる場合に開く警告メッセージウィンドウ

TECHNIC 88 異縮尺図面では書込レイヤグループに留意する

異なる縮尺の図が混在する図面で、測定や寸法記入、寸法を指定して作図・編集するときには、対象とする要素が作図されているレイヤグループを書込レイヤグループにして操作を行う必要があります。

教材データ：6-088.jww

1 書込レイヤグループに関する注意点

教材図面を開き、そのまま「寸法」コマンドで正面図（S=1/20）の床から収納までの寸法（300mm）を記入すると、右図のように、「15（mm）」と記入されてしまいます。
これは、S=1/1の[2：部分詳細1/1]レイヤグループを書込レイヤグループにした状態で、S=1/20の図面に寸法を記入したことが原因です。実寸法は、現在の書込レイヤグループの縮尺で測定・寸法記入されるため、「15（mm）」と記入されます（S=1/20における300mmは、S=1/1換算では15mm）。

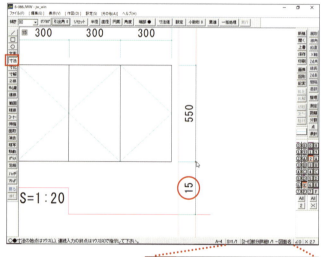
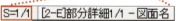

異なる縮尺の図が混在している図面で、各部の測定・寸法記入や、修正・加筆などを行う場合は、対象とする図と異なる縮尺のまま操作を行わないように注意が必要です。
次項のように属性取得を行うなどして、対象とする要素が作図されているレイヤグループを書込レイヤグループにすることを習慣づけましょう。

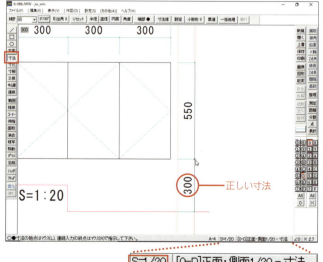

2 習慣づけたい属性取得

● 現在の書込線色・線種と書込レイヤ（レイヤグループ含む）を、指示した要素と同じ設定に変更する「属性取得」を利用して、正面図に寸法を書き加えましょう。

1 正面図の寸法線を🖱↓ AM6時 属性取得 。

☑ **1** では、「属取」コマンド（メニューバー［設定］-「属性取得」）を選択し、寸法線を🖱する操作を1度の操作で行います。

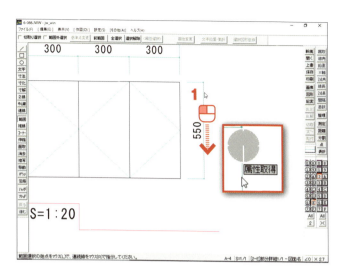

➡ 書込レイヤが **1** で🖱↓した寸法線の作図レイヤ［0］レイヤグループ（S=1/20）の「D」レイヤになる。

2 寸法を追加記入する。

➡ 正しい寸法（300）が記入される。

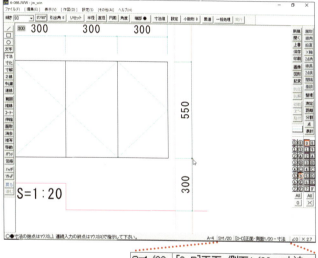

COLUMN　マークジャンプの利用

ズーム範囲を記憶する「表示範囲記憶」（☞p.72）と似たような機能で、ズーム範囲を複数登録しておき必要に応じて登録した範囲を表示する「マークジャンプ」機能があります。
縮尺の異なる図ごとに、その範囲と書込レイヤグループの情報をマークジャンプ登録すると、作図ウィンドウに表示する範囲と書込レイヤグループの切り替えが同時に行えます。
マークジャンプの利用方法は、次の単元、**TECHNIC 89** で紹介しています。

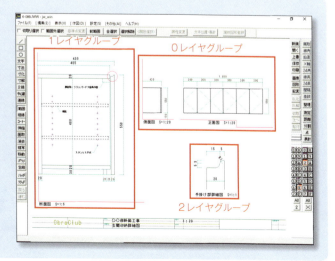

TECHNIC 89　異縮尺ごとの表示範囲と書込レイヤグループを切り替える

縮尺の異なる図ごとに、その表示範囲とレイヤグループを記憶（マークジャンプ登録）しておくことで、作図ウィンドウでの表示範囲と書込レイヤグループを、1度の操作で切り替えることができます。

教材データ：6-089.jww

1　マークジャンプ登録

● 正面・側面図の範囲と、それらが作図されているレイヤグループ「0」を、マークジャンプの〔1〕に登録しましょう。

1　正面・側面図の範囲を拡大表示する。

2　正面図の線を🖱↓ AM6時 属性取得 。

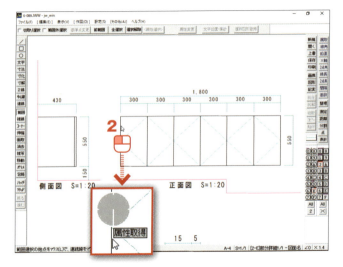

➡「1：正面・側面 1/20」が書込レイヤグループになる。

3　ステータスバー「画面倍率」ボタンを🖱。

4　「画面倍率・文字表示　設定」ダイアログの「レイヤグループ同時登録」にチェックを付ける。

☑「レイヤグループ同時登録」にチェックを付けることで、表示範囲とともに、現在の書込レイヤグループも登録されます。

5　〔1〕のチェックボックスを🖱し、チェックを付ける。

6　「設定OK」ボタンを🖱。

➡ 現在の画面表示範囲が、マークジャンプ〔1〕に登録される。

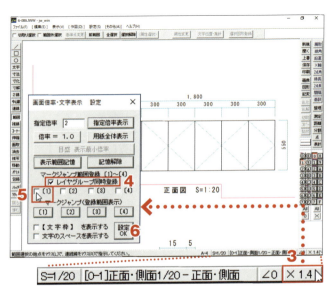

- 断面図の範囲を、マークジャンプ〔2〕として登録しましょう。

7 断面図を拡大表示する。

8 断面図の一部を属性取得し、書込レイヤグループを断面図が作画されている「1：断面1/5」レイヤグループにする。

9 ステータスバー「画面倍率」ボタンを🖱。

10 「画面倍率・文字表示 設定」ダイアログの「レイヤグループ同時登録」にチェックが付いていることを確認のうえ、〔2〕のチェックボックスを🖱し、チェックを付ける。

11 「設定OK」ボタンを🖱。

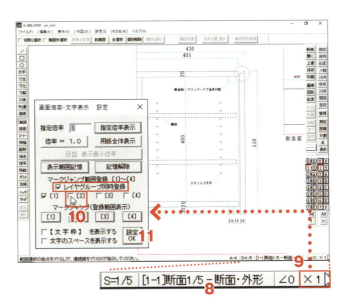

12 同様（**7**〜**11**）に、手掛け部詳細図もマークジャンプ〔3〕に登録する。

- マークジャンプ登録の情報を図面ファイルに保存するため、上書き保存しましょう。

13 「上書」コマンド（メニューバー［ファイル］－「上書き保存」）を🖱。

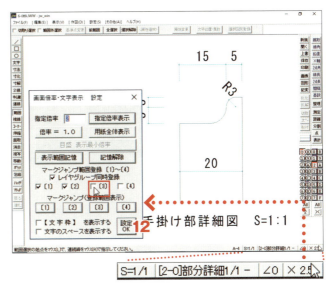

2 登録したマークジャンプの利用

- マークジャンプ〔1〕に登録した側面図・正面図に、表示を切り替えましょう。

1 ステータスバー「画面倍率」ボタンを🖱。

2 「画面倍率・文字表示 設定」ダイアログでマークジャンプ「〔1〕」ボタンを🖱。

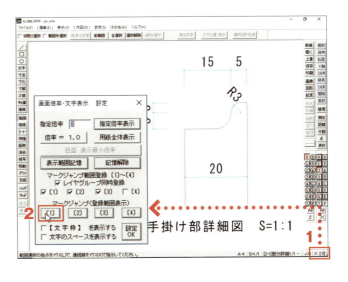

➡ マークジャンプ〔1〕として登録した正面図・側面図の範囲が、作図ウィンドウに表示され、書込レイヤグループも、マークジャンプ登録時の「0：正面・側面1/20」レイヤグループになる。

3 同様に「画面倍率」ボタンを🖱し、「画面倍率・文字表示　設定」ダイアログでマークジャンプ「〔2〕」ボタンや「〔3〕」ボタンを🖱することで、マークジャンプ登録した表示範囲と書込レイヤグループに切り替わることを確認する。

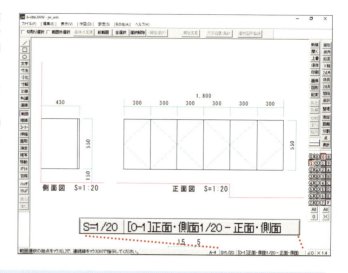

COLUMN 🖱ドラッグ上下左右にマークジャンプを割り当てる方法

「基本設定」コマンドで開く「jw_win」ダイアログの「一般（2）」タブの「マウス両ボタンドラッグによるズーム操作の設定」で、🖱ドラッグの上下左右にマークジャンプ登録番号（1〜4）を指定できます。右図のように設定した場合、作図ウィンドウ上で🖱→し、ジャンプ2と表示されたらボタンをはなすことで、マークジャンプ〔2〕に登録した範囲が表示されます。

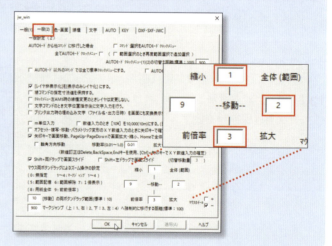

COLUMN マークジャンプ登録の解除

マークジャンプ登録を解除するには、「画面倍率・文字表示　設定」ダイアログを開き、解除するマークジャンプ番号を🖱してチェックを外し、「設定OK」ボタンを🖱します。

解除する番号のチェックを外す

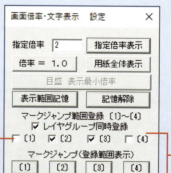

ダイアログのマークジャンプの番号は〔1〕〜〔4〕のみだが、Shiftキーを押したまま〔1〕〜〔4〕の各チェックボックスを🖱することで、さらに4カ所、マークジャンプを追加登録できる

それらの表示の切り替えは、Shiftキーを押したまま〔1〕〜〔4〕ボタンを🖱する

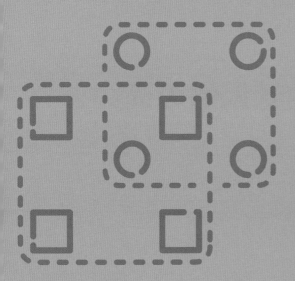

CHAPTER 7

ブロック・曲線属性の神速テクニック

TECHNIC	90	ブロックと曲線属性の違いを理解する
TECHNIC	91	曲線属性を解除する・曲線属性を持たせる
TECHNIC	92	ブロックの特性を理解する
TECHNIC	93	ブロックの有無や数を確認する
TECHNIC	94	名前を指定してブロックを選択する
TECHNIC	95	ブロックの数を集計する
TECHNIC	96	ブロックを解除する
TECHNIC	97	ブロックの集計結果をExcelの表に取り込む
TECHNIC	98	ブロックを編集する
TECHNIC	99	ブロックを一括して置き換える
TECHNIC	100	ブロックを作成する

TECHNIC 90　ブロックと曲線属性の違いを理解する

ブロックと曲線属性は、複数の要素をひとまとめにして1つの要素として扱うという機能は共通ですが、異なる点が多々あります。

教材データ：7-090.jww ／ 7-090A.jws ／ 7-090B.jws

1　ブロックと曲線属性の特性

● ブロックも曲線属性もどちらも複数の要素を1つの要素として扱うものですが、それぞれ以下のような特性を持ちます。

● ブロック

ブロックとは、複数の要素をひとまとめにして、名前と基準点情報を付加したもので、「ブロック化」コマンドで作成する。
ブロックの一部を「伸縮」「コーナー」「面取」コマンドなどで編集する、消す、線色・線種を変更するなどの編集は一切できない。
編集するには、ブロックを解除するか、あるいは「ブロック編集」コマンドを用いる。

● 曲線属性

曲線属性とは、連続する複数の線分を1つの要素として扱うもので、「曲線」コマンドで作図した曲線などがこの属性を持つほか、任意の要素に曲線属性を持たせることもできる。
曲線属性要素は、「伸縮」「コーナー」「面取」コマンドでは編集できない。直線部分に限り、「消去」コマンドの部分消しはできるが、その場合、部分消しした線の曲線属性は解除される。
「パラメトリック変形」コマンドでの変形や線色・線種の変更はできる。

ブロック要素と曲線属性要素は、「コーナー」コマンドなどで🖱したときに表示されるメッセージで区別できる

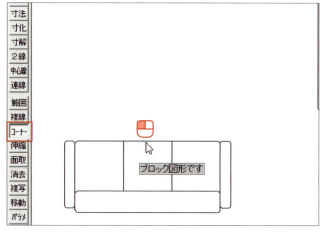

「コーナー」コマンドでブロック要素を🖱すると、ブロック図形ですと表示され、編集できない

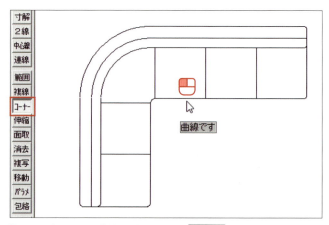

「コーナー」コマンドで曲線属要素を🖱すると曲線ですと表示され編集できない

2 ブロック要素と曲線属性要素の移動

● ブロック要素のソファを移動しましょう。

1 「範囲」コマンドで、ブロックになっている3人掛けソファを🖱(連続線選択)。

- ☑ 複数の要素をひとまとめとしたブロック要素や曲線属性要素は、範囲選択時にその一部を🖱(連続線選択)することで、選択できます。
- ➡ 🖱したブロックが選択色になり、その基準点に赤い○が表示される。
- ☑ ブロックは、基準点の情報を持っており、その点を、移動・複写などの基準点として利用できます。

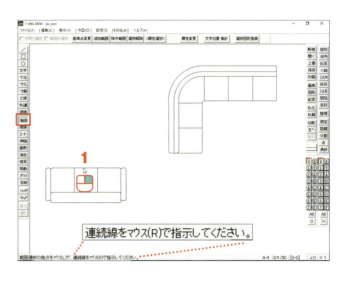

2 「移動」コマンドを選択する。

- ➡ 赤い○の位置を移動の基準点として、マウスポインタに移動要素が仮表示される。

3 コントロールバー「任意方向」ボタンを🖱し、「X方向」にする。

- ☑ 3により、移動方向がX方向に固定されます。

4 移動先の点として、L字ソファの右下端点を🖱。

5 「／」コマンドを選択して、「移動」コマンドを終了する。

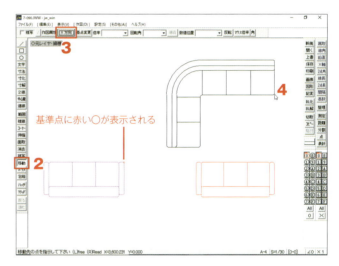

☑ 曲線属性要素の場合

1で、曲線属性要素であるL字ソファを🖱(連続線)した場合も、同じようにL字ソファ全体が選択色になります。ただし、曲線属性要素には基準点の情報はないため、通常の範囲選択同様、自動的に決められた基準点の位置に赤い○が表示されます。

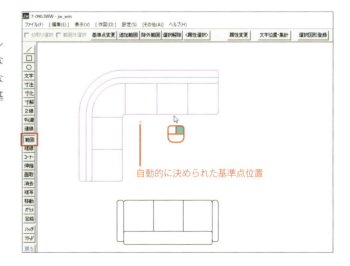

3 ブロック要素と曲線属性要素の図形

● 曲線属性要素を図形登録した「7-090A.jws」と、ブロック要素を図形登録した「7-090B.jws」を利用して、両者の違いを確認しましょう。

1 「図形」（メニューバー[その他]-[図形]）コマンドを選択する。

2 「ファイル選択」ダイアログで「jww_tech」フォルダーの図形「7-090A」（曲線属性要素）を🖱🖱。

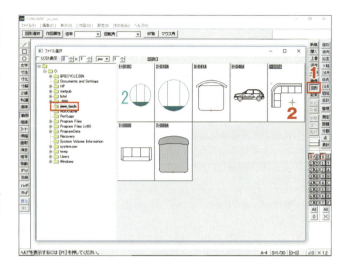

● 「線色6・点線2」で作図するよう指定して、配置しましょう。

☑ 図形は通常、登録時の線色・線種で作図されますが、作図属性設定の指定で、書込線色・線種で作図することができます。

3 書込線を「線色6・点線2」に設定する。

4 コントロールバー「作図属性」ボタンを🖱。

5 「作図属性設定」ダイアログの「●書込み【線色】で作図」と「●書込み 線種 で作図」にチェックを付け、「OK」ボタンを🖱。

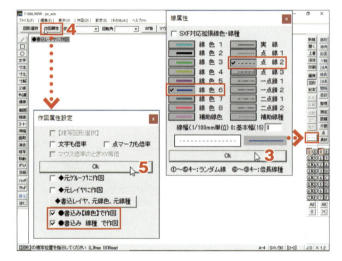

6 図形「7-090A」の配置位置を🖱。

➡ 書込線の「線色6・点線2」で図形「7-090A.jws」が作図される。

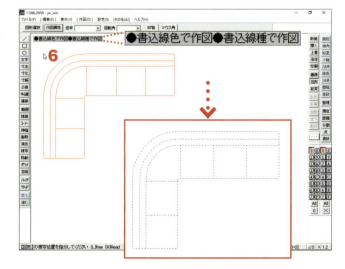

- 5で指定した作図属性は、Jw_cadを終了するまで有効です。続けて、ブロック要素の「7-090B.jws」も同様に配置しましょう。

7 コントロールバー「図形選択」ボタンを🖱。

8 「ファイル選択」ダイアログで、「7-090B」（ブロック要素）を🖱🖱。

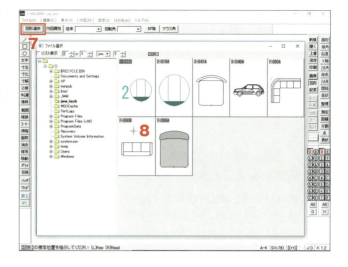

9 作図ウィンドウ左上に ●書込線色で作図 ●書込線種で作図 が表示されていることを確認し、配置位置を🖱。

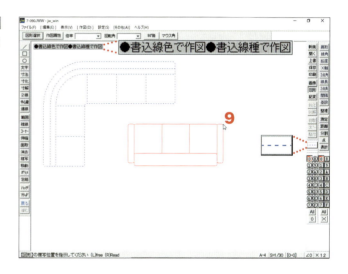

→ 書込線色・線種ではなく、登録時の線色2・実線で図形「7-090B.jws」が作図される。

10 「／」コマンドを選択し、「図形」コマンドを終了する。

☑ ブロックの線色・線種を変更することはできません。そのため、曲線属性要素の図形「7-090A.jws」と同じ作図属性設定（書込線色・線種で作図）で配置しても、ブロック要素の図形「7-090B.jws」は、図形登録時の線色・線種で作図されます。

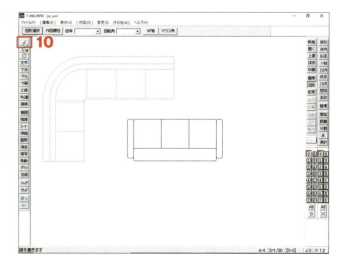

TECHNIC 91
曲線属性を解除する・曲線属性を持たせる

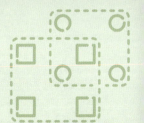

曲線属性要素の一部を「コーナー」や「伸縮」コマンドで編集するには、曲線属性を解除する必要があります。また、任意の複数の要素を選択し、それに曲線属性を持たせることができます。

教材データ：7-091.jww

1 曲線属性の解除

● L字ソファの曲線属性を解除しましょう。

1 「範囲」コマンドで、曲線属性を持つL字ソファの外形線を🖱（連続線）。

☑ 選択範囲枠で囲むことでも選択できます。しかし、このあとで行う曲線属性を解除するための指示は、曲線属性以外の属性もすべて解除してしまうので、解除対象の曲線属性要素を個別に🖱で選択する方法をお勧めします。

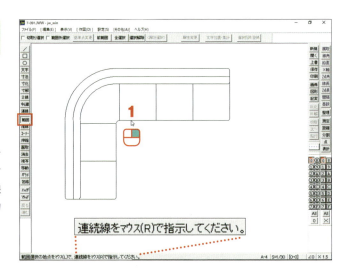

2 コントロールバー「属性変更」ボタンを🖱。

3 「全属性クリアー」にチェックを付け、「OK」ボタンを🖱。

➡ ダイアログが閉じ、選択した要素のすべての属性が解除されて元の色にもどる。

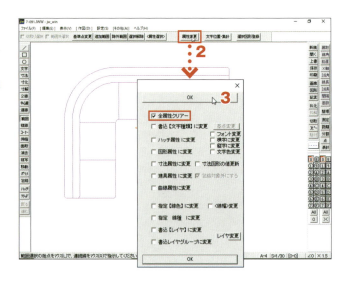

> **COLUMN** 曲線属性以外の属性を解除したくない場合

● 前項で曲線属性を解除したソファは、「図形」コマンドで配置したため、曲線属性のほかに図形属性も持っていました。しかし、「全属性クリアー」したことにより、曲線属性とともに図形属性も解除されました。
他の属性を解除せずに、曲線属性だけを解除することはできません。図形属性が必要な場合は、属性解除後、以下の手順で再び図形属性を持たせてください。

1 「範囲」コマンドのコントロールバー「前範囲」ボタンを🖱。

   ☑ コントロールバー「前範囲」ボタンをすると、直前の選択要素（この場合、**1**の**1**で選択した要素）が選択されます。

2 属性を解除した要素が選択されたことを確認し、コントロールバー「属性変更」ボタンを🖱。

3 「属性変更」のダイアログの「図形属性に変更」にチェックを付け、「OK」ボタンを🖱。

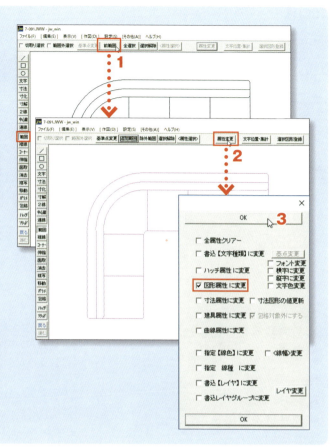

2 曲線属性を持たせる

● 自動車を範囲選択し、曲線属性を持たせましょう。連続していない複数の要素にも、曲線属性を持たせることができます。

1 「範囲」コマンドで、自動車を右図のように囲み、終点を🖱。

2 コントロールバー「属性変更」ボタンを🖱。

3 「曲線属性に変更」にチェックを付け、「OK」ボタンを🖱。

  → 選択した要素が曲線属性を持ち、1要素として扱えるようになる。

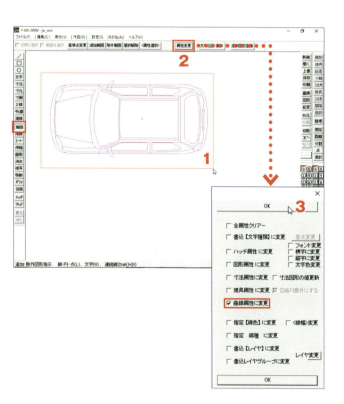

TECHNIC 92
ブロックの特性を理解する

複数の要素をひとまとめにしたブロックという概念は、他のCADにもありますが、その性質は、各CADによって異なります。Jw_cadのブロックの特性を知っておきましょう。

教材データ：7-092.jww

**特性1
複数の要素をひとまとめにして
1要素として扱われる**

- 「消去」コマンドでブロックの一部を🖱️した場合、ブロック全体が消去される。
- 「範囲」コマンドでブロックの一部を🖱️(連続線選択)することで、ブロック全体を選択できる（☞ p.225）。

**特性2
一部だけを編集することは
できない**

- ブロックの一部分を消すことや、線色・線種を変更するなどの編集はできない。
- 通常、「範囲」コマンドの「属性変更」でのレイヤ変更はできるが、「元データのレイヤを優先する」指定のブロックは、レイヤ変更もできない。
- ブロックを編集するには、ブロックを解除して行うか、または解除せずに「ブロック編集」コマンドで行う。

**特性3
基準点情報を保持している**

- ブロック作成時の基準点で移動・複写を行える（☞ p.225）。
- 範囲選択時、基準点が選択範囲枠外にあると、ブロック全体を選択範囲枠に入れても、そのブロックは選択されない。基準点が選択範囲枠内にあれば、ブロック全体が選択範囲枠に入っていなくても選択される。

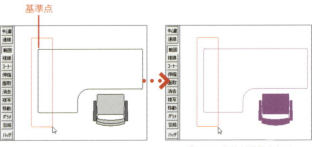

基準点

ブロック全体が選択される

特性4
独自の名前が付けられている

- ブロックは、作成時に独自の名前（ブロック名）を付ける。同じ図面ファイル上に、同じ名前で、内容の異なるブロックは存在できない。
- ブロック名により、次のことが行える。

ブロック名ごとにその数を集計できる
選択した要素内のブロックの数をそのブロック名ごとに集計し、集計結果を図面上に記入すること（☞ p.236）や、Excel表などに渡せるテキストファイルとして出力すること（☞ p.240）ができる。

名前を指定することで、特定のブロックだけを選択できる
範囲選択後の「〈属性選択〉」でブロック名を指定することで、選択要素から指定したブロックだけを選択できる（☞ p.234）。

同名のブロックを一括して変更できる
「ブロック編集」で1つのブロック図形を変更することにより、同じ名前のブロック図形すべてを変更できる（☞ p.244）。

特性5
多重構造のブロックを扱える

ブロックをさらにブロック化した多重構造のブロックを扱える。ただし、ブロック数集計やブロック解除の対象になるのは、最上層のブロックのみである。

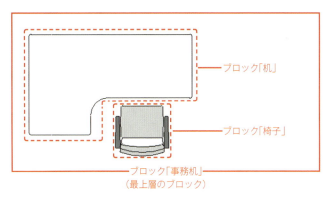

特性6
属性取得時、ブロック編集に移行するダイアログが開く

ブロックを属性取得した場合、属性取得とともに、そのブロック編集を行うための「選択されたブロックを編集します」ダイアログが開く。「OK」ボタンを🖱で、ブロック編集ウィンドウに切り替わる（☞ p.244）。ブロック編集を行わない場合は「キャンセル」ボタンを🖱する。

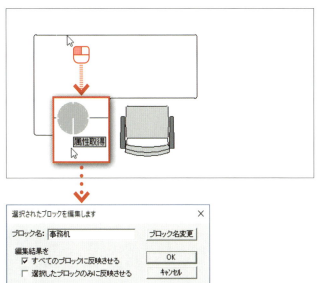

TECHNIC 93 ブロックの有無や数を確認する

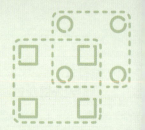

開いた図面内にブロックが存在しているかを、「jw_win」ダイアログの要素数で確認できます。また、どの図がブロックなのかは、「ブロックツリー」ダイアログで確認できます。

教材データ:7-093.jww

1 ブロック数の確認

● 図面内にブロックがあるかどうかは、基本設定の「jw_win」ダイアログの要素数で確認できます。

1. 「基設」コマンド(メニューバー[設定]－「基本設定」)を選択する。
2. 「jw_win」ダイアログの「一般(1)」タブの最下行「ブロック,ソリッド」ボックスの数値を確認する。
   - ☑ 最下行の「ブロック,ソリッド」ボックスの「,」(カンマ)の前の数字が図面内のブロック数です。

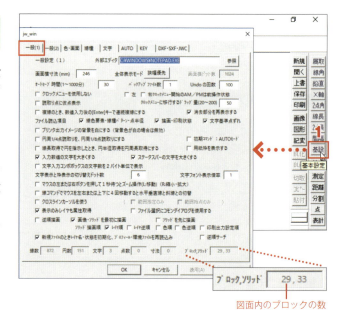

図面内のブロックの数

2 ブロックツリーで図面内のブロックを確認

● 図面内のすべてのブロックの名前を一覧表示する「ブロックツリー」ダイアログを開きましょう。

1. メニューバー[表示]－「ブロックツリー」を🖱。
   - ☑ 表示されるプルダウンメニューの「ブロックツリー半透明化」にチェックが付いている場合、「ブロックツリー」ダイアログが透過表示されます。

☑ 「ブロックツリー」ダイアログで、フォルダアイコン表示されているのがブロックです。フォルダアイコンの先頭に田マークがあるブロックは多重構造になっており、その内(下)部に、さらにブロックがあります。

2 右図のブロック「事務机」を🖱🖱。

→ 2のブロック下にその内部のブロックが表示され、作図ウィンドウでは2のブロックが選択色になる。

3 「事務机」下に表示されたブロック「椅子」を🖱。

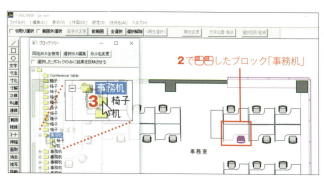

→ 作図ウィンドウで3のブロックが選択色になる。

4 「ブロックツリー」ダイアログ右上の×を🖱し、ダイアログを閉じる。

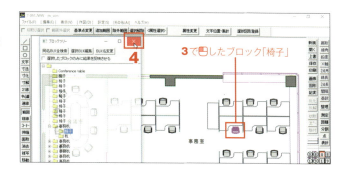

☑ 多重ブロック

ブロックをさらにブロック化した多重構造のブロックは、「ブロックツリー」ダイアログでは、図のようなフォルダー構造で表示されます。

前ページの2で確認したブロック数は、最上層のブロックの数です。多重構造のブロック内部のブロックは含まれません。

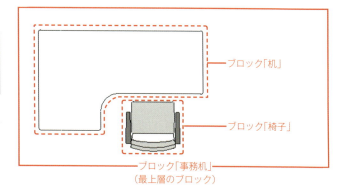

ブロック「机」
ブロック「椅子」
ブロック「事務机」
（最上層のブロック）

TECHNIC 94
名前を指定してブロックを選択する

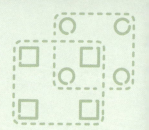

「属性選択」で、ブロック名を指定することにより、その名前のブロックのみを選択できます。

📄 教材データ：7-094.jww

1 指定した名前のブロックのみを選択

● ブロック「椅子」だけを選択し、消去しましょう。

1 「範囲」コマンドで、コントロールバー「全選択」ボタンを🖱。

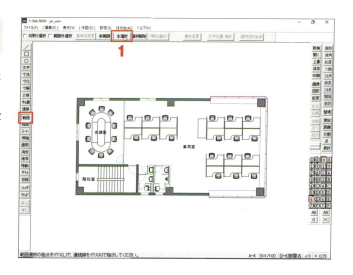

➡ すべての要素が選択色になる。

2 コントロールバー「〈属性選択〉」ボタンを🖱。

3 「（ブロック名指定）」を🖱。

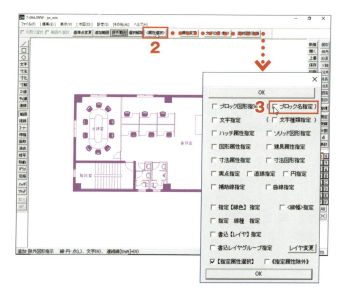

4 「ブロック名を指定して選択」ダイアログで、「ブロック名」ボックスの▼を🖱し、表示されるリストの「椅子」を🖱して選択する。

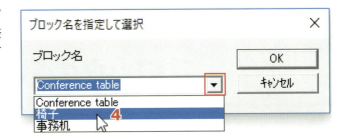

5 「OK」ボタンを🖱。

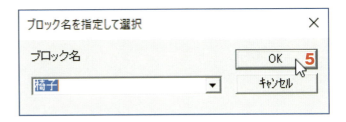

6 属性選択のダイアログで、「ブロック図形指定」「(ブロック名指定)」「【指定属性選択】」の3カ所にチェックが付いていることを確認し、「OK」ボタンを🖱。

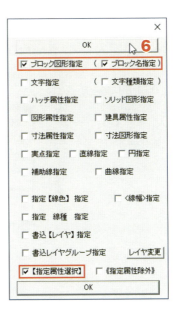

➡ **1**で選択色になった要素の中から、ブロック名が「椅子」のブロックだけが選択される。

☑ **2**～**6**の指定で選択できるのは、最上層のブロックだけです。多重構造のブロック「事務机」内にあるブロック「椅子」は選択されません。

7 「消去」コマンドを選択する。

➡ 選択色のブロック「椅子」が消去される。

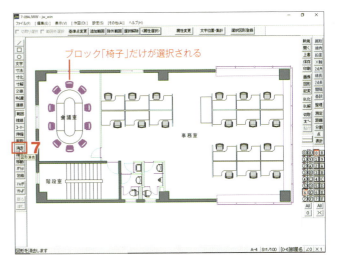

TECHNIC 95 ブロックの数を集計する

図面内のブロックの数をブロック名ごとに集計し、その結果を図面上に記入できます。

教材データ：7-095.jww

1 ブロック数の集計と結果記入

- 教材図面「7-095.jww」は、**TECHNIC 93** の教材と同じ内容の図面です。ブロック数を集計し、その結果を図面上に記入しましょう。

1. 「範囲」コマンドで、図面全体を囲み、終点を🖱（文字を除く）。

   ☑ これから利用する「文字位置・集計」は、文字要素とブロックを対象とします。ここでは、ブロックだけを集計するため、範囲選択の終点を🖱（文字を除く）して、対象に文字要素を含めないようにします。

➡ 選択範囲枠に入る文字以外の要素が選択色になる。

2. コントロールバー「文字位置・集計」ボタンを🖱。

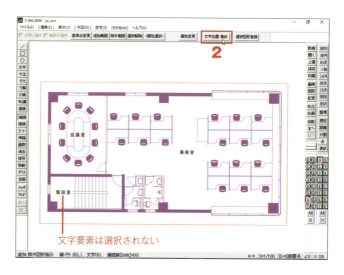

→ ブロックだけが選択され、他の要素は元の表示色に戻る。

3 コントロールバー「集計書込」ボタンを🖱。

4 「文字集計設定」ダイアログの「書込文字種」ボックスを「3」に変更する。

5 「ブロック名も集計する」にチェックを付ける。

☑ 4では、集計結果を記入する文字種を指定します。5のチェックを付けない場合、選択した文字要素の数を、その記入内容ごとに集計します。

6 「OK」ボタンを🖱。

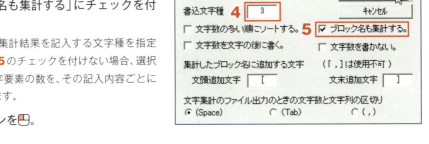

7 コントロールバーの「行間」ボックスの行間を確認、適宜変更し、集計結果の記入位置（1行目の文字の基点位置）を🖱。

→ 🖱位置に1行目の基点（右図の設定では左下）を合わせ、集計結果が4で指定した文字種で記入される。

☑ 集計されるのは、最上層のブロックのブロック名だけです。多重構造のブロック「事務机」内にあるブロック「机」と「椅子」の数は集計されません。これらを集計するには、ブロック「事務机」を解除して、ブロック「机」と「椅子」に分解する必要があります。

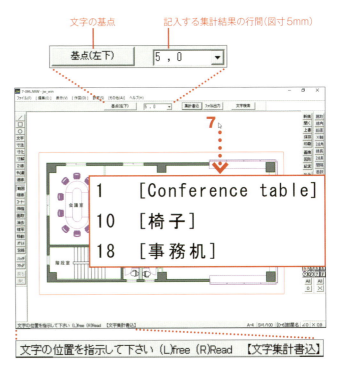

TECHNIC 96 ブロックを解除する

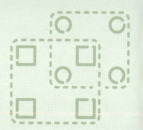

多重構造のブロックの内部のブロックを集計したい場合や、ブロックを線・円・円弧・点・文字などの基本要素に分解したい場合は、対象とするブロックを選択し、「ブロック解除」を指示します。

教材データ：7-096.jww

1 ブロックの解除

- 教材図面「7-096.jww」は、**TECHNIC 95** と同じ内容の図面です。ブロック「事務机」内のブロック「机」と「椅子」の数も集計できるよう、ブロック「事務机」を解除して、ブロック「机」と「椅子」に分解しましょう。

1. 「範囲」コマンドで、右図のように解除対象のブロックを囲み、終点を🖱。
   - ☑ 解除対象として、ブロック「事務机」だけを選択するため、ここでは「追加範囲」を利用して、2回に分けて「事務机」を範囲選択します。より厳密にブロック「事務机」だけを選択するには、p.234 の **TECHNIC 94** の方法をお勧めします。

2. 追加選択範囲の始点位置から🖱↘AM5時 追加範囲 。
   - ☑ **2** は、コントロールバー「追加範囲」ボタンを🖱して、追加範囲の始点を🖱する操作を1度の操作で行います。

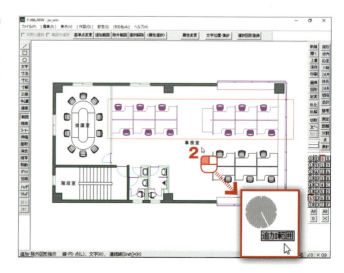

3 追加選択するブロックを囲み、終点を🖱。

☑ 教材図面にはありませんが、選択範囲枠にブロック全体を入れてもブロックが選択されないことがあります。そのようなブロックは、基準点が選択範囲枠の外にあります。その場合は、Shiftキーを押したまま、ブロックを🖱（連続線）して、追加選択してください。

4 「BL解」コマンド（メニューバー[編集]－「ブロック解除」）を🖱。

→ 選択したブロックが解除され、ブロック「事務机」は、ブロック「机」と「椅子」に分解される。

5 「ブロックツリー」ダイアログを開き、ブロック「事務机」が分解されたことを確認する。

☞ ブロックツリ→p.232

COLUMN 図面内のすべてのブロックを解除

図面内のすべてのブロックを解除するには、**1**～**3**の操作の代わりに、「範囲」コマンドのコントロールバー「全選択」ボタンを🖱し、すべての要素を選択して**4**の操作を行ってください。
ただし、1回のブロック解除操作で解除されるのは、最上層のブロックだけです。最下層まですべてのブロックを解除するには、「jw_win」ダイアログ「一般(1)」タブのブロック数（→p.232）が「0」になるまで、「全選択」⇒「ブロック解除」を繰り返してください。

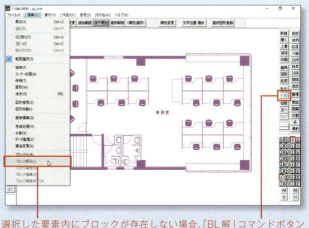

選択した要素内にブロックが存在しない場合、「BL解」コマンドボタンおよびメニューバー[編集]の「ブロック解除」コマンドはグレーアウトする

TECHNIC 97
ブロックの集計結果をExcelの表に取り込む

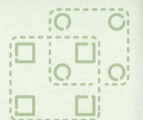

集計結果をテキストファイルに保存することで、Excelなど、他のアプリケーションに集計結果を渡すことができます。

教材データ：7-097.jww ／ 7-097A.xlsx

1 ブロックの集計結果をテキストファイルに保存

- p.238の **TECHNIC 96** で、ブロック「事務机」を解除したあとの図面「7-097.jww」のブロックを集計し、その結果をテキストファイルとして保存しましょう。

1 「範囲」コマンドで、図面全体を囲み、終点を🖱（文字を除く）。

2 コントロールバー「文字位置・集計」ボタンを🖱。

3 コントロールバー「ファイル出力」ボタンを🖱。

4 「ブロック名も集計する」「文字数を文字の後に書く」の2カ所にチェックを付ける。

5 「集計したブロック名に追加する文字」の「文頭追加文字」ボックスを🖱し、記入されている文字をDeleteキーで消してブランク（何も記入されていない状態）にする。同様に、「文末追加文字」ボックスもブランクにする。

6 「文字集計のファイル出力のときの文字数と文字列の区切り」として、「（Tab）」を選択する。

7 「OK」ボタンを🖱。

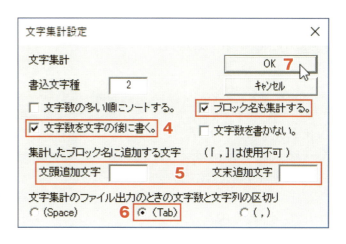

8 「名前を付けて保存」ダイアログのフォルダーツリーで、保存する場所として「デスクトップ」を選択する。

☑ 「保存する場所」に特別な決まりはありませんが、ここでは、ファイルが保存されたことを確認しやすいよう、デスクトップにしました。

9 「ファイル名」ボックスにファイル名（ここでは「097」）を入力する。

10 「保存」ボタンを🖱。

➡ 8で指定したデスクトップに9で指定したファイル名でテキストファイル「097.txt」が保存される。

集計結果がWindowsのデスクトップに「097.txt」として保存される

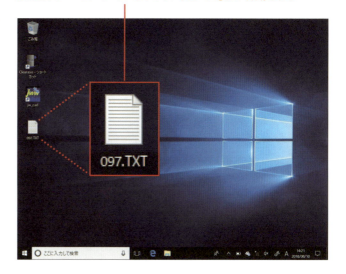

2 保存したテキストファイルをExcel表に取り込む

※以下の操作には「Microsoft Excel」が必要です。

● Excelで教材「7-097A.xlsx」を開き、前項でテキストファイルとして保存した「097.txt」を取り込みましょう。

1 Excelで「7-097A.xlsx」を開く。

2 集計結果の挿入位置(先頭)として、ワークシート「Sheet1」の「B3」セルを🖱。

3 「データ」タブを🖱。

4 「外部データの取り込み」の「テキストファイル」を🖱。

☑ Excel2016の場合は次ページCOLUMNを参照してください。

5 「テキストファイルのインポート」ダイアログのフォルダーツリーで、「デスクトップ」を🖱で選択する。

6 前項で保存した「097.txt」を🖱で選択する。

7 「インポート」ボタンを🖱。

8 「テキストファイルウィザード-1/3」で、「元のデータの形式」として、「カンマやタブなどの区切り文字によってフィールドごとに区切られたデータ」を選択し、「次へ」ボタンを🖱。

9 「テキストファイルウィザード-2/3」で、「区切り文字」欄の「タブ」にチェックが付き、「データのプレビュー」で名称と数が区切られていることを確認し、「次へ」ボタンを🖱。

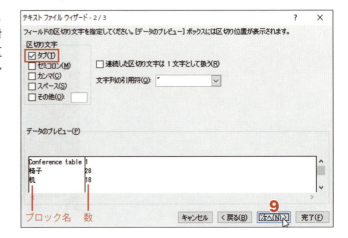

10 「テキストファイルウィザード-3/3」で、「列のデータ形式」が「G/標準」であることを確認し、「完了」ボタンを🖱。

11 「データの取り込み」ダイアログの「データを返す先」として「既存のワークシート」が選択されていることを確認し、「OK」ボタンを🖱。

→ 右図のように、集計したブロックのブロック名とその数が挿入される。

12 「見積書」ワークシートを🖱。

☑ 「7-097A.xlsx」では、「Sheet1」の「名前（ブロック名）」列と「数量」列に取り込んだ内容が、「見積書」ワークシートの「摘要」列と「数量」列に反映されるように設定されています。

COLUMN　Excel 2016の場合

● Excel 2016の場合、はじめに、次の **1～3** の設定をしてください。

1 ［ファイル］—「オプション」を選択する。

2 「Excelのオプション」ダイアログの「データ」を選択する。

3 「レガシ データ インポート ウィザードの表示」欄の「テキストから（レガシ）」にチェックを付け、「OK」ボタンを🖱。

そのうえで、前ページの **1～3** を行い、続けて次の **4** を行ってください。

4 「データの取得」を🖱し、「従来のウィザード」を🖱し、さらに表示される「テキストから（レガシ）」を🖱。

以降、p.242の **5** ～の操作を行います。

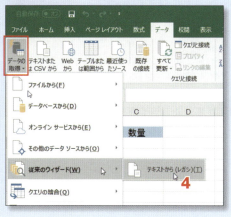

TECHNIC 98
ブロックを編集する

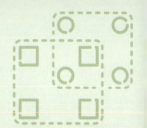

「ブロック編集」コマンドでは、ブロックを解除しなくてもブロック内の要素の線色・線種変更や編集が行えます。1つのブロックを編集することで、図面上の同じ名前のブロックすべてに変更を反映することもできます。

教材データ：7-098.jww

1 ブロックの編集

- 教材図面「7-098.jww」は、TECHNIC 93の図面と同じ内容の図面です。会議室のブロック「椅子」を編集して、肘掛のない椅子にしましょう。

1. 会議室の椅子を🖱↓ AM6時 属性取得 。

    ➡ 🖱↓した要素が属性取得され、🖱↓したブロック名が表示された「選択されたブロックを編集します」ダイアログが開く。

2. 「すべてのブロックに反映させる」にチェックが付いている状態で、「OK」ボタンを🖱。

    ☑ 1で🖱↓したブロックと同じブロックすべてに編集結果を反映させるため、「すべてのブロックに反映させる」にチェックを付けます。1で🖱↓したブロックのみを編集し、他の同じブロックに編集結果を反映させない場合は、「選択したブロックのみに反映させる」にチェックを付けます。その場合、編集したブロックのブロック名は自動的に変更されます。

    ➡ 1で🖱↓したブロック「椅子」のブロック編集ウィンドウに切り替わる。

3. 編集対象の椅子を拡大表示する。

    編集対象のブロックがブロック化時の角度で表示され、それ以外はグレーで表示

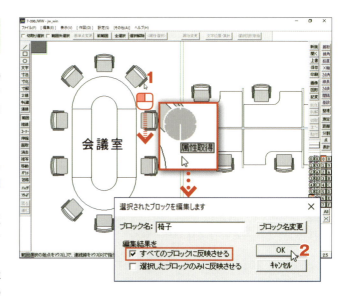

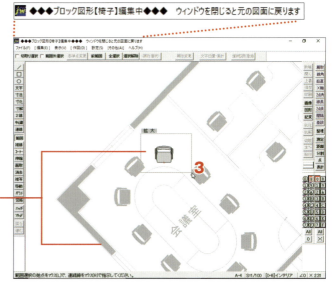

☑ ブロック編集ウィンドウでは、大部分のコマンドが通常の作図時と同様に使用できます（使用できないコマンドはグレーアウトされる）。編集対象のブロックは、ブロックにする前のレイヤにブロックにしたときの角度で表示されます。それ以外の要素はグレー表示され、編集できません。また、レイヤの表示状態は、「ブロック編集」ウィンドウを開く前の表示状態のままです。

4 「範囲」コマンドで、追加範囲（☞ p.82）を利用して、両側の肘掛を選択する。

5 「消去」コマンドを選択する。

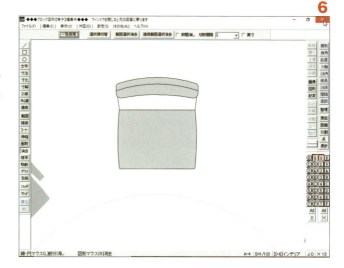

➡ 4で選択した肘掛部分が消去される。

6 タイトルバーの×（閉じる）を🖱し、ブロック編集を終了する。

☑ 6の代わりに、メニューバー［編集］-「ブロック編集終了」を🖱することでも終了できます。

➡ ブロック編集ウィンドウが閉じ、タイトルバーの表示が、編集中の図面名表示に戻る。選択・編集したブロックと同じブロックすべてが、同じ形状に変更される。

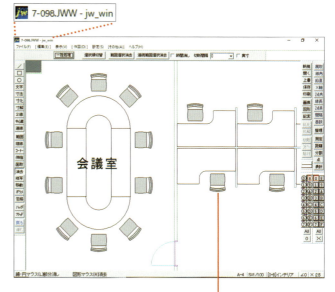

多重構造のブロック内部のブロック「椅子」にも変更結果が反映される

CHAPTER 7 ブロック・曲線属性の神速テクニック

TECHNIC 99 ブロックを一括して置き換える

Jw_cadには、ブロックAをブロックBに置き換える機能はありませんが、「ブロック編集」を利用することで、置き換えと同じ結果を得ることができます。

教材データ：7-099.jww ／ 7-099A.jws

1 ブロック編集によるブロックの置き換え

● ブロック「椅子」を違う形状の椅子に置き換えましょう。ブロック「椅子」の現在の椅子を「ブロック編集」で消して、形状の異なる椅子を作図します。

1 椅子を🖱↓ AM6時 属性取得 。

→ 🖱↓した要素が属性取得され、🖱↓したブロック名が表示された「選択されたブロックを編集します」ダイアログが開く。

2 「すべてのブロックに反映させる」にチェックが付いている状態で、「OK」ボタンを🖱。

→ **1**で🖱↓したブロック「椅子」のブロック編集ウィンドウに切り替わる。

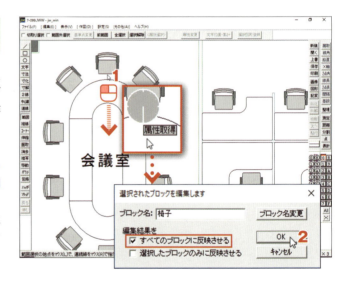

● ブロックの基準点位置を示す赤い○は表示上のもので、🖱での読み取りはできません。赤い○の位置（座面下辺の中点）に仮点を作図しましょう。

3 「点」コマンド（メニューバー[作図]－「点」）を選択する。

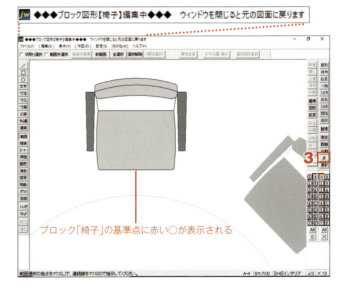

ブロック「椅子」の基準点に赤い○が表示される

4 コントロールバー「仮点」にチェックを付ける。

5 座面下辺を🖱️→AM3時 中心点・A点 。
➡ **5**の線の中点に仮点が作図される。

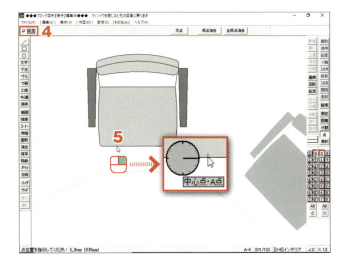

● 椅子を消去しましょう。

6 「範囲」コマンドで椅子全体を囲み、終点を🖱️。

7 「消去」コマンドを選択する。
➡ 選択した椅子全体が消える。

● 「図形」コマンドで、他の形状の椅子「7-099A.jws」を、**5**で作図した基準点に配置しましょう。

8 「図形」コマンド(メニューバー[その他]-「図形」)を選択する。

9 「ファイル選択」ダイアログで、「jww-tech」フォルダーに収録の図形「7-099A」を🖱️🖱️で選択する。

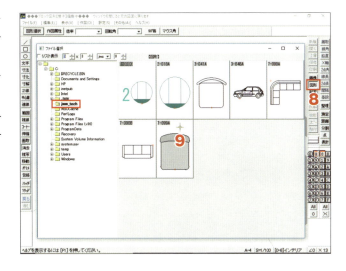

10 配置位置として仮点を🖱。

☑ 「7-099A.jws」はブロックにはなっていませんが、配置した図形がブロックになっている場合、不要な多重構造ブロックを作らないよう、ブロック編集を終了する前にブロックを解除します。

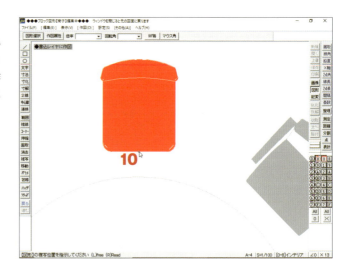

● 役目の終わった仮点を消去したうえで、ブロック編集を終了しましょう。

11 「点」コマンド（メニューバー［作図］－「点」）を選択する。

12 コントロールバー「全仮点消去」ボタンを🖱。

➡ 仮点が消去される。

13 タイトルバー右の×を🖱して、「ブロック編集」を終了する。

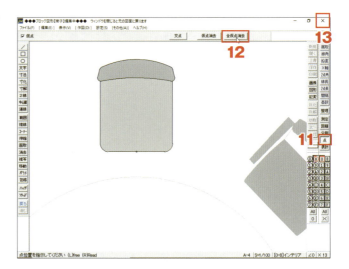

➡ すべてのブロック「椅子」の形状が、10で配置した図形の形状に置き換わる。

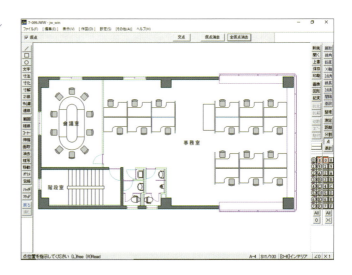

COLUMN　ブロック名の変更

● 1でブロック「椅子」を別の形状の椅子に一括して置き換えましたが、ブロック名は「椅子」のままです。ブロック名も一括して変更するには、以下の手順で「ブロック名の変更」を行います。

1 ブロック名を変更するブロック「椅子」を🖱↓ AM6時 属性取得 。

→ 🖱↓した要素が属性取得され、🖱↓したブロック名が表示された「選択されたブロックを編集します」ダイアログが開く。

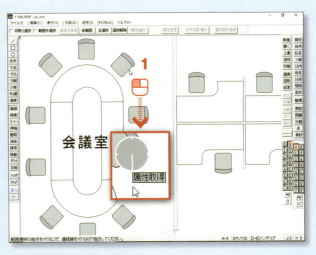

2 「ブロック名」を「chair」に書き換える。

3 「すべてのブロックに反映させる」にチェックが付いていることを確認し、「ブロック名変更」ボタンを🖱。

☑ 1で🖱↓したブロックのみ名前を変更する場合は、「選択したブロックのみに反映させる」にチェックを付けます。

→ 図面内のすべてのブロック「椅子」のブロック名が「chair」に変更される。

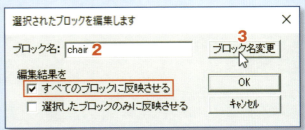

4 メニューバー［表示］－「ブロックツリー」を選択し、「ブロックツリー」ダイアログで、「椅子」のブロック名が変更されたことを確認する。

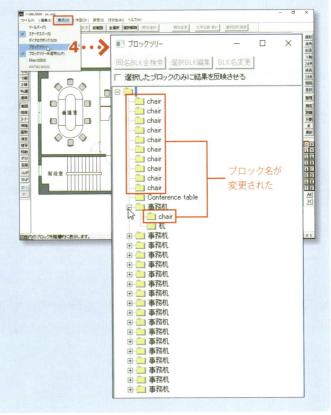

TECHNIC 100
ブロックを作成する

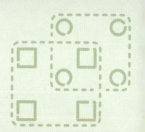

対象となる図を選択してから「ブロック化」で基準点を指定し、ブロック名を付けることで、ブロックが作成できます。

📄 教材データ：7-100.jww

1 ブロック化前のレイヤ分けを確認

● ブロック作成後と比較するため、ブロック作成前にレイヤ分けを確認しましょう。

1. レイヤバーで書込レイヤ「0」を🖱。
2. 「レイヤ一覧」ウィンドウで、レイヤ分けを確認する。
3. タイトルバーの×を🖱し、「レイヤ一覧」ウィンドウを閉じる。

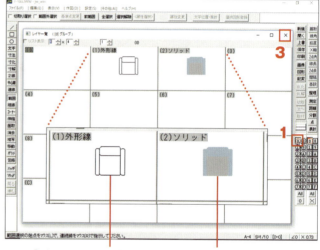

「1」レイヤに外形線、「2」レイヤにソリッドが作図されたソファ

2 ブロックの作成

● 1人掛けソファを、名前「sofa1」としてブロック化しましょう。

1. 「範囲」コマンドで、ソファ全体を囲み、終点を🖱。
   ☑ この図面のソリッドは曲線属性要素です。曲線属性要素をブロック化した場合、その曲線属性は解除されます。

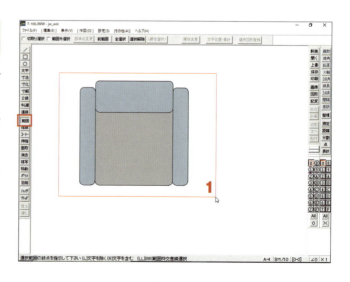

2 コントロールバー「基準点変更」ボタンを🖱。

3 基準点として座面下辺を🖱→AM3時 中心点・A点 。

> ☑ 🖱→AM3時 中心点・A点 、🖱↓AM6時 オフセット 、🖱←AM9時 線上点・交点 を使用して基準点を指示する場合に限り、2の操作は省略できます。
>
> ➡ 3の線分の中点が基準点になり、赤い○が仮表示される。

4 「BL化」コマンド（メニューバー［編集］－「ブロック化」）を選択する。

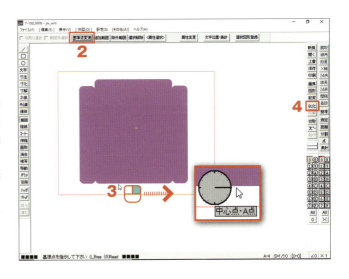

5 「選択した図形をブロック化します」ダイアログで、「ブロック名」ボックスにブロック名（ここでは「sofa1」）を入力する。

6 「OK」ボタンを🖱。

> ➡ 選択した要素が、5の点を基準点としたブロック「sofa1」になる。

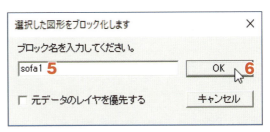

● ブロック作成後のレイヤ分けを確認しましょう。

7 レイヤバーで書込レイヤ「0」を🖱。

8 「レイヤ一覧」ウィンドウで、ブロック化したすべての要素が書込レイヤ「0」に変更されたことを確認する。

> ☑ ブロック化時の書込レイヤにブロック情報が作成され、ブロックの各要素もそのレイヤにまとめられます。ただし、各要素のブロック化前のレイヤ情報は保持されており、ブロック編集時には、ブロック化前のレイヤになります。また、6で「元データのレイヤを優先する」にチェックを付けた場合は、ブロック化後も各要素のレイヤは元のままでそのブロックのレイヤを変更することはできません。この「元データのレイヤを優先する」の指定を「ブロック属性」と呼び、メニューバー［編集］－「ブロック属性」で変更できます。

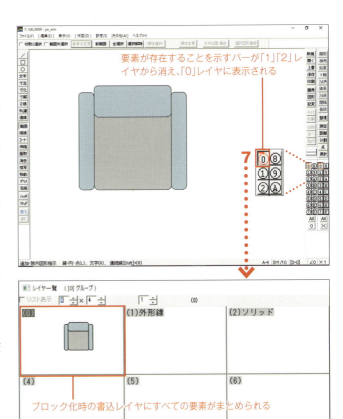

索引

※ ☞マークのある用語は、以降の用語を参照のこと

記号・数字

／コマンド ▶ 3寸勾配を作図 ... 77
　　　　　▶ 鉛直線を作図 ... 102、103、178
　　　　　▶ 矢印・寸法値付 ... 177
2点の中心を点指示 ... 60

アルファベット

Ctrlキー ... 71、189
Direct2D ... 15、75
Excel ... 242
Jw_cadのインストール・バージョンアップ ... 13
Jw_cadの画面 ... 16
Jw_cadのバージョン確認 ... 12
JWF ... 44、174、192、194
JWL ... 204、206
NOTEPAD ... 23、146、158、194、206
Shiftキー ... 71、83、189
SXF対応拡張線色・線種 ... 17
Tabキー ... 25、74、133、186

五十音

ア

移動コマンド ... 106、108、110
　▶ X方向・Y方向 ... 39、225
　▶ 作図属性（文字も倍率） ... 118
　▶ 左右反転 ... 117
　▶ 倍率 ... 117、118
　▶ 反転（文字方向補正） ... 149
　▶ マウス倍率 ... 119
インストール ... 13
延長上に線を作図 ... 104、105
円の1/4・1/8点を点指示 ... 62、112
円の中心を点指示 ... 59、114
円を等分割 ... 112
オフセット ... 68、69

カ

書込レイヤ ... 86、180、182
書込レイヤボタン ... 16、86、181
拡大表示 ... 18、72
角度取得 ... 78
　▶ 2点間角度 ... 114
　▶ X軸（ー）角度 ... 108
　▶ 軸角 ... 110
　▶ 線鉛直角度 ... 102
　▶ 線角度 ... 104、106、111、113
角度入力 ▶ ±180° ... 107
　▶ 勾配 ... 77
　▶ 度分秒 ... 77
仮想交点を点指示 ... 66
画像を範囲選択 ... 80
画面倍率ボタン ... 16、72、73、126、155、220
仮点・仮点消去 ... 246、248

間隔取得 ... 156
環境設定ファイル ▶ 編集・作成 ... 194、206
　　　　　　　　▶ 読込み（JWF） ... 44、174、192
　　　　　　　　▶ 読込み（JWL） ... 204
キーボードからコマンド選択 ... 25
キーボード入力 ... 9、77
基準線までの一括伸縮 ... 96、99
基本設定 ... 15
　▶ KEY ... 24
　▶ 一般(1) クロックメニュー ... 27、53、62
　▶ 一般(1) 表示のみレイヤも属性取得 ... 185
　▶ 一般(1) 要素数 ... 172、233
　▶ 一般(2) ズーム設定 ... 74、75、222
　▶ 一般(2) レイヤ非表示化→レイヤ表示のみ化 ... 187
　▶ 文字 ... 134、135、140
強制改行指示 ... 155
曲線属性 ... 224
曲線属性の解除 ... 228
曲線属性を持たせる ... 229
距離指定点コマンド ... 128
切取り選択 ... 216
クリック ... 9
クロックメニュー ... 9、26
　▶ 2点間角 ... 114
　▶ PMメニューへの切替 ... 27、53
　▶ X軸（ー）角度 ... 108
　▶ 円周1/4点（円周1/8点） ... 62、63
　▶ 円上点 ... 103
　▶ 鉛直・円周点 ... 103、178
　▶ 鉛直角 ... 102
　▶ オフセット ... 68、69
　▶ 確定 基点 ... 108、119
　▶ コピー ... 122、216
　▶ 軸角取得 ... 110
　▶ 消去 ... 32、34、35、37、47
　▶ 除外範囲 ... 83
　▶ 伸縮 ... 33、35、43
　▶ 数値長 ... 78
　▶ 進む ... 31
　▶ 寸法値 ... 42
　▶ 線・円交点 ... 67
　▶ 線・矩形 ... 35、42、58
　▶ 線角度 ... 104、106、111
　▶ 線角度（円接線に平行） ... 113
　▶ 線上点・交点（仮想交点） ... 66
　▶ 線上点・交点（線上の点） ... 64、104、178
　▶ 全属性取得 ... 79
　▶ 選択確定 ... 40、86、146、173
　▶ 属性取得 ... 132、185、219、244
　▶ 端点移動 ... 43
　▶ 端点指定 ... 41、105
　▶ 中間消去 ... 100、101
　▶ 中心点・A点（2点の中心） ... 60
　▶ 中心点・A点（円の中心） ... 59、114
　▶ 中心点・A点（線の中点） ... 58
　▶ 追加範囲 ... 82
　▶ 同一文字種選択 ... 142
　▶ 範囲選択 ... 37、38、172、175
　▶ 左AMメニュー ... 50
　▶ 左PMメニュー ... 54
　▶ 複写・移動 ... 39、106、120
　▶ 複線 ... 41、105
　▶ 包絡 ... 45、134

≫右AMメニュー	48	
≫右PMメニュー	52	
≫文字	26、28、29、47、59	
≫文字貼付	29、165	
≫戻る	30	
≫レイヤ非表示化	187	
クロックメニューに移行するドラッグ量	27	
クロックメニューの基本設定	27	
クロックメニューのキャンセル	27	
クロックメニューの割込み使用と解除	44	
コーナー連結	99	
コピーコマンド	122、216	
コマンド選択	8	
コントロールバー	16、40	

サ

最小化ボタン	16、122
作図ウィンドウ	16
作図属性 ≫書込線色で作図・書込線種で作図	125、226
≫複写図形選択	120
≫文字も倍率	123、125
≫元レイヤに作図	123
軸角	152
軸角解除	111、153
軸角取得	110
軸角ボタン	16、111、126、152
縮尺変更	215
縮尺ボタン	16
消去 ≫範囲選択消去	36、86
消去コマンド ≫一括処理（一括部分消し）	93
≫節間消し	92
≫切断間隔	94
ショートカットの作成	14
伸縮コマンド ≫一括処理	96
≫基準線まで伸縮	33
≫指定点まで伸縮	35
≫端点移動	43
≫突出寸法	96、97
数値入力	9、77
≫計算式	77、164
≫マウス	76
数値入力ダイアログ	76、107
ズーム操作 ≫拡大	18、72
≫キーボードから	74
≫縮小	18
≫スライド	75
≫前前倍率	75
≫全体	18、73
≫前倍率	18
≫タッチパネル	75
≫（範囲）	73
≫表示範囲記憶	72、73
≫マウスホイール	75
ズーム操作の基本設定	74
図形コマンド ≫作図属性	125、226
≫倍率（左右反転）	124
ステータスバー	16
スワイプ	75
寸法コマンド ≫一括処理（同一線種選）	176
寸法図形	166
寸法図形化	172、173
寸法図形解除	175
寸法図形の数の確認	172
寸法図形の目視	174
寸法設定	166、168
寸法属性	84、208
寸法値の移動（方向固定）	170
寸法値の全角⇒半角・m⇒mm一括変更	169
寸法値の変更・書替え	171
寸法値の向きを修正	149
寸法値の文字サイズ確認	133
寸法の一括作図（同一線種選択）	176
線間を部分消し	92、99
線記号変形コマンド ≫○、□付き連番	138
≫切断	95
≫引出線付文字	136
線上点・交点 ☞ クロックメニュー ≫線上点・交点	
線上の任意位置を点指示	64
線属性ダイアログ	17
線属性バー	16
全体表示	18
線の一括連結	99
線の中心（中点）を指示	58
線の平行移動	89
相対座標指定で点指示 ☞ オフセット	
属取コマンド	133、186
属性取得	132、133、184、219
属性選択 ☞ 範囲選択 ≫属性選択	
属性変更 ☞ 範囲コマンド ≫属性変更	

タ

タイトルバー	16
タスクバー	123
建具属性	84、101、203、208
ダブルクリック	9
中心線コマンド（延長上の線）	105
中心点指示 ☞ クロックメニュー ≫中心点・A点	
ツールバー	16
≫ユーザーバー設定	20
データ整理コマンド ≫文字角度整理	148
点 ≫全仮点削除	248
点コマンド	246
閉じるボタン	16
ドラッグ	9
ドラッグ量の設定	27

ナ

長さ取得	78
≫間隔取得	156
≫数値長	78
≫線長	79

ハ

バージョン	12
バージョンアップ	13
倍長線種	17
ハッチ属性	84、202、208
貼付コマンド	217
≫作図属性（元レイヤに作図・文字も倍率）	123
範囲コマンド ≫属性変更（書込文字種類に変更・基点変更）	141
≫属性変更（書込レイヤに変更）	199、201、203
≫属性変更（曲線属性に変更）	229
≫属性変更（図形属性に変更）	229
≫属性変更（寸法図形の値更新）	169
≫属性変更（全属性クリアー）	228
≫文字位置・集計（ブロック数の集計）	236、240

- 範囲選択　80
  - 》切取り選択　216
  - 》交差線選択　81、198
  - 》除外範囲　83
  - 》全選択　85、143、144、200、202
  - 》前範囲　86、142、145、229
  - 》属性選択　84、203
  - 》属性選択（指定属性除外）　84
  - 》属性選択（線色・線種指定）　200、201
  - 》属性選択（ソリッド図形指定）　85
  - 》属性選択（ハッチ属性指定）　202
  - 》属性選択（ブロック名指定）　234
  - 》属性選択（補助線指定）　85
  - 》属性選択（文字種類指定）　143
  - 》対象に追加・除外　80、83、198
  - 》追加範囲　82
  - 》文字を含む　80
  - 》連続線選択　83、225
- 非表示レイヤ ☞ レイヤ 》非表示レイヤ
- 表計算コマンド 》A群×B群　160
  - 》書込設定　160
  - 》範囲内合計　162
- 表示のみレイヤ化　187
- 表示範囲記憶　72
- 表示範囲の記憶解除　73
- 開くコマンド　11
- ピンチアウト　75
- ピンチイン　75
- 複写コマンド 》回転角　115
  - 》作図属性（複写図形選択）　120
  - 》数値位置　121
  - 》反転　116
  - 》連続　115、121
- 複線コマンド 》移動・元レイヤ　89
  - 》前回値　35
  - 》端点指定　41、105
  - 》範囲選択（留線付両側複線）　90
  - 》連続線選択　88、89
- ブロック　224、230
- ブロック化　250
- ブロック解除　238
- ブロック数の確認　232
- ブロック属性　251
- ブロックツリー　232
- ブロックの移動　225
- ブロックの置き換え　246
- ブロックの集計　236、240
- ブロックのレイヤ　251
- ブロック編集　244、246
- ブロック名　231、235、249、251
- ブロック名変更　249
- プロテクトレイヤ ☞ レイヤ 》プロテクトレイヤ
- 分割コマンド 》円を等分割　112
  - 》距離　129
  - 》連続線分割　130
  - 》割付　129
  - 》割付距離以下　130
- 包絡処理コマンド　45、98
  - 》建具線端点と包絡　101
  - 》中間消去　100
  - 》範囲内消去　134

- 》文字位置・集計（文字検索）　144
- 》文字位置・集計（文字の整列）　150、151、153、154

- マークジャンプ　219、220、222
- メモ帳 ☞ NOTEPAD
- 目盛 》OFF　127
  - 》間隔設定　126
  - 》基準点設定　127
- 目盛表示最小倍率　126
- 文字 》単語の一括置き換え　146
  - 》背景の白抜き設定　134
- 文字コマンド 》NOTEPAD　146、158
  - 》書込文字種　132
  - 》基点　59
  - 》基点（ずれ使用）　156
  - 》行間　157
  - 》縦字　149
  - 》同一文字種選択　142
  - 》文字貼付　165
  - 》連　163
- 文字サイズの一括変更　140、141
- 文字サイズの確認　133
- 文字種1〜10の文字サイズの設定変更　140
- 文字の移動　47
- 文字の角度を一括変更　148
- 文字の記入 》円の中心　59
  - 》矩形の中心　60
  - 》計算結果を記入　164、165
  - 》引出線付き　136
  - 》複数行にもう1行追加　158
  - 》複数行を連続記入　156
- 文字のスペースを表示する　155
- 文字の整列 》1行の文字数と行間を指定して整列　154
  - 》小数点位置で整列　151
  - 》縦書き文字の整列　153
- 文字の切断　163

- ユーザーバー　20
- 用紙サイズボタン　16
- 用紙全体表示　18、73

- ランダム線　17
- レイヤ　180
  - 》書込レイヤ　182
  - 》非表示レイヤ　183
  - 》表示のみレイヤ　183
  - 》表示のみレイヤの読取設定　183
  - 》プロテクトレイヤ　188、189、204
  - 》編集可能レイヤ　183
- レイヤ一覧　181
  - 》状態の変更　191
  - 》レイヤ番号・レイヤ名の表示サイズ　191
  - 》レイヤ名の設定　190
- レイヤグループ　212
- レイヤグループ一覧　213
  - 》レイヤグループ名の設定　213
- レイヤグループバー　16、213
- レイヤ整理ファイル　204、206
- レイヤ設定ダイアログ　199、214、215
- レイヤバー　16、180
  - 》Allボタン　182、189
- レイヤ非表示化　186、187

送付先 FAX 番号 ▶ 03-3403-0582　メールアドレス ▶ info@xknowledge.co.jp
インターネットからのお問合せ ▶ http://xknowledge-books.jp/support/toiawase

FAX質問シート
Jw_cadで神速に図面をかくための100のテクニック

以下を必ずお読みになり、ご了承いただいた場合のみご質問をお送りください。

- 「本書の手順通り操作したが記載されているような結果にならない」といった本書記事に直接関係のある質問のみご回答いたします。「このようなことがしたい」「このようなときはどうすればよいか」など特定のユーザー向けの操作方法や問題解決方法については受け付けておりません。
- 本質問シートで、FAXまたはメールにてお送りいただいた質問のみ受け付けております。お電話による質問はお受けできません。
- 本質問シートはコピーしてお使いください。また、必要事項に記入漏れがある場合はご回答できない場合がございます。
- メールの場合は、書名と当質問シートの項目を必ずご入力のうえ、送信してください。
- ご質問の内容によってはご回答できない場合や日数を要する場合がございます。
- パソコンやOSそのもの、ご使用の機器や環境についての操作方法・トラブルなどの質問は受け付けておりません。

ふりがな
氏　名　　　　　　　　　　　　　　　年齢　　　　　歳　　性別　男　・　女

回答送付先（FAXまたはメールのいずれかに○印を付け、FAX番号またはメールアドレスをご記入ください）

FAX　・　メール

※送付先ははっきりとわかりやすくご記入ください。判読できない場合はご回答いたしかねます。電話による回答はいたしておりません。

ご質問の内容　　※例）203ページの手順7までは操作できるが、手順8の結果が別紙画面のようになって解決しない。

【 本書　　　　　　　ページ　～　　　　　　ページ 】

ご使用の Jw_cad のバージョン　　※例）Jw_cad 8.03a （　　　　　　　　　　　　　　　　）

ご使用の OS のバージョン（以下の中から該当するものに○印を付けてください）

Windows 10　　　　　8.1　　　　　8　　　　　7　　　　　その他（　　　　　　　　　　　　　　）

● 著者

Obra Club（オブラ クラブ）

設計業務におけるパソコンの有効利用をテーマとしたクラブ。
会員を対象にJw_cadに関するサポートや情報提供などを行っている。
http://www.obraclub.com/
ホームページ（上記URL）では書籍に関するQ&Aも掲載

《主な著書》
『Jw_cadを仕事でフル活用するための88の方法』
『Jw_cadのトリセツ』
『Jw_cad電気設備設計入門』
『Jw_cad空調給排水設備図面入門』
『101のキーワードで学ぶJw_cad』
『CADを使って機械や木工や製品の図面をかきたい人のためのJw_cad製図入門』
『はじめて学ぶJw_cad 8』
『Jw_cadの「コレがしたい！」「アレができない！」をスッキリ解決する本』
『やさしく学ぶSketchUp』
『やさしく学ぶJw_cad 8』
　（いずれもエクスナレッジ刊）

Jw_cadで神速に図面をかくための100のテクニック

2018年12月 1 日　　初版第 1 刷発行
2020年10月22日　　　　第 2 刷発行

著　者　　Obra Club

発行者　　澤井 聖一

発行所　　株式会社エクスナレッジ
　　　　　〒106-0032　東京都港区六本木7-2-26
　　　　　https://www.xknowledge.co.jp/

● 問合せ先

編　集　　前ページのFAX質問シートを参照してください。
販　売　　TEL 03-3403-1321 ／ FAX 03-3403-1829 ／ info@xknowledge.co.jp

無断転載の禁止
本誌掲載記事（本文、図表、イラスト等）を当社および著作権者の承諾なしに無断で転載（翻訳、複写、データベースへの入力、インターネットでの掲載等）することを禁じます。

©2018 Obra Club